西南大学"双一流"建设（教育学）学术文库
A Library of Academic Works of Southwest University "Double First-Class" Project ( Education )

# 教 育 学 原 理 研 究

唐智松　解丁香　袁思婷　编著

西南大学出版社
国家一级出版社 全国百佳图书出版单位

图书在版编目(CIP)数据

教育学原理研究 / 唐智松, 解丁香, 袁思婷编著.
重庆：西南大学出版社, 2024.11. -- ISBN 978-7
-5697-2803-3

Ⅰ.G40

中国国家版本馆CIP数据核字第2024KJ4837号

# 教育学原理研究
JIAOYUXUE YUANLI YANJIU

唐智松　　解丁香　　袁思婷　　编著

| 责任编辑 | 秦　路 |
| --- | --- |
| 责任校对 | 黄　璜 |
| 装帧设计 | 闰江文化 |
| 排　　版 | 江礼群 |
| 出版发行 | 西南大学出版社（原西南师范大学出版社） |
|  | 地址｜重庆市北碚区天生路2号 |
|  | 邮编｜400715 |
|  | 网址｜http://www.xdcbs.com |
|  | 市场营销部电话｜023-68868624 |
| 经　　销 | 全国新华书店 |
| 印　　刷 | 重庆亘鑫印务有限公司 |
| 成品尺寸 | 170 mm×240 mm |
| 印　　张 | 18.5 |
| 字　　数 | 293千字 |
| 版　　次 | 2024年11月　第1版 |
| 印　　次 | 2024年11月　第1次印刷 |
| 书　　号 | ISBN 978-7-5697-2803-3 |
| 定　　价 | 68.00元 |

# 总序

西南大学教育学科源于1906年的川东师范学堂教育科。1950年10月,四川省立教育学院教育系、国立女子师范学院教育系合组为西南师范学院教育系。后四川大学教育系和教育专修科、重庆大学教育系、相辉学院教育系、川东教育学院教育系和公民训育系、昆明师范学院教育系、贵阳师范学院教育系、四川医学院营养保育系等高校的教育类专业又先后并入。1995年成立教育科学学院,2005年改名教育学院。2011年,学校将西南大学教育学院、教育科学研究所、基础教育研究中心、教育部西南基础教育课程研究中心、教师教育管理办公室、高等教育研究所和培训学院的教学科研人员合并组建为西南大学教育学部,成为西南大学重点建设的研究型学部。在教育学科的发展过程中,先后涌现出陈东原、张敷荣、高振业、任宝祥、秦仲实、刘克兰等一大批老一辈教育家,以及新一代教育学者。

西南大学教育学科于1981年获得硕士学位授予权,1984年获得博士学位授予权,现拥有"课程与教学论"国家重点学科、教育学一级学科博士学位授权点、博士后科研流动站,有教育部人文社科重点研究基地"西南民族教育与心理研究中心"、教育学领域"职业教育融通与课程教学统整"全国高校黄大年式教师团队、高等学校学科创新引智计划(111计划)"西部儿童与青少年发展阻断贫困代际传递大数据决策系统"、教育部"成渝地区双城经济圈高校智能化教学改革"虚拟教研室、国家2011协同创新平台"中国基础教育质量监测协同创新中心西南大学分中心"、教育部"民族教育发展与高层次人才培养"重点研究基地等国家级、省部级平台与团队近20个。教育学、学前教育、教育技术学、特殊教育4个专业全部获批国家一流本科专业建设点,教育学专业为教育部和财政部联合确定的首批国家级特色专业,学前教育专业入选教育部首批"卓越幼儿园教师培养计划"。

自2022年入选国家"双一流"建设学科、重庆市一流学科(尖峰学科)以来,教育学科以服务国家教育强国战略和成渝地区双城经济圈教育协同发展战略为宗旨,找准国家重大战略需求、科学技术发展前沿、学科优势特色三者的结合点,确立了围绕"三个重大"(重大项目、重要奖项、重点平台)抓"关键性少数"、"三全治理"(全员、全方位、全过程)抓"系统性思维"、"三个一流"(团队、领域、平台)抓"可显性指标"的战略框架,坚持"做有组织的科研、出有领域的成果、建有追求的团队、留有记忆的符号、创有激情的文化、干有温度的事业、过有成就的日子"的七大原则,锚定"四大方向八个领域",组建了教育基本理论与意识(马克思主义教育理论中国化、民族文化与教育特色理论建构)、区域发展与教育(职业教育与区域经济社会发展、乡村振兴与教育阻隔代际贫困传递)、基础教育课程教学与教师教育(中国特色课程教学新发展、教师教育理论体系建构与政策发展)、未来教育与儿童发展(智慧教育和"未来学校"建设、儿童健康教育与脑发育机制)"跨学院"的核心研究团队,建设了"智慧教育与全人发展"首批重庆市哲学社会科学重点实验室(试点)、西部科学城(重庆)西南心理健康大数据中心,创办英文国际期刊 *Future in Educational Research* 和辑刊《未来教育研究》。

本学术文库是西南大学教育学"双一流"学科建设的重要成果,它着眼于教育科技人才一体化推进的国家重大战略,立足世界教育发展与学术研究的基本趋势,聚焦中国教育发展的现实问题,塑造区域教育发展新优势与新领域,通过"跨学科""跨理实""跨区域"的研究视角,质性研究与量化研究相结合的技术路线,扎根中国大地做原创性、系统性、引领性的教育研究,真正把教育研究从西方教育范式和话语体系中解放出来,构建具有中国特色的教育学学科体系、学术体系和话语体系,为加快推进教育现代化战略和建设教育强国战略贡献西南大学教育学科的学术力量。

(西南大学教育学一流学科建设"首席责任专家"、教育学部部长、教育部国家级高层次人才)

2024年6月18日

# 目录

导论：研究生教育是否需要教材

## 上篇
### 学理要素原理研究的综述与展望

专题1　教育含义研究的综述与展望　/009

专题2　教育目的研究的综述与展望　/020

专题3　学习者研究的综述与展望　/030

专题4　教育者研究的综述与展望　/042

专题5　教育内容研究的综述与展望　/054

专题6　教育途径研究的综述与展望　/065

专题7　教育管理研究的综述与展望　/075

专题8　教育环境研究的综述与展望　/085

专题9　教育科学研究的综述与展望　/095

## 中篇
### 学段教育原理研究的综述与展望

专题10　学前教育原理研究的综述与展望　/109

专题11　基础教育原理研究的综述与展望　/119

专题12　职业教育原理研究的综述与展望　/130

专题13　本科生教育原理研究的综述与展望　/140

专题14　研究生教育原理研究的综述与展望　/149

专题15　成人教育原理研究的综述与展望　/160

专题16　民族教育原理研究的综述与展望　/171

## 下篇　重大教育问题研究的综述与展望

专题17　教育机会均等研究的综述与展望　/185

专题18　学生学业评价研究的综述与展望　/196

专题19　乡村教育发展研究的综述与展望　/206

专题20　创新人才培养研究的综述与展望　/217

专题21　教育现代化研究的综述与展望　/228

专题22　教育国际化研究的综述与展望　/238

专题23　教育信息化研究的综述与展望　/249

专题24　教育高质量发展研究的综述与展望　/259

专题25　教育质量评价研究的综述与展望　/270

结语：我所理解的教育学　/281

# 导论:研究生教育是否需要教材

本书研究工作的开展,得益于西南大学研究生教育原理课程高质量建设项目的支持;本书研究成果的出版,得益于西南大学教育学一流学科建设的支持。在本书研究工作完成、研究成果出版之际,本书研究与撰写团队对西南大学的支持、西南大学教育学部的资助表示衷心的感谢!

此处作为前言,自然还需要对本书涉及的基本事项做出如下交代。

## 一、为何要撰写这本教育学专业研究生教材?

首先是研究生教育是否还需要教材?我认为,这个问题的答案应该是多样的。据我的观察,对此问题的回答可能有三种:一是无需论。该主张者认为,研究生教育是研究性的、高层次的教育,不再是简单的专业知识重复的过程,是带领研究生走向未知研究领域的活动,自然不需要诸如教材之类的"已有的""过时的""束缚性"的东西,立场就是研究生教育不需要教材。二是需要论。该主张者认为,研究生教育也是一种教育,没有教材作为基本的读物,教师的教、学生的学在具体材料上怎么办?当然有本教材是最好的,尤其是针对一些除教材外不买其他更多扩展性阅读资料的学生,如果连一本基本的教材都没有的话,可能就是真正处于"不读书"的状态,那谈何研究生教育质量呢?最后的立场就是:研究生教育还是最好有本教材。三是无所谓。该主张者认为,研究生教育有其特点,不能像本科生那样搞教材,但又不能不读书,最好的办法是导师列举大量代表性文献供研究生阅读;而且,现在是网络时代了,这些文献通过网络就是"信手拈来",要不要教材也无所谓。

上述三种观点交锋、论辩的结果就是当下适合于研究生教育的教材极其"稀罕"!研究生处于到底有无教材可读的彷徨境地!我们认为,研究生教育的教材问题需要具体问题具体处理,不搞"一刀切",因为不同专业研究生的生源情况不同、不同研究生教育的目标不同。就本书的针对对象——教育学专业学位硕士研究生而言,首先,他们的专业是学科专业性和教育科学性兼具,属于交叉学科性质的研究生教育,他们的前期教育学功底浅薄是不争的事实,这当然需要一本合适的教材作为基本读物来担当。其次,研究生教育自然是面向未知领域的创新教育工作,自然是无需重复本科阶段的知识,但在面向未知领域时,如何让他们知道哪些方面是自己的未知领域,而在他人那里已经是"已知"领域?这需要一本关于已有研究成果的集成性材料,由此决定了需要一本高于本科教育、引领研究生走向未知领域的"特殊"教材——即关于已有研究成果的文献综述式的教材。最后,只要有了这样一本对已有研究成果的文献综述式的"教材"——实则是创造性的研究成果,有导师面授指导也罢、没有导师的面授指导也罢,研究生都可以自动地开启走向未知领域、实施选题研究工作的步伐。如此可见,撰写一本对已有研究成果文献综述式的"教材"实在是非常必要,针对当下教育学专业学位研究生教育,教材建设还是非常紧要!另外,从实践的角度看,承担教育学类硕士研究生"教育原理"课程教学者众多,水平也可能参差不齐,若有一本研究性的著作式"教材",对该课程的研究生教育具有保底的意义,同时即使该课程教学有一群高水平的教师队伍,也不一定都能够把整个学理体系要素的研究状态都呈现出来,而且也还可能会有时间、精力上的不济,如此等等,本书可能会帮需要者一个"大忙"!

## 二、如何编研这本教育学专业研究生教材?

如何撰写真正适合研究生的"教材"?我认为应该有一个基本的答案。虽然每个学理要素、学段领域和重大问题的研究涉及面非常广泛,但从文献设计的空间看,只有那些偏重于基本理论层面、具有主要认识突破的,居于"形而上"及"形而中"的研究成果方能够进入我们的搜集范围,至于那些偏重于"形而下"的研究成果则基本上难以进入未来的文献收集范围,所以针对专题研究的文献搜集主要是反映了该领域基本理论即原理层面的研究成果,故本书才称为"教育原理研究"。在研究工作原则上,我们确立了"综述+展望"的框架,即首先是针对专题在文献分析的基础上给出综述性的结论,其次是在总结的基础上给出未来研究的展望,即研究工作建议。这样,既达到了总结、传承已有研究成果的学习目的,又达到了探索、创新的研究目的。

具体而言,在各专题研究所涉及研究成果文献处理上,我们主要是运用了CiteSpace(引文空间)软件工具处理技术[①]。为了既体现CiteSpace文献分析技术的科学性,又方便读者快速理解、把握某领域研究成果的情况,以及获得某研究未来研究的选题"兴奋点",我们对体例做了统一的安排,即首先从概念界定入手,再从文献收集和技术分析两个方面进行研究工作的背景性交代。其次,通过CiteSpace软件,基于关键词共现分析捕捉各主题研究成果的热点、基于关键词聚类分析梳理各主题研究成果的主要内容、基于关键词突现分析预测各主题研究的趋势,因各主题文献样本、主题核心词数量不同,故各主题共现图谱、聚类图谱、突现图谱所呈现出来的关键词数量有所不同。因各主题样本文献最早出现年份、Citespace软件更新前后所能容纳的文献年份不同,故各主题用于分析的样本文献年份有所不同。最后,从研究结论和未来展望两个方面进行总结性的概括。如此安排,体例清晰,易于理解。同时,在主题选取上,我们从三个方面进行布局、形成有层次的三个篇章:第一篇章是对教育含义、教育目的、学习者、教育者、教育内容、教育途径、教育管理、教育环境、教育科学等教育学学理要素的研究成果进行了文献综述及未来研究展望;第二篇章是对学前教育原理、义务教育原理、职业教育原理、本科生教育原理、研究生教育原理、成人教育原理等不同层次教育原理的研究成果进行文献综述及未来研究展望;第三篇章是对教育机会均等、学生学业成绩、创新人才培养、民族教育问题、教育高质量发展、教育现代化、教育国际化、教育信息化、教育质量测评等当代重大教育基本问题的研究成果进行了文献综述及未来研究展望。如此安排,既抓住教育原理课程之学理"原理"的灵魂,又兼顾到了各层次教育工作的"原理"灵魂,还体现了关注重大、重要教育问题的"原理"精神。如此安排,内容完整,详略得当。

---

① CiteSpace,可译为引文空间,是一款着眼于科学分析中蕴含的潜在知识,并在科学计量学、数据和信息可视化背景下逐渐发展起来的引文可视化分析软件;本书各专题中有关已有研究成果的文献处理均使用该技术;在此特别鸣谢该技术的开发者陈美超博士及其研究团队!

## 三、哪些学者参与了本研究生教材的研究、撰写工作？

哪些人能够撰写教育学专业研究生"教材"，答案应该有质的规定性的。简而言之，虽然撰写教材者众，但其多不得教育学的"学理"的逻辑起点及逻辑起点衍生下要素构成的思想精髓，故而教材编写泛滥，如章节多少各异、章节篇目自表、概念界定自是，等等。这些情况对本书的撰写提出了警醒。就本书而言，我们是这样解决的。近年来，我招收的弟子中不乏教育学专业本科、硕士、博士出身者，他们接受过教育学学科的系统性训练，特别是受到我给予教育学学理认识的影响，具有扎实的元教育学功底，如何发挥他们的聪明才智，是我一直在思考的事情。恰好我校教育学专业类硕士研究生公共课教育原理课程的建设工作给予了机会，他们得以有机会参与本书所代表的开题研究工作。他们完成了各研究专题任务——专题1：教育含义研究的综述与展望（西南大学 唐智松，袁思婷），专题2：教育目的研究的综述与展望（西南大学 唐智松，杨婕），专题3：学习者研究的综述与展望（西南大学 徐龙，袁思婷），专题4：教育者研究的综述与展望（西南大学 徐龙，袁思婷），专题5：教育内容研究的综述与展望（西南大学 张献伟），专题6：教育途径研究的综述与展望（西南大学 唐智松，解丁香），专题7：教育管理研究的综述与展望（西南大学 唐智松，杨婕），专题8：教育环境研究的综述与展望（西南大学 徐龙，解丁香），专题9：教育科学研究的综述与展望（西南大学 张献伟），专题10：学前教育原理研究的综述与展望（西南大学 唐智松，解丁香），专题11：基础教育原理研究的综述与展望（西南大学 唐一山，解丁香），专题12：职业教育原理研究的综述与展望（西南大学 唐智松，解丁香），专题13：本科生教育原理研究的综述与展望（西南大学 唐智松，解丁香），专题14：研究生教育原理研究的综述与展望（西南大学 唐智松，解丁香），专题15：成人教育原理研究的综述与展望（西南大学 唐智松，解丁香），专题16：民族教育原理研究的综述与展望（西南大学 唐一山，高六一），专题17：教育机会均等研究的综述与展望（西南大学 张献伟），专题18：学生学业评价研究的综述与展望（西南大学 张献伟），专题19：乡村教育发展研究的综述与展望（西南大学 唐智松，解丁香），专题20：创新人才培养研究的综述与展望（西南大学 张献伟），专题21：教育现代化研究的综述与展望（西南大学 唐智松，王永杰），专题22：教育国际化研究的综述与展望（西南大学唐智松,高六一),专题23:教育信息化研究的综述与展望(西南大学 唐智松,王永杰),专题24:教育高质量发展研究的综述与展望(西南大学 唐智松,吴诗芸),专题25:教育质量评价研究的综述与展望(西南大学 张献伟)。

本书的前期研究和撰写过程中,我总体负责,徐龙和张献伟参与了纲目设计、文本体例设计工作,我和袁思婷负责统稿工作,高六一协助统稿。这些年轻的弟子们、学者们,擅长现代信息技术的教育研究运用,集体运用当代先进的CiteSpace文献分析技术,高质量地完成研究工作。在合作研究中,我们增长了专业智慧和能力、增进了师生情谊。对此,我们彼此道一声:辛苦啦,幸福是奋斗出来的!

## 四、本书特色何在、如何使用本"教材"性的著作?

本书有何自己的特色？在此为你推介本书特色:一是研究性。本书是作为研究生的教育原理课程建设而写的"教材",名义上是"教材",实则是一本关于教育原理有关基本要素研究的文献综述,是一部研究性的学术著作,是为硕士研究生课程学习而撰写的研究性阅读材料。二是完整性。本书从教育原理的角度出发,从教育学学理基本要素研究成果、教育实践层次的原理研究成果和教育原理中的重要问题三个层次进行了系统的研究,从而在总体上完成了教育基本理论研究成果的文献综述。因此,通过本书所呈现的3个篇章、25个专题就可以总体上把握教育原理研究的前沿进展。三是指导性。本书的每个专题研究在文献综述的最后部分都给出了"未来展望",在前面总结本专题已有研究成果的基础上,结合世界教育趋势和当下教育突出问题指出了该专题未来需要进一步研究的问题,读者可从中琢磨、提炼出自己的研究选题。同时,在每个专题结束时拟写了5个参考性、启发性的研究题目。这对于那些在研究选题上"没有感觉""找不到问题"的读者而言,其指导性的价值是不言而喻的。

基于上述特点的介绍,对本书的使用我们提出两点建议:一是通过每个专题"研究结论"检测以前的内容的学习,以便在总体上把握该专题已有研究成果的状况,站在该专题研究的前沿。二是在每个专题研究的"未来展望"内容中去推敲、在研究导航题目中去选取适合自己的研究选题。如若这样,我们既通过前者实现了"站在时代巨人的肩膀上",又能够达到"比巨人看得更远"的境界,从而更有利于发挥在推进有关研究前进中的作用。诚如是,本书的价值也就得到了体现!

当然，需要指出的是，本书中的系列专题研究在技术上主要是运用了陈美超博士团队开发的CiteSpace工具，按照关键词搜索文献，由于搜集系统中的技术设定，因而会遗漏一些重要文献；同时，基于分析软件后数据的解读，也会存在研读水平所致的偏差。其次，对已有研究的总结、对未来研究的展望都是"仁者见仁、智者见智"的事情，研究导航中拟写的题目将来也会存在时代性的局限。同时，由于我们研究、撰写水平有限，所以本书所反映的研究工作一定有错误、遗漏之处。在此，恳请专家、读者们批评、指正！

最后提出要感谢的是，本研究中，我们使用该领域众多专家、学者的研究成果，是这些成果为本研究提供了基本素材，提供了我们学习研究的基本对象，我们课题组在此深表衷心感谢！同时，西南大学出版社长期以来支持我的著作出版工作，在本书出版之际，亦谨表谢意！

2023年5月4日

# 上篇 学理要素原理研究的综述与展望

# 专题1 教育含义研究的综述与展望①

📖 阅读导航○----------

本专题是关于"教育"概念的含义问题的研究。教育概念是教育学学科概念体系的"基石",其含义何指当然是必须给予澄清的。因此,本研究使用CiteSpace文献分析技术和传统的文献解读技术对已有的"教育"相关概念研究成果进行系统分析,以便为读者提供已有关于教育概念研究进展,奠定进一步探究教育概念所涉逻辑起点、本质、属性、功能、价值等问题的基础;同时,从教育实践的时代性等角度看,提出"教育"概念含义还需要哪些拓展性的思考议题,以便为读者进一步研究提供参考意见。

## 一、概念界定与分析技术

### (一)概念界定

从字源上讲,汉语中"教育"一词主要是指博学的教育者(主要是巫、师)指导学习者(主要是男孩)模仿、领悟、掌握人类重要的智能、规范等对象的活动;汉语中的"教育"在西语中对应着"educate/education",从其词根"educare"来看则主要是指教育者如同助产婆引领学习者通过主观性思考而引发、引出头脑中的想法。显然,东西方对教育活动的理解分别侧重于由外自内的"内化"和由内自外的"外发",由此奠定了东西方教育理解与实践的差异。在今天,对"教育"概念的理解众说纷纭,简而言之,教育是传递社会生活经验并培养人的社会活动,就广义教育而言,它就是泛指影响人们知识、技能、身心健康、思想品德的形成和发展的各种活动。②显然,"教育"这个教育学的基本概念所蕴含的含义非常丰富,比如,学习或教育目的上有学生及家长、学校及教师、政府及社会的目的;在教育主体上,涉及教育者和学习者两个主体的本质、范畴、属性、作用、权责、社会化等领域;在教与学的对象或教育内容上就有家庭教育内

---

① 本专题作者:唐智松(西南大学,教授,博士生导师);袁思婷(西南大学,硕士研究生)。
② 顾明远.教育大辞典(增订合编本)[M].上海:上海教育出版社,1998:725.

容、社会教育内容、学校教育内容等众多丰富的范畴;在实现教育目的、培养目标的途径上就有家庭教育、社会教育、学校教育,以及网络教育、自主学习等丰富多彩的途径方式;在教育系统活动的管理上又涉及管理的行政组织体系、管理的规则体系即教育体制、制度、政策、法规、条例等;在教育与外部环境关系上还存在着社会要素及其变化与教育总体或要素上相互作用,如此等等,足可见教育概念含义的丰富,对这些主题的研究形成了丰富的认识、促成了教育学科的建设。

### (二)分析技术

以中国知网数据库(CNKI)为检索平台,按照"主题=教育概念""主题=教育定义""主题=教育界定""主题=教育含义""主题=教育内涵""主题=教育涵义""主题=教育本义""主题=什么是教育""主题=教育是什么""主题=教育学的基本概念"等检索词进行高级检索,同时对检索结果进行人工筛选与整理,保留含有"教育含义"内容的文献,剔除期刊会议征稿、报纸、笔谈、无作者信息及其他不相关条目等无效数据后,最终得到有效样本文献252篇。

然后通过CNKI以Refworks格式将文献导出,采用CiteSpace进行格式转换,建立样本数据库。其中,设置时间切片(Time Slicing)为1980年1月—2022年12月,Top N 设置为50,Phras/Keyword;Maximum Words 设置为6,Maximum GML Node Label Length 设置为12,Pruning 选择 Pathfinder、Pruning sliced networks 和 Pruning the merged network,其他参数设置为默认值,从发文时间、关键词等方面进行研究主题的计量可视化分析与图像绘制,梳理教育含义研究领域的研究热点与主题演化的脉络,探寻教育含义研究的未来趋势。

## 二、文献透视的结果解读

### (一)文献数量的统计与分析

通过对样本文献的发文时间进行统计分析发现,中国知网数据库(CNKI)中关于教育含义的研究最早出现在1980年,此后的20年间,关于教育概念研究的文献发表总量不多,最多的年度发文量不超过10篇,年平均发文量在3篇左右,但该时期内的研究对后续教育概念的研究具有重要影响作用。进入21世纪之后,关于教育概念的研究发文总量增幅较大,在2010年达到了一个年度峰值(15篇),年平均发文量8篇有余,年平均发文数量高于2000年之前的两倍,说明教育含义研究是一个持续性主题,需要随着时代的变化持续深化研究。

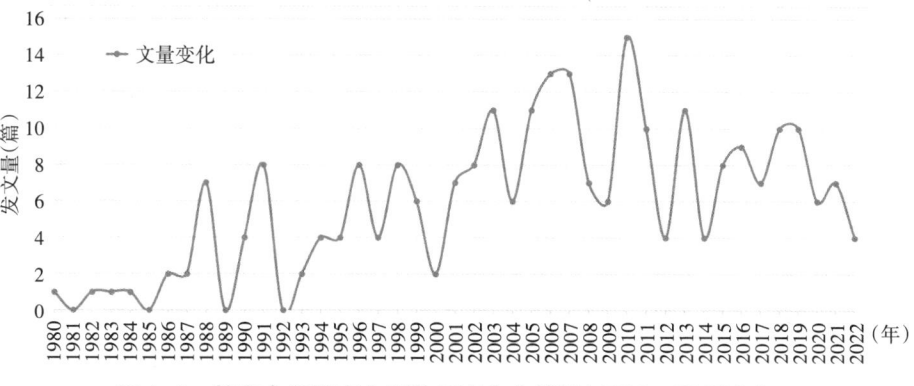

**图1-1　教育含义研究文献数量变化曲线图(1980—2022年)**

### (二)关键词共现分析——主题与次序

向CiteSpace软件中输入1980—2022年教育含义研究领域期刊文献数据进行关键词共现分析,如图1-2所示,关键词共现图谱共有567个节点,1489条连线,网络密度为0.0093。通过对图1-2关键词共现图谱的图像解读发现,有关我国教育含义研究的核心主题包括教育、教育概念、教育定义、教育本质、受教育者、教育功能、教育价值等。为进一步把握该研究领域的热点主题,在整合相近关键词的基础上对关键词共现频次及其中心性进行分析(摘选排名前10位,见表1-1)。

**图1-2　教育含义研究关键词共现知识图谱(1980—2022年)**

表1-1 教育含义研究关键词频次及其中介中心性统计表

| 排序 | 频次排序 关键词 | 频次 | 排序 | 中介中心性排序 关键词 | 中介中心性 |
|---|---|---|---|---|---|
| 1 | 教育 | 65 | 1 | 教育本质 | 0.51 |
| 2 | 教育本质 | 58 | 2 | 教育概念 | 0.50 |
| 3 | 教育概念 | 47 | 3 | 教育 | 0.42 |
| 4 | 教育功能 | 20 | 4 | 教育功能 | 0.20 |
| 5 | 价值 | 20 | 5 | 本质 | 0.14 |
| 6 | 本质 | 18 | 6 | 价值 | 0.13 |
| 7 | 教育定义 | 17 | 7 | 教育价值 | 0.12 |
| 8 | 教育价值 | 17 | 8 | 教育定义 | 0.10 |
| 9 | 现代教育 | 14 | 9 | 现代教育 | 0.09 |
| 10 | 受教育者 | 12 | 10 | 教育属性 | 0.08 |

将教育含义研究的关键词进行降序排列可知,"教育""教育本质""教育概念"三个关键词的出现频次位居前三,明显高于其他关键词的出现频次,其后依次排序为"教育功能""价值""本质""教育定义""教育价值""现代教育"与"受教育者"。将我国教育含义研究的关键词中心性进行降序排列,同样是"教育本质""教育概念""教育"三个关键词的中介中心性远高于其他关键词,稳居前三位,其后依次为"教育功能""本质""价值""教育价值""教育定义""现代教育"与"教育属性"。值得注意的是,尽管"教育"一词的出现频次最高,但其中心性却低于"教育本质"和"教育概念",说明教育概念研究中"教育本质"和"教育概念"两词的重要性和影响大于"教育"。结合表1-1和图1-2综合分析可知:其一,从范畴维度来看,广义教育、狭义教育为教育含义研究关键词。其二,从时间维度来看,现代教育、古代教育、传统教育为教育概念研究关键词。其三,从场域维度来看,学校教育、社会教育为教育含义研究关键词。其四,从基本要素维度看,受教育者、教育者、教育活动为教育含义研究关键词。其中,教育本质、教育概念、教育定义、教育功能、教育价值等主题词在教育含义研究中起到了很强的桥梁连接作用。

## (三)关键词聚类分析——结构与内容

基于LLR对数似然率算法对教育含义研究发文关键词进行聚类分析得出聚类图谱和关键词聚类报告,图谱聚类模块值Modularity(Q值)=0.75>0.3,说明划分的关键词聚类结构具有显著性;图谱聚类平均轮廓值Mean Silhouette(S值)=0.93>0.7,表明该聚类分析具有较高的信度,且各聚类标签轮廓值均大于0.85,表明聚类内部各研究主题的相关性极高(见表1-2、图1-3)。

表1-2 教育含义研究发文关键词聚类报告

| 聚类号 | 聚类名称 | S值 | 平均年份 | 标签(LLR值) |
|---|---|---|---|---|
| 0 | 教育概念 | 0.901 | 2010 | 教育理论(8.48);教育概念(8.48);概念变迁(4.75);语义学分析方法(4.22) |
| 1 | 教育本质 | 0.946 | 2005 | 教育的本质(9.31);教育者(7.54);人的本质(7.54);根本属性(3.76) |
| 2 | 教育 | 0.936 | 2007 | 广义教育(17.11);狭义教育(17.11);教育学(10.21);全面发展(6.79) |
| 3 | 生产力 | 0.873 | 1992 | 生产关系(18.37);现代教育(13.73);上层建筑(9.44);社会主义(9.12) |
| 4 | 价值 | 0.925 | 2004 | 功利主义(9.35);工具论(9.35);价值观(9.35);价值关系(9.35) |
| 5 | 教育功能 | 0.933 | 2002 | 教育作用(9.52);功能和价值(9.52);教育目的(9.52);教育功能观(4.74) |
| 6 | 受教育者 | 0.951 | 1994 | 思想品德(14.74);社会活动(10.42);教育活动(9.78);知识技能(4.87) |
| 7 | 教育定义 | 0.921 | 2006 | 形式逻辑(11.89);教育理论体系(5.91);涂尔干(5.91);定义方式(5.91) |
| 8 | 准公共物品 | 0.970 | 2004 | 自然性的教育(7.96);供需矛盾(7.96);教育经费(7.96);双重属性(7.96) |
| 9 | 阶级性 | 0.932 | 1991 | 马克思主义(10.08);社会主义教育(6.85);本体功能(6.85);社会意识形态(6.85) |

教育概念、教育本质、教育、生产力、价值、教育功能、受教育者、教育定义、准公共物品、阶级性构成了教育含义研究的主体框架。从对数似然率看,LLR值越大的标签越具有对这个聚类的代表性可知:聚类"教育概念"主要聚焦于教育理论、教育概念、概念变迁、语义学分析方法等方面;聚类"教育本质"主要聚焦于教育的本质、教育者、人的本质、根本属性等方面;聚类"教育"主要聚焦

于广义教育、狭义教育、教育学、全面发展等方面;聚类"生产力"主要聚焦于生产关系、现代教育、上层建筑、社会主义等方面;聚类"价值"主要聚焦于功利主义、工具论、价值观、价值关系等方面;聚类"教育功能"主要聚焦于教育作用、功能和价值、教育目的、教育功能观等方面;聚类"受教育者"主要聚焦于思想品德、社会活动、教育活动、知识技能等方面;聚类"教育定义"主要聚焦于形式逻辑、教育理论体系、涂尔干、定义方式等方面;聚类"准公共物品"主要聚焦于自然性的教育、供需矛盾、教育经费、双重属性等方面;聚类"阶级性"主要聚焦于马克思主义、社会主义教育、本体功能、社会意识形态等方面。

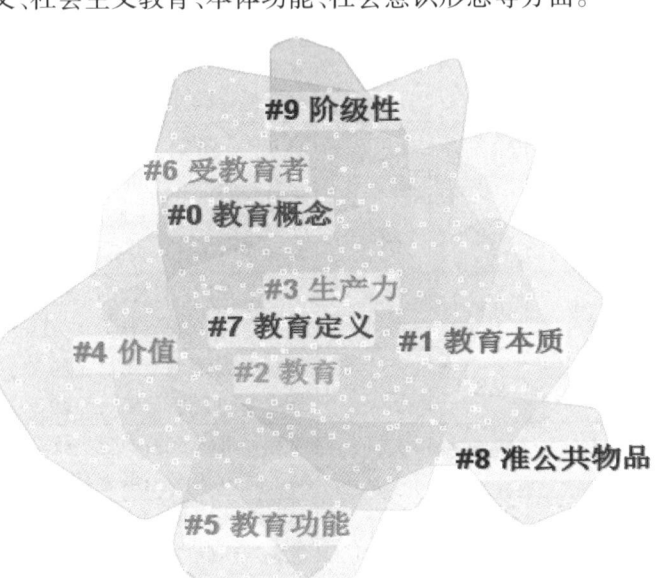

图1-3　教育含义研究关键词聚类知识图谱(1980—2022年)

结合对文献的阅读分析可以看出:其一,学者们关于教育理论、教育学、教育理论体系的研究,首先探讨的是"教育"二字究竟作何解。学者们采用语义学分析法、哲学思辨等方法对教育概念进行探究。由于研究视角和定义方式的不同,整体来看,教育呈现出广义、狭义两义之区分。从具体来看,学术界关于教育的概念界定可谓众说纷纭,观点浩如烟海。因此,有学者开始尝试从概念变迁的角度对教育概念进行梳理,但就目前已有研究而言,系统的教育概念史研究还有待进一步深化。其二,教育的本质与属性是教育概念研究中的主要主题领域之一,教育本质、生产力、准公共物品、阶级性为其聚类关键词。结合其所属标签词分析可知:从实体性思维层面来看,教育本质的理论探讨常常从教育与社会政治、经济的关系开始,并借用一些马克思主义的观点来证明。社会有无产阶级和资产阶级之分,教育则有社会主义教育和资本主义教育之分。而围绕教育是否是社会的意识形态、教育与生产力之间是怎样的联系、教育的本质属性是永恒性和生产性还是阶级性和历史性等问题的争论,则有了"生产力说"与"上层建筑说"的分野,进而诱发了"双重属性说"。而在教育经济角度上,教育又被认为具有准公共物品属性。从非实体性思维层面来看,这种主客合一的诗性思维,主张通过具体的人的活动揭示人与世界的关系,引导关注教育的个体本质。对于教育者、人的本质,以及受教育者思想品德、社会活动、教育活动、知识技能等方面的研究,正是从非实体性思维的层面揭示教育本质。其三,关于教育价值与功能的研究是教育概念研究的又一重要主题领域。从聚类标签词来看:教育价值研究方面探讨规模最大的主题是功利主义的或称工具论的教育价值观,其次是教育价值与教育价值观、教育价值取向、人的价值、教育本质、教育规律、教育功能等相互关系的探讨。教育功能研究方面的主题词包括教育作用、教育的功能与价值、教育目的、教育功能等,相关研究大多没有严格区分教育功能、教育作用、教育价值等类似词的不同,经常是通用或者连用的,当然也由此带来了混乱。

### (四)关键词突现分析——阶段与趋势

通过对图1-4教育含义研究高频关键词突现的分析,并结合时代背景、相关文献阅读及发文数量演进情况综合描绘,可将1980—2022年教育概念研究的演化路径大体划分为三个阶段。

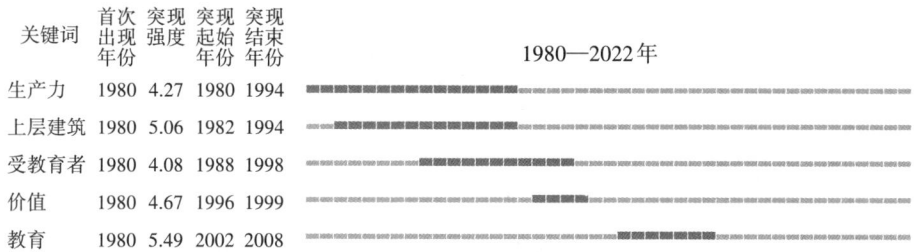

图1-4 教育含义研究高频关键词突现情况(1980—2022年)

第一阶段(1980—1994年):教育本质研究反思期。这一阶段,教育含义相关研究注重对教育本质的探讨,"生产力"与"上层建筑"等主题是研究热点。在改革开放初期,以于光远为代表的学者基于对改革开放前关于教育本质、教育功能认识的反思,开始了教育本质、教育作用重新定义的探讨,由此引发了20世纪80年代初关于"教育本质"问题的再探讨,形成了教育本质及其作用的上层建筑说、生产力说、育人说,及其介于中间的属性侧重说等学说。

第二阶段(1995—2002年):教育本质认识深化期。该阶段教育含义的研究热点词主要为教育价值主题领域的"受教育者""价值"。中华人民共和国成立后的相当长的一段历史时期,教育研究主要关注的是教育政治、经济、文化价值,缺乏对"人"的关注,且该时期内教育价值研究多蕴含于其他领域的研究之中。20世纪80年代中后期,随着社会主义现代化建设和教育发展的影响,西方人本主义、存在主义等思潮的影响,教育对人的发展价值问题成为一个研究热点,人是教育的出发点、学生是教育的主体等命题相继出现。

第三阶段(2003年至今):教育认识全面期。进入21世纪以来,教育形态更加多样化,根据教育不同层面的特性可分为不同层面的类型。如从历史维度来看,有古代教育、近代教育、现代教育之分;从教育场域来看,有学校教育、家庭教育、社会教育之分;从教育对象特点来看,有幼儿教育、青少年教育、成人教育之分;从教育程度来看,有学前教育、初等教育、中等教育、高等教育、继续教育之分;从教育内容来看,有职业教育、思想教育、科学教育、劳动教育之别,等等。由此可见,关于教育的概念可谓林林总总、五花八门,教育一词发展至今其含义多有变迁,所涵盖的内容也更加丰富化,更加复杂化,同时也反映出了研究者、实践者对教育认识的变化。

## 三、研究结论与未来展望

### (一)研究结论

通过以上相关文献的可视化分析,从关键词的共现分析、聚类分析、突现分析来捕捉、揭示我国近年来教育含义研究热点及总体发展情况,总结如下:

第一,阶段性地推进教育概念研究,但存在简单移植现象。我国近年来教育含义研究主要分为三个阶段,各阶段关注的侧重点有所不同。第一阶段,教育含义相关研究注重对教育本质的探讨,"生产力"与"上层建筑"等主题是研究热点。第二阶段,教育含义的研究热点词主要为教育价值主题领域的"受教育者""价值",以往教育概念"目中无人"的价值取向偏差在该阶段得到一定程度的纠正。第三阶段,进入21世纪后,教育形态进一步多样化,学者们对不同层面、不同特性的各类教育概念进行探讨,出现"生命教育""愉快教育""幸福教育""核心教育""砥砺教育""新教育运动"等新的教育概念和教育类型。当然,可以看得出来,许多新概念都是从其他学科简单地移植过来而已,由此使得教育学领域因为新概念的众多显得肤浅,受人诟病。

第二,对教育本质理解呈现多元化,但较少能够达成共识。教育概念研究是一个经久不衰的主题,其研究随着时代的变化持续深化。教育概念、教育本质、教育、生产力、价值、教育功能、受教育者、教育定义、准公共物品、阶级性构成了教育含义研究的主体框架。对于"教育"二字究竟作何解,学者们多采用语义学分析法、哲学思辨等方法对教育概念进行探究,就已有研究而言,系统的教育概念史研究有待进一步深化。由于研究视角和定义方式的不同,尽管研究成果较为丰富,但"自话自说"的"众说纷纭"状态让人觉得眼花缭乱,是非对错让读者莫衷一是。

第三,对教育含义的理解成果较为丰富,但大多缺乏学理理性。尽管从"教育"概念入手对教育基本问题的研究成果不少,但对教育基本问题的回答仍然处于"莫衷一是"的尴尬境地,亦即在"教育学"概念基础上前后冠以现代、普通、概论、原理、教程等词语的教育学类著作多达400余册,都涉及对"教育"的概念的阐释,但不同著述中就教育概念所涉及的性质到底是科学还是艺术、对象到底是规律还是现象或问题、范畴到底是广义的界定还是狭义的界定、概念外延所包含的范畴到底有哪些,如此等等,基本上还是"自话自说",多读几本教育学专著对"教育"概念中的上述问题感到迷糊混沌。究其原因,可能是现有专著大多没有站在教育学学理逻辑的角度去组织、彰显有关要素构成及其关系。

### (二)未来展望

对"教育"概念的理解是教育学学科认识的基础、是对教育活动价值方向与功能评判的理性标尺。教育学学科中的诸多混沌现象,其产生原因之一就是对"教育"概念理解的差异、偏差。为此,面向未来的"教育"概念的理解还有许多工作可以做。

第一,提升教育含义理解的共识。关于教育概念共识问题,基于对已有研究的梳理发现,由于教育概念研究其研究方法的不同,"教育"概念的界定呈现出如上所述"莫衷一是"的局面。那么,问题是:是否允许以不同的研究方法提出不同的认识? 基本概念共识的缺乏对教育学的科学性影响如何? 有无可能从教育学本身的立场给教育概念一个具有共识的界定? 我们对此的建议是:首先是明晰界定概念的视角,即是描述性的定义,还是操作性的定义,学界应该对这个达成共识。其次是界定概念的工作应当约定俗成地把概念的内涵或质的规定性、概念的外延及范畴的维度罗列出来,即使是概念的外延也要在共商下达成共识。如此,教育含义才可能在这些教育学教材中不至于这般"泛滥",从学理完整和认识一致来提升学理研究的科学性,让教育学成为其他学科"认可"的学科。

第二,深入揭示教育要素的本质。关于教育本质的问题,教育概念的探讨自然涉及教育的本质问题,研究者们总结历来的教育本质研究的观点和经验发现,围绕教育本质展开的讨论,以生产力、上层建筑为其代表观点。接下来需要回答的问题有:教育到底有无本质,或者说教育本质是客观的还是主观的? 教育本质的客观性或主观性对于教育的理论研究与实践活动的影响是什么? 总之,对教育的本质认识是研究概念含义中的核心问题,这是关乎着教育活动、教育学科"安身立命"的大事! 我们对此的提醒是:对过去已经成为事实的教育,可以将其视为具有客观本质的存在,运用诸如实证研究的方法技术去探讨;对于当下乃至未来的教育,因其出发前的目的性色彩,我们宁可视其为价值的规定,而非事实的存在,在研究方法上倾向于定性研究的逻辑论辩较宜。

第三,科学阐释教育属性作用。首先是关于教育的属性问题,对于教育的属性问题,视角不同,分析的教育属性出发点不同,说法与结论也不同,主要分为几类:教育属性问题是教育概念研究范围内相对冷门的主题,中国知网数据库(CNKI)中关于教育属性研究的文章较少。接下来需要回答:以什么视角罗列并阐释教育的属性? 这个问题涉及对教育的定位。其次是关于教育的作用问题,长期以来存在功能与价值混为一谈的现象,未来需要澄清:教育概念探讨时通常要涉及教育作用、教育功能、教育价值三个基本概念,这些概念之间的关系是什么？此外，把教育的作用与具体的教育问题联系起来，诸如构建人类命运共同体、实现中华民族伟大复兴、助推中国式现代化、培养拔尖创新人才、培养大国工匠、遏制西部地区返贫、阻断贫困代际传递、助力学习化社会建设，等等，都是未来研究中应予以深化的。

第四，深化教育学的学理问题研究。一个学科的学理研究涉及该学科的逻辑起点、从逻辑起点衍生学科的基本构成要素，及其要素之间关系等范畴。这些范畴总体上构成了学科的内部体系，是学科的"内核"，有此内核然后再谈之外的环境，以及整个学科的"元"研究。以这样的学科学理视角看当下的教育概念含义的阐释显然是极其不够的。正因如此，所以以教育学教材反映的学科学理问题非常严重，如对到底从哪里讲起反映的逻辑起点问题是各行其是，对到底有哪些篇章构成反映的学理构成要素问题是各自为政，对到底有哪些教育要素关系反映的教育规律的回答是遮遮掩掩，等等。这些都是教育概念作为教育学的开头篇中需要给予澄清、阐释清楚的。正是因为在这些认识上的"莫衷一是"，教育学才会被排在学科的"鄙视链"末端。这些当然是需要研究解决的"头等大事"。

## 研究导航

为了深化你对本专题的学习、推进有关本专题的研究工作，你可以在问题中选取题目开展研究。

1. 从字源文化视角比较中、西方教育理念差异及其影响。
2. 教育本质问题研究的评析。
3. 教育规律问题研究的评析。
4. 教育功能问题研究的评析。
5. 教育价值问题研究的评析。

# 专题2　教育目的研究的综述与展望[①]

📖 阅读导航。----------

本专题是关于教育目的问题的研究。人类的教育活动是有很强目的性的,或者说教育目的就是教育"指南针",必须科学地把握。因此,本研究使用CiteSpace文献分析技术和传统文献解读技术对已有有关"教育目的"问题的研究成果进行系统分析,以便为读者提供已有关于教育目的研究的进展,奠定进一步研究教育目的所涉主体构成、演进、类型、取向、结构等基础;同时,从应对时代的人才挑战等角度看,提出有关教育目的问题研究在未来还需要哪些开创性的研究议题,以便为读者进一步研究提供参考意见。

## 一、概念界定与分析技术

### (一)概念界定

人类的教育活动是具有极强目的性的活动,人们往往在教育活动开始之前就预置了最后希望达到的效果,并且以教育目的作为"灵魂"指挥着、协调着教育活动涉及的诸多要素及其功能的发挥,由此可见教育目的在教育实践及理论中的"核心"地位。其实,教育目的只是一个中位概念,居于其上位的教育方针,一般是由政党提出来的;在以党领政的体制中,政党教育方针之下便有执行方针的国家教育目的;国家教育目的之下则有落实国家教育意志的学校培养目标;当然,学校还以课程为主细化落实为课程目标以及实施中的课堂教学目标,乃至每节课堂教学的任务。如此构成了从政党、国家到学校、课程的教育目的系统。关于教育目的的概念,不同学者从不同角度进行界定,一般认为,教育目的是培养人的总目标,它规定着把受教育者培养成为什么样人的根本性质问题,是教育实践活动的出发点[②]。从历史的角度看,人们较早就注意

---

[①] 本专题作者:唐智松(西南大学,教授,博士生导师);杨婕(西南大学,硕士研究生)。
[②] 顾明远.教育大辞典(增订合编本)[M].上海:上海教育出版社,1998:765.

到教育目的的建设问题,如中国自汉代就确立了"化民成俗"及"防奸养士"的教育目的,并且影响了中国上千年的教育活动。但是,由于教育者对教育作用的理解不同,因而对教育目的做出了不同的规定,由此形成了多种多样甚至对立的教育目的论,诸如教育目的的社会本位论与个人本位论、外在教育目的论与内在教育目的论、功利性教育目的论与非功利性教育目的论、应然教育目的论与实然教育目的论等,这些不同教育目的的背后其实就是教育到底培养什么样的人的问题。由于这些教育作用发挥的社会理想不同、教育目的关于培养人才的性质与具体规格不同,相应的实现条件、途径不同,因而形成了丰富多彩的教育目的研究成果。

### (二)分析技术

首先以"教育目的"为主题进行同义词扩展,选择SCI来源刊、CSSCI和核心期刊三种文献来源,样本文献的时间段为1992—2022年(符合条件的最早收录文献写于1992年),检索得到文献记录1564条作为CiteSpace分析的样本文献,不限定年限进行检索,然后对样本文献运用CiteSpace软件进行技术处理。

## 二、文献透视的结果解读

### (一)文献数量的统计与分析

为把握近年来"教育目的"研究情况,对1992—2022年关于"教育目的"研究的期刊文献进行整理与分析,获得该期间的文献分布情况(如图2-1)。根据上述教育目的的研究文献发表年度数量,可得教育目的研究文献逐年变化趋势图。由图2-1可知,教育目的研究文献在核心期刊发文量在1992—2006年呈现波动上升的趋势,于2006年达到最高峰,2006年至今呈现波动下降的趋势。

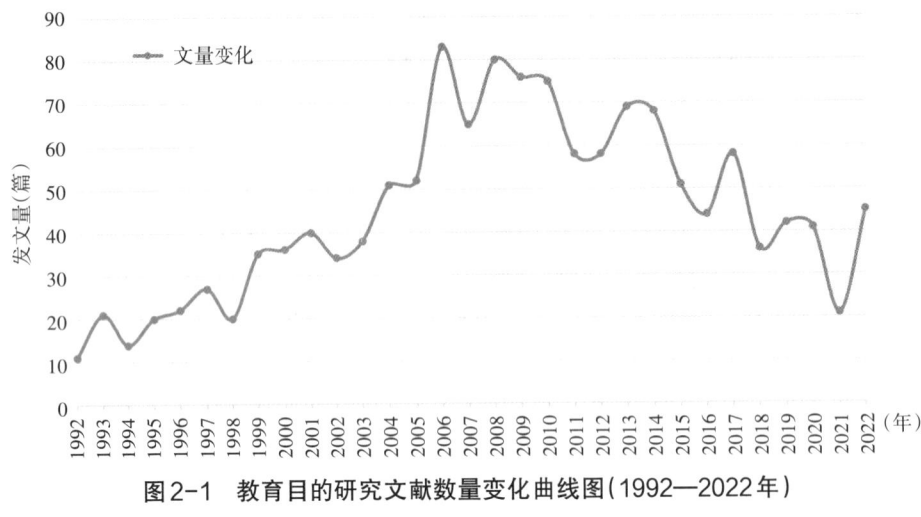

图 2-1　教育目的研究文献数量变化曲线图（1992—2022 年）

(二) 关键词共现分析——主题与次序

对 1992—2022 年间有关教育目的研究的文献进行共现知识图谱的技术处理，得到图谱如图 2-2 所示。将关键词进行降序排列，依次为：教育目的、教育、素质教育、杜威、高等教育等。

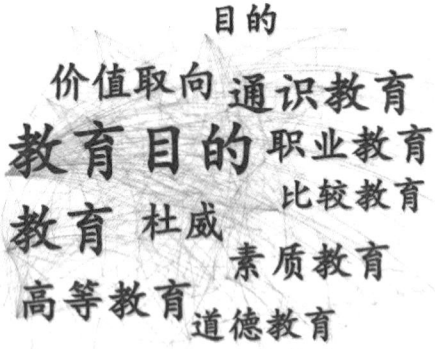

图 2-2　教育目的研究关键词共现知识图谱（1992—2022 年）

对 1992—2022 年教育目的的研究相关文献中的关键词频次进行统计和梳理（见表 2-1），就可捕捉教育目的研究领域的研究热点。

表2-1 教育目的研究关键词频次及其中介中心性统计表

| 序号 | 频次 | 中心性 | 关键词 | 出现年份 | 序号 | 频次 | 中心性 | 关键词 | 出现年份 |
|---|---|---|---|---|---|---|---|---|---|
| 1 | 208 | 0.42 | 教育目的 | 1992 | 11 | 24 | 0.01 | 道德教育 | 2003 |
| 2 | 86 | 0.16 | 教育 | 1997 | 12 | 14 | 0.01 | 继续教育 | 1992 |
| 3 | 45 | 0.08 | 素质教育 | 1998 | 13 | 14 | 0.02 | 全面发展 | 2002 |
| 4 | 31 | 0.04 | 杜威 | 2004 | 14 | 14 | 0.02 | 公民教育 | 2000 |
| 5 | 28 | 0.05 | 高等教育 | 2003 | 15 | 13 | 0.00 | 教育哲学 | 2015 |
| 6 | 28 | 0.04 | 目的 | 2001 | 16 | 13 | 0.01 | 高校 | 2005 |
| 7 | 27 | 0.11 | 价值取向 | 1992 | 17 | 12 | 0.01 | 启示 | 2007 |
| 8 | 26 | 0.11 | 受教育者 | 1992 | 18 | 12 | 0.01 | 人文教育 | 1998 |
| 9 | 25 | 0.04 | 通识教育 | 2009 | 19 | 12 | 0.01 | 大学生 | 2005 |
| 10 | 24 | 0.03 | 职业教育 | 2008 | 20 | 12 | 0.01 | 以人为本 | 2007 |

通过对关键词出现频次高低进行排序,关联意义相近的关键词,结合统计结果可知,教育目的、教育出现频次最多,且中心性较强,其他关键词频次普遍较低,中心性较弱。由此可见,教育目的研究领域的个别研究主题相对集中,其余方向的研究成果不显著。

### (三)关键词聚类分析——结构与内容

为把握1992—2022年教育目的研究领域的发展与变化,需要对相关研究内容进行梳理,对有关文献的技术处理获得了相应的结果(见图2-3)。

使用Citespace进行聚类分析,选择数据抽取对象Top10,共得到750个节点和1072条连线,网络密度为0.0038,模块值为0.734>0.3,说明划分出来的聚类结构是明显有效的,平均轮廓值为0.9303>0.7,表明该聚类分析具有较高的信度。同时需要说明的是,图2-3中的标签显示出聚类号及其标识词,聚类号以#0、#1、#2……依次排列。分析图2-3所呈现的关键词聚类知识图谱可知,素质教育、杜威、通识教育、人文教育、劳动教育、审美教育、比较教育共同构成了教育目的研究的主体框架。

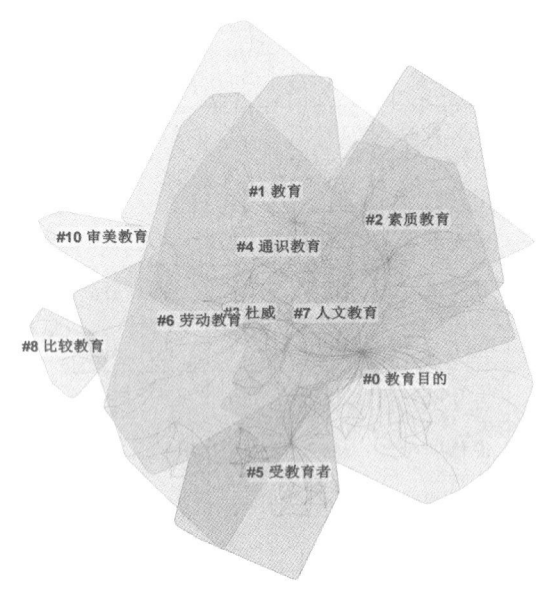

图2-3　教育目的研究关键词聚类知识图谱(1992—2022年)

### (四)关键词突现分析——阶段与趋势

为了从相关文献中揭示教育目的研究的趋势,运用Citespace软件中的突现检测功能,将"突现词"检测出来,进而获得教育目的的研究高频关键词突现情况(见图2-4)。图2-4中加粗部分表示在一定时间段的高频关键词,同时表明这些"突现"的关键词在该时间段内具有相当的发展潜力和研究价值。

| 关键词 | 首次出现年份 | 突现强度 | 突现起始年份 | 突现结束年份 | 1992—2022年 |
|---|---|---|---|---|---|
| 受教育者 | 1992 | 8.38 | 1994 | 2003 | |
| 素质教育 | 1992 | 10.56 | 1998 | 2007 | |
| 全面发展 | 1992 | 3.9 | 2002 | 2006 | |
| 道德教育 | 1992 | 3.65 | 2005 | 2009 | |
| 比较教育 | 1992 | 3.57 | 2005 | 2010 | |
| 教育 | 1992 | 4.95 | 2006 | 2008 | |
| 高等教育 | 1992 | 3.92 | 2006 | 2015 | |
| 启示 | 1992 | 4 | 2007 | 2011 | |
| 职业教育 | 1992 | 4.49 | 2008 | 2014 | |
| 目的 | 1992 | 4.23 | 2008 | 2013 | |
| 通识教育 | 1992 | 6.5 | 2009 | 2017 | |
| 杜威 | 1992 | 5.48 | 2010 | 2020 | |
| 教育哲学 | 1992 | 6.4 | 2015 | 2022 | |
| 劳动教育 | 1992 | 5.35 | 2018 | 2022 | |

图2-4　教育的目的研究高频关键词突现情况(1992—2022年)

根据上述近年来教育目的研究关键词突现情况,可从整体上考察教育的目的研究的阶段性进展。其中,教育哲学、劳动教育分别于2015年和2018年在"教育目的"领域内提出,其热度延续至今。

第一阶段(1992—1998年):重要变革期。在1992年邓小平南方谈话后,中国开启了新一轮的教育改革与发展。1993年《中国教育改革和发展纲要》进一步明确了改变政府包揽办学的格局,逐步建立以政府办学为主体、社会各界共同办学的体制。中国一些省、直辖市、自治区开始开展不同形式的公立中小学转制试点工作,探索将市场机制引入教育领域。1995年,《中华人民共和国教育法》明确了教育必须为社会主义现代化建设服务,与生产劳动相结合,培养德、智、体等全面发展的社会主义事业建设者和接班人。

第二阶段(1999—2012年):全面发展期。这一阶段的教育目的强调"为人民服务",旨在培养"德智体美"全面发展的建设者和接班人。1999年,江泽民在第三次全国教育工作者大会开幕式讲话中提出坚持教育"为人民服务",培养"德育、智育、体育、美育等全面发展的社会主义事业建设者和接班人"[①]的四育教育目的,标志着教育目的从"社会本位"为主转向"社会本位"与"个人本位"兼顾的历史性转折。2002年党的十六大把"为社会主义现代化建设服务,为人民服务"的教育目的写入了大会报告,2007年,党的十七大提出"坚持育人为本、德育为先"。2010年印发的《国家中长期教育改革和发展规划纲要》再一次强调"为人民服务"这一目的。故在此阶段中,"全面教育""素质教育""道德教育"等成为研究热点。

第三阶段(2013年至今):立德树人期。这一阶段的教育目的强调"立德树人",旨在培养"德智体美劳"全面发展的建设者和接班人。2012年党的十八大提出:"把立德树人作为教育的根本任务。"习近平在2016年的全国高校思想政治工作会议上的讲话指出,高校立身之本在于立德树人,"要坚持把立德树人作为中心环节"[②],从而廓清了一个时期以来人们对教育目的的模糊认识,明确了学校教育的根本任务就是"立德树人"。2017年,党的十九大再一次强调"立

---

[①] 江泽民.江泽民文选(第2卷)[M].北京:人民出版社,2006:332.
[②] 习近平.把思想政治工作贯穿教育教学全过程开创我国高等教育事业发展新局面[N].人民日报,2016-12-09(001).

德树人"是教育的根本目的。2018年,习近平在全国教育大会开幕式上讲话中提出教育要"培养德智体美劳全面发展的社会主义建设者和接班人"[①],把劳动教育作为"五育"之一,确立了德智体美劳"五育"全面发展的教育目的,教育由此进入了"立德树人""五育并举"的新历史阶段。2019年发布的《关于深化教育教学改革全面提高义务教育质量的意见》重申培养"德智体美劳"全面发展的、能担当民族复兴大任的社会主义建设者和接班人。故在此阶段中,"劳动教育""教育哲学"成为了研究热点,并延续至今。至此,我国形成较为完整的全面发展教育方针、教育目的表述。

## 三、研究结论与未来展望

### (一)研究结论

通过以上相关文献的可视化分析,从关键词的共现分析、聚类分析、突现分析来捕捉、揭示近年来教育目的研究热点及总体发展情况,总结如下:

第一,方向上坚持马克思主义理论的指导地位。上述关于教育目的的研究成果表明,学者成功探索与构建了中国化的马克思主义教育目的体系:一是综合运用马克思主义的人民主体性思想、阶级分析法、社会矛盾分析法等思维方法,着力解决教育目的认识问题。二是用马克思主义关于"人的全面而自由发展"理论指导教育目的的理论认识与实践不断进步,并且在马克思主义中国化、时代化下厘定了德智体美劳全面发展的、"有理想、有本领、有担当"的时代新人培养目标。三是运用马克思主义政治经济学理论分析教育中的理论与实践关系,提出了教育与生产劳动和社会实践相结合的理论,并且通过加强劳动教育等方式来强化落实。

第二,通过立法推进教育目的的制度化建设。教育立法起步虽晚,但进步快速。具体而言,教育法制建设启动于20世纪80年代,1993年我国颁布了《中华人民共和国教师法》,此后我国又陆续制定了《中华人民共和国教育法》

---

① 习近平.坚持中国特色社会主义教育发展道路培养德智体美劳全面发展的社会主义建设者和接班人[N].人民日报,2018-09-11(001).

(1995)、《中华人民共和国职业教育法》(1996)、《中华人民共和国高等教育法》(1998)、《中华人民共和国民办教育促进法》(2002),教育法制建设起步虽晚却取得了显著成就。当前,我国的教育体制改革已经进入深水区,必须坚持教育法制建设与教育目的探索的统一,将党关于教育目的问题的认识贯彻到教育法律法规的动态调整之中,为提高教育治理体系与治理能力的现代化提供法律保障。

第三,关系上坚持政治性与科学性的有机统一。教育目的的政治性是教育目的本身所要实现的政治功能。教育作为人类生存与发展的一项基本社会实践活动,不能离开社会的政治、经济、文化和人本身而独立存在。相应的,教育本身也存在着固有的政治功能、经济功能、文化功能、个体发展功能,而实现这些功能便构成了教育目的体系的主要内容,这也决定了教育目的的调整必须与社会的政治、经济、文化、个体的发展保持同步,其中与社会的政治发展相适应是居于首位的。

第四,纵向上坚持历史性与现实性的统一。教育目的的历史性就是指在教育目的问题探索过程中,一方面存在着长期形成的、可供借鉴的理论与实践成果,另一方面教育目的的确立过程本身是动态发展的历史性过程。教育目的的历史性与现实性是相互贯通、相互作用的辩证统一关系。在新时代,坚持历史性与现实性的统一,既要坚持那些久经实践检验并具有长期适用性的基本理念与基本认识,又要在此基础上正确把握影响教育目的确立的主客观条件,在巩固和发展中国特色社会主义制度、改革开放和中国式现代化等现实格局中定位教育目的的理论坐标,推动教育目的的理论创新,赋予教育目的新的时代内涵。

## (二)未来展望

人类教育活动的"目的性",规定了教育目的研究在教育理论研究中的"核心"地位,由于人们教育目的受时代环境、人们主观价值选择诸多因素的影响,当这些因素发生时,教育目的的研究又面临新的课题。展望未来,教育目的的研究还有一些工作需要继续推进。

第一,着眼教育强国,构建有中国特色的教育目的。习近平总书记指出:

"建设教育强国是中华民族伟大复兴的基础工程"[1]。教育目的问题事关培养人的总目标,是引领教育事业发展与建设教育强国的出发点,是我国国民素质与社会文明程度提升的总要求,它预设了我国人力资源发展的整体效能。为了实现现代化目标,建设教育强国,就亟须构建有中国特色的教育目的,即中国特色社会主义教育目的是兼具实践特色、理论特色、民族特色、时代特色的教育目的。这要求教育工作者们在贯彻党对教育目的认识的同时,增强忧患意识,厘清西方教育目的与我国教育目的的本质区别,牢固树立"四个意识",坚定"四个自信",着力推动马克思主义教育目的理论创新,共同构建有中国特色的教育目的。

第二,坚持实践导向,不断提升教育目的的执行力。历经长期探索,教育目的在认识上已成熟化与时代化,当前问题就在于如何发挥教育目的理论指导实践的作用,促使教育目的的实然性趋近于应然性。这就需要从自上而下、自下而上两个方向提升教育目的理论的执行力。严格来说,社会主义建设时期,教育目的认知偏差或贯彻不到位等问题的发生是自上而下的,其原因是在教育目的总体方向上的把握缺乏连续性,从而导致了教育实践的混乱。同时,中国共产党引领我国发展的深刻变革,在这样的生成逻辑基础上,就意味着在我国解决一切问题包括教育问题,"关键在党"。因此,自上而下提升教育目的理论的执行力,首先应保证党对教育目的总体方向的把握具有连续性与现实性,更深层次地说,就是要确保党的领导坚强有力。

第三,面向未来挑战,推进教育目的研究守正创新。当今时代,中国不仅需要应对本国的教育现代化改革与治理,还必须深度参与全球教育治理,直面不同教育理念的挑战。在这一背景下,教育目的理论守正创新的重要性与紧迫性进一步凸显。一方面,守正是根基,就是要坚持马克思主义教育目的理论的基本思想。研究马克思主义经典作家关于教育目的的基本构想,揭示教育目的确立的基本规律,是进一步深化教育目的认识的理论工具与重要依据。另一方面,创新是源泉,推进教育目的理论的创新要求兼顾政治性、学术性与

---

[1] 习近平.决胜全面建成小康社会夺取新时代中国特色社会主义伟大胜利——在中国共产党第十九次全国代表大会上的报告[EB/OL].(2017-10-18).[2022-10-21].https://www.12371.cn/2017/10/27/ARTI1509103656574313.shtml.

开放性。推进教育目的理论的守正创新还要求我们在把握世界发展大势的基础上，主动应变、积极求变。在以互联网信息技术为核心的新一轮科技革命挑战下，在逆全球化趋势抬头情况下，探索人才培养目标的创新则是应有之义。

　　第四，面向世界，引领发展中建设核心素养教育理论。近30年来，欧洲、美洲等发达国家和地区，掀起学生关键能力（key competences）培养思潮，引起了世界教育的关注、借鉴。在理论层面，我国在吸收"关键能力"培养理念的基础上增加了"必备品格"（essential character）要素，构成了具有中国特色的"核心素养"（core quality）概念。同时，林崇德先生牵头研究建构完成了中国学生发展核心素养体系。在政策层面，2014年《教育部关于全面深化课程改革，落实立德树人根本任务的意见》中提出组织研究各学段学生发展核心素养体系；根据核心素养体系，明确了学生完成不同学段、年级、学科学习内容后应该达到的程度要求；提出把核心素养和学业质量要求落实到各学科教学中等要求，并做出了研制学生发展核心素养体系和学业质量标准，修订课程方案和课程标准，编写、修订高校和中小学相关学科教材，加强考试招生和评价的育人导向等部署。显然，具有中国特色的"核心素养"是对境外"关键能力"的超越，这将是对人类未来教育方向的重要引领。这其中的问题当然需要进一步地深入研究，从而更好地提供解决世界教育问题的中国方案，彰显中国智慧。

## 研究导航

　　为了深化你对本专题的学习、推进有关本专题的研究工作，你可以在问题中选取题目开展研究。

1. 当代公民教育面临的挑战及应对研究。
2. 当代占有性教育目的的反思与调适。
3. 后现代主义教育目的观评价。
4. 人类命运共同体素养人才的培养策略研究。
5. 论核心素养教育理论中的中国智慧。

# 专题3　学习者研究的综述与展望[①]

📖 阅读导航

本专题是关于学校学生为主体的学习者问题的研究。不言而喻,从教育学的逻辑起点看,包括学生在内的学习者才是学校"上帝",自然需要透彻地把握。因此,本研究使用 CiteSpace 文献分析技术和传统的文献解读技术对已有有关学习者问题的研究成果进行系统分析,以便为读者提供已有关于学习者的研究进展,奠定推进学习者研究属性、特点、身心结构、权利、责任、社会化等问题基础;同时,从不同时代下学生身心特点的变化及其教育要求出发,提出有关学习者研究的未来议题,为进一步研究提供启发。

## 一、概念界定与分析技术

### (一)概念界定

从教育的逻辑起点探讨出发,就会发现人类教育的发生,首先是因为有学习者,即人类初生个体为了生存而学习,掌握诸如衣食住行等生存的智能,以及为了更好生存的各种规则,当然其中也蕴含了学习目的即后来的教育目的的要素,还蕴含了学习对象及后来的教育内容的要素。由此可见,学习者在教育活动系统、在教育学学科系统中具有"原点"地位。具体地看,这种学习者首先是家庭中初生的婴幼儿及家庭孩子;家庭中的孩子在走向社会时就成为社会教育中的学习者;这些孩子中进入学校的部分就成为学校中的学生;再到终身教育社会中,走出校门的学生则成为社会继续教育中的学习者。由此可见,学习者的范畴或包含的对象是丰富众多的,几乎囊括了人类的全部,总之,凡是在教育活动中承担学习责任、接受教育的人就是学习者。当然,实践中,学习者主要是指在学校中以学习为主要任务的人——学生。从学术研究的角度看,对学习者内在问题的探讨,涉及学习者的角色定位、重要特点、基本属性、

---

[①] 本专题作者:徐龙(西南大学,博士,副教授);袁思婷(西南大学,硕士研究生)。

权利与责任、学习与学业成就、角色认同与社会化等众多话题,以此足见学习者研究的丰富性;不仅如此,学习者作为人,亦关涉有关人的所有科学,如解剖学、生理学、心理学,以及地理学、社会学、文化学、经济学、政治学等学科,关涉学习者的学科实在是极其众多,由此可见学习者研究视野的广泛性。正是如此,才形成了不同角度研究人及其教育问题的成果,只有全面地认识人,才可能形成正确的教育理念,为了更好地研究人的教育问题,当然需要对已有研究成果进行总结与归纳。

### (二)分析技术

以中国知网数据库(CNKI)为检索平台,按照"主题=学习者or受教育者or教育对象""主题=学校教育中的学生or学校教育中的儿童or学校教育中的青少年""主题=家庭教育中的学生or家庭教育中的儿童or家庭教育中的孩子""主题=社会教育中的学生or社会教育中的青少年or社会教育中的成人"进行高级检索,同时对检索结果进行人工筛选与整理,剔除期刊会议征稿、报纸、笔谈、无作者信息及其他不相关条目等无效数据后,得到有效样本文献1514篇。

然后通过CNKI以Refworks格式将文献导出,运用CiteSpace进行格式转换,建立样本数据库。其中,设置时间切片为1983年1月—2022年12月,Top N设置为50,Phras/Keyword:Maximum Words设置为4,Maximum GML Node Label Length设置为8,Pruning选择Pathfinder、Pruning sliced networks和Pruning the merged network,其他参数设置为默认值,从发文时间、关键词进行研究主题的计量可视化分析与图像绘制,梳理学习者研究领域的研究热点与主题演化的脉络,探寻学习者研究的未来趋势。

## 二、文献透视的结果解读

### (一)文献数据的统计与分析

为把握"学习者"研究情况,对中国知网数据库(CNKI)中关于"学习者"研究的期刊文献进行整理与分析,获得该主题的文献分布情况如图3-1所示。

图 3-1　学习者研究文献数量变化曲线图（1983—2022 年）

通过对样本文献发文时间进行统计分析可以发现，该数据库中关于学习者的研究最早出现在 1983 年，主题均为受教育者个人智力投资，该现象的出现可能与国外人力资本理论传入国内的时间有关。在此后的三十年间，伴随教育学学科中国化的纵深探索历程，学习者研究相关期刊文献的整体数量变化曲线呈现出明显的上升趋势。其中，1983—2000 年呈现平缓波动上涨趋势，2000—2013 年则呈现出快速崛起趋势，并在 2013 年前后达到年度研究成果数量的峰值（90 篇）。2013 年以后，学习者研究文献数量出现回落，近十年相关文献基本保持在 60—80 篇这一相对高位的数量范围内起伏波动。从数量上来看，近些年该领域的研究整体上较为丰富，但尚未形成稳定的状态，这一发展态势亦是从侧面提示后续研究者需进一步提升该领域研究的创新性与纵深性。

### （二）关键词共现分析——主题与次序

向 CiteSpace 软件中输入 1983—2022 年学习者研究领域期刊文献数据进行关键词共现分析，如图 3-2 所示，关键词共现图谱共有 781 个节点，1271 条连线，网络密度为 0.0042。通过对图 3-2 关键词共现图谱的图像解读发现，有关我国学习者研究的核心主题包括家庭教育、学校教育、受教育者、儿童、对策、学生等。为进一步把握该研究领域的热点主题，在整合相近关键词的基础上对关键词共现频次及其中心性进行分析（摘选排名前 16 位，见表 3-1）。

图3-2 学习者研究关键词共现知识图谱（1983—2022年）

表3-1 学习者研究关键词频次及其中介中心性统计表

| 排序 | 频次排序 |  | 排序 | 中介中心性排序 |  |
|---|---|---|---|---|---|
|  | 关键词 | 频次 |  | 关键词 | 中介中心性 |
| 1 | 家庭教育 | 228 | 1 | 家庭教育 | 0.39 |
| 2 | 学校教育 | 144 | 2 | 受教育者 | 0.29 |
| 3 | 受教育者 | 129 | 3 | 学校教育 | 0.25 |
| 4 | 受教育权 | 63 | 4 | 学生 | 0.11 |
| 5 | 留守儿童 | 56 | 5 | 对策 | 0.07 |
| 6 | 儿童 | 47 | 6 | 留守儿童 | 0.06 |
| 7 | 对策 | 45 | 7 | 教育 | 0.06 |
| 8 | 教育 | 39 | 8 | 学业成绩 | 0.06 |
| 9 | 学生 | 36 | 9 | 教育对象 | 0.06 |
| 10 | 义务教育 | 33 | 10 | 受教育权 | 0.05 |
| 11 | 青少年 | 31 | 11 | 中学生 | 0.04 |
| 12 | 主体性 | 29 | 12 | 教育者 | 0.04 |
| 13 | 成人教育 | 24 | 13 | 儿童 | 0.03 |
| 14 | 中学生 | 23 | 14 | 义务教育 | 0.03 |
| 15 | 教育者 | 20 | 15 | 青少年 | 0.03 |
| 16 | 学业成绩 | 20 | 16 | 心理健康 | 0.03 |

将我国学习者研究的关键词进行降序排列可知,"家庭教育""学校教育""受教育者"三个关键词的出现频次位居前三,明显高于其他关键词的出现频次,其后依次排序为"受教育权""留守儿童""儿童""对策""教育""学生""义务教育""青少年""主体性""成人教育""中学生""教育者"与"学业成绩"。将我国受教者研究的关键词的中心性进行降序排列,依次为"家庭教育""受教育者""学校教育""学生""对策""留守儿童""教育""学业成绩""教育对象""受教育权""中学生""教育者""儿童""义务教育""青少年""心理健康"。其中,关键词"家庭教育"的频次与中心性高于"学校教育",与"学校教育"相关主题的泛化与分散有一定程度的关系。

结合图3-2和表3-1综合分析可知,从学习者接受教育的场域来看,相关研究主要集中于学校教育和家庭教育场域,而社会教育场域研究数量相对较少;从学习者接受教育的阶段来看,相关研究主要集中于义务教育阶段和成人教育阶段,而学前教育和高等教育阶段研究数量相对较少;从学习者群体类别来看,相关研究主要集中于儿童、留守儿童、青少年、中学生,而大学生和流动儿童研究数量相对较少;从受教者权益来看,相关研究主要集中于受教育权和受教者主体性;从受教者具体表征来看,相关研究主要集中于学业成绩和心理健康。

### (三)关键词聚类分析——结构与内容

基于LLR(对数似然率)算法对学习者研究发文关键词进行聚类分析得出聚类图谱和关键词聚类报告,图谱聚类模块值Modularity(Q值)=0.7>0.3,说明划分的关键词聚类结构具有显著性;图谱聚类平均轮廓值Mean Silhouette(S值)=0.92>0.7,且各聚类标签轮廓值均大于0.8,表明该聚类分析具有较高的信度,具体情况如表3-2和图3-3所示。

表3-2　学习者研究发文关键词聚类报告

| 聚类号 | 聚类名称 | S值 | 平均年份 | 标签(LLR值) |
| --- | --- | --- | --- | --- |
| 0 | 家庭教育 | 0.974 | 2006 | 个性发展(14.00);受教育者(11.04);儿童教育(10.49);社会支持(10.49) |
| 1 | 受教育者 | 0.904 | 2002 | 主体性(56.59);主体地位(34.62);思想政治教育(33.04);家庭教育(14.68) |

续表

| 聚类号 | 聚类名称 | S值 | 平均年份 | 标签(LLR值) |
|---|---|---|---|---|
| 2 | 学校教育 | 0.828 | 2008 | 中职学生(33.36);教师(20.78);心理健康(20.78);创造力(16.6) |
| 3 | 教育 | 0.855 | 2006 | 儿童(37.33);家庭(17.12);学校(16.17);体育教育(12.77) |
| 4 | 受教育权 | 0.93 | 2011 | 对策(51.14);问题(30.88);义务教育(30.88);流动儿童(24.91) |
| 5 | 学生 | 0.93 | 2002 | 中学生(33.94);创新能力(16.87);家长(11.23);健康知识(11.23) |
| 6 | 学业成绩 | 0.965 | 2004 | 初中学生(22.38);学业压力(13.58);学生学业(9.83);家庭教育结构(6.77) |
| 7 | 留守儿童 | 0.879 | 2008 | 学习动机(21.85);社会教育(21.85);学业表现(16.98);信任感(10.89) |
| 8 | 继续教育 | 0.879 | 2010 | 成人教育(26.88);个体发展(14.81);动机(12.78);学习成绩(12.78) |
| 9 | 教育对象 | 0.944 | 2001 | 高等教育(15.36);人力资本(15.36);敬业精神(7.65);主观主义(7.65) |

家庭教育、受教育者、学校教育、教育、受教育权、学生、学业成绩、留守儿童、继续教育、教育对象构成了受教育者研究的主体框架。从对数似然率(LLR)看,LLR值越大的标签越具有对这个聚类的代表性可知:聚类"家庭教育"主要聚焦于个性发展、受教育者、儿童教育、社会支持等方面;聚类"受教育者"主要聚焦于主体性、主体地位、思想政治教育、家庭教育等方面;聚类"学校教育"主要聚焦于中职学生、教师、心理健康、创造力等方面;聚类"教育"主要聚焦于儿童、家庭、学校、体育教育等方面;聚类"受教育权"主要聚焦于对策、问题、义务教育、流动儿童等方面;聚类"学生"主要聚焦于中学生、创新能力、家长、健康知识等方面;聚类"学业成绩"主要聚焦于初中学生、学业压力、学生学业、家庭教育结构等方面;聚类"留守儿童"主要聚焦于学业动机、社会教育、学业表现、信任感等方面;聚类"继续教育"主要聚焦于成人教育、个体发展、动机、学习成绩等方面;聚类"教育对象"主要聚焦于高等教育、人力资本、敬业精神、主观主义等方面。

图 3-3　学习者研究关键词聚类知识图谱(1983—2022年)

结合对文献的阅读分析得出:其一,从平均时间维度看,有关学习者研究的聚类主要集中在 2000—2010 年,这是由于:在前一阶段教育学中国化的元主题探索达到一定成熟程度的基础上,该阶段学习者研究有所繁盛,而此后学习者在各学科领域的研究主题进一步泛化与分散,研究数量有所回落,在相对高位呈现起伏波动势态。其二,从学习者受教阶段来看,研究内容涉及基础教育、职业教育、高等教育和继续教育,但更多的还是聚焦于基础教育领域,职业教育、高等教育和继续教育领域中受教者相关问题的探索还有待进一步丰富。

(四)关键词突现分析——阶段与趋势

为了从相关文献中揭示学习者研究的趋势,运用 CiteSpace 软件中的突现检测功能,将"突现词"检测出来,进而获得我国学习者研究高频关键词突现情况(见图 3-4),结合时代背景、相关文献阅读及发文数量演进情况综合描绘,可将 1983—2022 年学习者研究的演化路径大体划分为三个阶段。

| 关键词 | 首次出现年份 | 突现强度 | 突现起始年份 | 突现结束年份 | 1983—2022年 |
|---|---|---|---|---|---|
| 受教育者 | 1983 | 3.58 | 1983 | 1989 | |
| 教育对象 | 1983 | 3.13 | 1989 | 2008 | |
| 教育 | 1983 | 4.25 | 2001 | 2013 | |
| 学生 | 1983 | 4.38 | 2003 | 2007 | |
| 社会化 | 1983 | 2.99 | 2004 | 2012 | |
| 学校教育 | 1983 | 3.05 | 2006 | 2007 | |
| 教师 | 1983 | 3.1 | 2007 | 2010 | |
| 对策 | 1983 | 6.18 | 2008 | 2016 | |
| 受教育权 | 1983 | 5.03 | 2009 | 2017 | |
| 心理健康 | 1983 | 3.53 | 2009 | 2012 | |
| 青少年 | 1983 | 3.93 | 2012 | 2016 | |
| 大学生 | 1983 | 3.95 | 2013 | 2015 | |
| 学前儿童 | 1983 | 3.89 | 2013 | 2022 | |
| 留守儿童 | 1983 | 6.61 | 2014 | 2022 | |
| 现状 | 1983 | 4.72 | 2014 | 2018 | |
| 教育公平 | 1983 | 4.65 | 2014 | 2015 | |
| 流动儿童 | 1983 | 4.61 | 2015 | 2016 | |
| 学业表现 | 1983 | 4.02 | 2017 | 2022 | |
| 影子教育 | 1983 | 3.98 | 2018 | 2020 | |
| 学业成绩 | 1983 | 3.04 | 2018 | 2020 | |

**图3-4 学习者研究高频关键词突现情况（1983—2022年）**

第一阶段（1983—2000年）：初始探索期。以受教育者和教育对象主题词本身为主的初始探索阶段。这一时期该主题的研究方法以思辨研究与质性研究为主，且学者们以期刊形式呈现的研究文献数量较少，研究内容表现不够活跃，主要包含以下三个方面：一是对受教育者和教育对象的概念及特征进行了探讨；二是对受教育者和教育对象的主体性、社会性进行了探讨；三是对受教育者和教育对象的教育投资问题进行了探讨。此外，结合关键词共现图谱分析可知，尽管该阶段的关键节点较少，但"受教育者"和"教育对象"节点与后续诸多节点之间存在明显的共现关系，中心性较大，表明该阶段研究为后续受教者相关研究奠定了的理论基础，具有一定的研究延展性。

第二阶段（2001—2010年）：深入探索期。围绕学习者学校教育场域展开研究的稳步上升阶段。该时期学习者相关研究数量快速增长，关键节点开始增多，研究内容逐渐丰富，主要包括学校师生关系中学生身份与地位、受教育者教育与社会化的探讨以及新世纪素质教育和终身教育视域下受教者相关主题研究等，研究方法同样以思辨研究和质性研究为主。而随着教育规模的不断扩大和教育体系的不断完善,越来越多有关受教者的问题需深入探究,在该阶段后期,受教者研究热点主题进一步细化,有关学习者教育对策、受教育权、心理健康的发文量呈现突增趋势,实证研究方法在该领域的应用也逐渐兴起。

第三阶段(2011年至今):细化泛化期。学习者多方向独立与多主题并行的持续丰富阶段。在该时期,有关受教者的研究快速发展,文献增量曾一度攀升顶峰,随后维持在相对高位范围内波动,研究方法转变为以实证研究为主流,研究内容涉及学习者的方方面面,呈现出"细化+泛化"的两端性扩充趋势:在细化方面,学者们对学习者的研究具体到学前儿童、青少年、大学生等不同年龄阶段,以及留守儿童、流动儿童等不同群体;在泛化方面,研究热点主题涉及受教者教育公平、学业表现、教育现状与对策等内容,包括国际学术界近些年新兴的学习者与影子教育研究主题,也得到一定程度的重视。至此阶段,学习者研究依旧表现出相当的研究热度与发展潜力。

## 三、研究结论与未来展望

### (一)研究结论

通过以上相关文献的可视化分析,从关键词的共现分析、聚类分析、突现分析来捕捉、揭示近年来以学校学生为主体的学习者研究热点及总体发展情况,总结如下:

第一,研究成果出现阶段性变化,学习者地位起伏不定。从研究的时间分布情况来看,我国对学习者的研究的相关期刊文献的整体数量变化曲线呈现出明显的上升趋势,越来越多的研究者关注到学习者这一研究领域,但就稳定性而言,尚未形成稳定的状态。究其原因,可能是长期以来的教育学或教研活动主要是关注教师如何教的问题,故对教育在教育学理论上有"没有儿童的教育学"之讥讽,在教育实践上有"教师中心"倾向之忧虑。当"学生本位""以生为本"呼声居于高位之时,学习者研究便为热点问题,呼声一过学习者研究热度则明显降低。可见,已有研究中对学习者的定位是起伏不定的,"以生为本""生本教育"等理念自然难以贯穿始终。

第二，集中关注学习者的智能学习，忽视全面发展明显。从关键词共现分析和聚类分析来看，家庭教育、受教育者、学校教育、教育、受教育权、学生、学业成绩、留守儿童、继续教育、教育对象构成了学习者研究的主体框架，这些热点集中体现了教育发展中有关学习者的突出问题，从不同视域关注、研究学习者具有视野开阔的积极性，但也存在从主要学科视角系统揭示学习者的特质深度不够的问题。这既是对学术界关于学习者研究的肤浅之虞，也是实践界"看不清"思维学习者等教育研究成果之因。同时，还需要特别关注的是，对学习者的研究更多地关注其智能层面的学习，如优质教学、卓越课堂、翻转课堂等都多是关注智能层面的发展，显而易见，对于学习者的社会情感、价值态度等非智能——情意层面的研究相对欠缺。

第三，研究主题走向宏观与微观两极，对中观重视不够。从关键词突现分析来看，学习者研究的演化路径大致可划分为三个阶段。第一阶段为1983—2000年，以思辨研究与质性研究为主的对受教育者和教育对象主题词本身进行探讨的初始探索阶段。第二阶段为2001—2010年，围绕学习者学校教育场域展开研究的稳步上升阶段。该时期研究内容逐渐丰富，受教育者主体地位逐渐得到关注。第三阶段为2011年至今，学习者多方向独立与多主题并行的持续丰富阶段，研究内容进一步呈现出"细化+泛化"的两端性扩充趋势。显然，泛化、宏观的研究虽有价值层面的启发意义，但它们往往显得内容空泛、抽象；细化、微观的研究虽有"以小见大"的意义，但"只见树木、不见森林"的意味明显，而兼顾宏观与微观之间的中观恰恰兼具两个方面的优势。

## （二）未来展望

以学生为主体的学习者，既有不变的一方面、也有变化的一方面，由此规定了学习者研究既深入研究不变的方面——诸如情感、态度、认知、思维、创造、人格等规律性的理论，也需要变化的方面——不同时代学习者的价值取向、态度倾向、亚文化、行为方式等，对学习者的研究永远是教育学大厦的"基石"，需要持续地探索。

第一，研究主题方面需紧跟问题焦点、深思研究冰点。通过1983年以来受教育者文献的可视化分析，可以明显看到我国学习者研究主题嬗变有序，热点更迭频繁愈益丰富,出现了学习者主体性、受教育权、学业成绩、心理健康等相关热点研究,既有对学习者本体内涵的探寻,亦有对学习者特有属性的挖掘,有利于完善学习者研究体系。目前对学习者的研究主要聚焦于学校教育中的学生及其学业成绩、心理健康,不论是从研究对象来看还是从研究内容上来看,都具有不小的研究局限,这就要求研究者们在关注研究的热点与前沿的同时不要忽略研究的冰点与盲点,如影响学习者人格特质的遗传因素、影响学习者效能的神经系统结构功能特征、学习者发展中的顿悟现象、学习者心智发展中的动态性、学习者认知中的脑机制,等等。

第二,理论视域方面需丰富理论基础、拓展学科视角。不同学习者具有不同的年龄、发展阶段、能力、动机、学习条件、学习风格等,无论是理论层面还是实践层面,学习者本身就是多学科、多角度的综合问题。但就目前来看,其研究视野主要限制在教育学学科领域,主要涉及社会学、心理学、经济学等学科,缺乏其他学科视域的关照。此外,就现有研究来看,研究者居高临下态度明显,缺乏学习者的立场,缺少研究时以儿童的视角去倾听儿童的声音、理解儿童的表现。综上所述,学习者研究需进一步拓展多学科、多视角的研究视野,以形成综合性的研究,不断推进学习者研究纵深化。

第三,打开研究主题视野,关注乡村学生的生活世界。历史表明,教育作为传递、传播文明的工具,从开始面对所谓"文明"概念时,教育影响的选择就趋向中上阶层的、占据领导阶层的、活跃在王城都市的、可书写在"书本"上的"阳春白雪"文化,从一开始就尽量远离社会底下阶层的、非主流地位的、活跃在乡村的、大多无法书写的"下里巴人"文化。由此,导致城市孩子与农村孩子的生活世界的重大差异,其中乡村孩子虽然"穿梭"在生活中的"下里巴人"文化和学校中的"阳春白雪"生活世界之间,但学校中的教育内容基本上选择性忽视了"下里巴人"的生活世界部分。这对乡村孩子学业成绩及其人生成就均极其不利,也不公平。如何用资源公平的理念、生态化的课程观念来建设对城乡孩子公平的生活世界,当然是未来研究需要完成的。

第四,研究方法方面需突破思辨研究,利用多元方法。当把研究方法技术与学习者研究的具体问题结合起来时,就凸显出当前研究方法的局限性,如学习者学习的脑机制揭示、学习者人格发展的遗传因素影响等研究可能需要自然科学的方法技术,学习者的学习内容内化、经验的类化、创造性思维的形成等研究可能需要心理科学的方法技术,学习者情感态度、价值观念的养成研究可能需要哲学、社会学的方法技术,学习者的爱心、同情心、同理心研究可能需要伦理学的方法技术,学习者亚文化及其影响的研究可能需要人类学的田野考察,等等,由此可见当前对学习者研究方法的局限性。因此,基于对已有研究的分析发现,早期对受教育者的研究多以思辨研究为主,偏重于理论,近些年来实证层面研究逐渐增多但仍然不足。多元化的教育研究方法是衡量教育研究水平的重要指标。在受教育者相关研究的不断扩充与深入的进程中,就需要融会贯通不同的研究方法,将思辨研究与实证研究相结合,将质性研究与量化研究相结合,对学习者进行全方位探究。

## 研究导航

为了深化你对本专题的学习、推进有关本专题的研究工作,你可以在问题中选取题目开展研究。

1. 学校学生权益保障的必要性与限度。
2. 学校对中小学学习者言行奖惩的尺度与依据。
3. 中小学/大学学习者角色调适的障碍及对策。
4. 当代学生亚文化的突变及其挑战。
5. 人类情感学习的机制及要求。

# 专题4　教育者研究的综述与展望①

📖 阅读导航。

本专题是关于包括以学校教师为主体的教育者问题的研究。当然,从学生主体、教师主导角度看,教育者当然是教育活动的"导演",因而需要全方位地进行认识。因此,本研究使用CiteSpace文献分析技术和传统的文献解读技术对已有有关教育者问题的研究成果进行系统分析,以便为读者提供教育者研究进展,奠定推进教育者所涉及类型、任务、要求、培养、培训和提升等问题的基础;同时,从时代发展对教育者挑战角度,提出有关教育者未来研究需要关注的重要议题,以便为读者进一步研究提供参考意见。

## 一、概念界定与分析技术

### (一)概念界定

学习者在学习遭遇困难需要人指导时就产生了教与学的活动,由此产生了教育者这个要素。当然,从历史演进的角度看,首先出现的教育者是家庭中对需要学习、掌握基本生产技能及规则的孩子的父母,故有"家庭是人生的第一所学校""父母是孩子的第一任教师"之说;当孩子们长大进入社会而需要学习社会智能与规则时则出现了教育孩子们的教育者,即通称之"巫师",他们担当了社会教育的教育者角色;再到后来,因为出于满足部分管理阶层弟子学习掌握组织管理技能及规则的需要而产生学校时,于是就出现了学校中的教育者,即通常称谓的"教师"。可见,教育者是一个涵盖较为广泛的群体,而且即使到了今天,众多教育者仍然在自己不同的岗位上发挥着重要的教育作用,我们没有理由只重视学校中的教师,而不重视其他场域的教育者。那么,何谓"教育者"呢?简而言之,教育者就是教授他人的人。从教育者所从事的教育工作的要求看,古代视教育者为养家糊口的生计活儿,近现代视教育者为一种

---

① 本专题作者:徐龙(西南大学,博士,副教授);袁思婷(西南大学,硕士研究生)。

谋生的职业,当代则视教育者为从事专门工作的专业人员,要求越来越高。可见担当教育者的这个人是很不"简单"的:他必须确保"闻道在先",能够"立德树人",遵守教育教学的职业道德和伦理,否则就是"枉为人师"!因此,古往今来,人们对教育者开展了极其广泛的研究,分别从教育者的本质属性、职业特点、权利责任、资格条件、培养及培训,以及规模建设和质量提高、区域均等与条件支持等方面进行了几乎"全方位"的探讨,取得了丰富的研究成果。对这些已有研究成果进行总结,无疑具有多方面的意义。

### (二)分析技术

以中国知网数据库(CNKI)为检索平台,按照"主题=教育者 and 关键词=教育者""主题=教师教育者""主题=学校教育者""主题=家庭教育者""主题=社会教育者""主题=网络教育者"进行高级检索,同时对检索结果进行人工筛选与整理,剔除期刊会议征稿、报纸、笔谈、无作者信息及其他不相关条目等无效数据后,最终得到有效样本文献717篇。

然后通过CNKI以Refworks格式将文献导出,运用CiteSpace进行格式转换,建立样本数据库。其中,设置时间切片为1964年1月—2022年12月,Top N设置为50,Phras/Keyword:Maximum Words设置为5,Maximum GML Node Label Length设置为10,Pruning选择Pathfinder、Pruning sliced networks和Pruning the merged network,其他参数设置为默认值,从发文时间、关键词等进行研究主题的计量可视化分析与图像绘制,梳理教育者研究领域的研究热点与主题演化的脉络,探寻教育者研究的未来趋势。

## 二、文献透视的结果解读

### (一)文献数量的统计与分析

通过对样本文献发文时间进行统计分析得知,中国知网数据库(CNKI)关于"教育者"研究最早的文献出现于1964年,进一步对文献进行梳理与精读发现,1964—1984年该数据库中关于教育者的期刊文献发表处于沉寂阶段,无相关有效文献,直到1985年,教育者研究重新受到学者们的关注。1985—2022年,该数据库中关于教育者研究的论文年发文趋势如图4-1所示,整体呈现出不均衡的增长态势。其中,1985—1999年期刊论文数量较少,论文总量占比仅为9.1%,且分布零散。2000—2007年发文量呈现平稳状态,数量维持在每年17~19篇之间。2008年的发文量(39篇)达到了一个爆发点和一个转折点,之后出现短暂的回落,在2015年发文量再次达到峰值(45篇),此后表现出小幅下降趋势。总体来看,2000年之后的文献量占样本总量的90%以上,说明21世纪以来"教育者"主题受到研究者们持续、广泛的关注,研究内容丰富化。但就发文量稳定性和小幅下降迹象而言,有关"教育者"的研究还有待进一步反思深化。

图4-1  教育者研究文献数量变化曲线图(1985—2022年)

(二)关键词共现分析——主题与次序

向CiteSpace软件中输入1964—2022年教育者研究领域期刊文献数据进行关键词共现分析,如图4-2所示,关键词共现图谱共有741个节点,1299条连线,网络密度为0.0047。

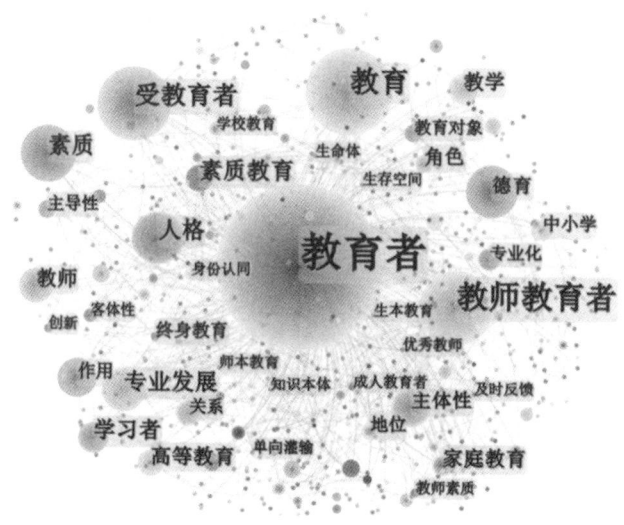

**图4-2　教育者研究关键词共现知识图谱（1964—2022年）**

通过对图4-2关键词共现图谱的图像解读发现，有关教育者研究的核心主题包括教育者、教师教育者、教育、受教育者、专业发展等。为进一步把握该研究领域的热点主题，在整合相近关键词的基础上对关键词共现频次及其中心性进行分析（摘选排名前10位，见表4-1）。

**表4-1　教育者研究关键词频次及其中介中心性统计表**

| 排序 | 频次排序 || 排序 | 中介中心性排序 ||
|---|---|---|---|---|---|
|  | 关键词 | 频次 |  | 关键词 | 中介中心性 |
| 1 | 教育者 | 315 | 1 | 教育者 | 1.06 |
| 2 | 教师教育者 | 105 | 2 | 教师教育者 | 0.20 |
| 3 | 教育 | 47 | 3 | 教育 | 0.17 |
| 4 | 受教育者 | 25 | 4 | 道德教育 | 0.05 |
| 5 | 专业发展 | 25 | 5 | 高等教育 | 0.04 |
| 6 | 素质 | 20 | 6 | 教学 | 0.04 |
| 7 | 人格 | 17 | 7 | 教师 | 0.04 |
| 8 | 道德教育 | 16 | 8 | 中小学 | 0.04 |
| 9 | 高等教育 | 13 | 9 | 受教育者 | 0.02 |
| 10 | 教学 | 13 | 10 | 专业发展 | 0.02 |

将教育者研究的关键词进行降序排列可知,"教育者""教师教育者""教育"三个关键词的出现频次位居前三,明显高于其他关键词的出现频次,其后依次排序为"受教育者""专业发展""素质""人格""道德教育""高等教育""教学""作用""素质教育""教师""主体性"与"角色"。将教育者研究的关键词的中心性进行降序排列,依次为"教育者""教师教育者""教育""道德教育""高等教育""教学""教师""中小学""受教育者""专业发展""素质""角色""专业化""领导力"和"价值观"。结合表4-1和图4-2综合分析可知,从教育者施教的场域来看,相关研究主要集中于学校教育场域,而家庭教育场域、社会教育场域研究数量相对较少;从教育者所涉及的教育阶段来看,相关研究主要集中于基础教育阶段、高等教育阶段和继续教育阶段,而学前教育阶段研究数量相对较少;从教育者群体类别来看,相关研究主要集中于学校专职的教师教育者,而关于兼职教师、各级教育管理人员、家长、校外教育机构工作人员等各类教育者研究数量相对较少;从教育者密切联系的教育领域来看,相关研究主要集中于素质教育和道德教育;从教育者具体表征来看,相关研究主要集中于教育者专业发展、素质、人格、教学、作用、主体性、角色等方面。

### (三)关键词聚类分析——结构与内容

基于LLR算法对教育者研究发文关键词进行聚类分析得出聚类图谱和关键词聚类报告(见表4-2、图4-3),其中,图谱聚类模块值Modularity(Q值)=0.72>0.3,说明划分的关键词聚类结构具有显著性;图谱聚类平均轮廓值Mean Silhouette(S值)=0.97>0.7,且各聚类标签轮廓值均大于0.85,表明该聚类分析具有较高的信度。

表4-2 教育者研究发文关键词聚类报告(1964—2022年)

| 聚类号 | 聚类名称 | S值 | 平均年份 | 标签(LLR值) |
|---|---|---|---|---|
| 0 | 教育者 | 0.999 | 2005 | 教师教育者(28.94);受教育者(7.96);教师教育(7.06);专业发展(7.06) |
| 1 | 教师教育者 | 0.950 | 2014 | 教育者(39.30);专业发展(30.11);专业标准(18.72);高校(14.95) |
| 2 | 受教育者 | 0.918 | 2005 | 主体地位(10.31);学校教育(10.31);创新(10.31);客体性(10.31) |

续表

| 聚类号 | 聚类名称 | S值 | 平均年份 | 标签（LLR值） |
|---|---|---|---|---|
| 3 | 教师教育 | 0.940 | 2011 | 教育(28.06)；服务(11.09)；价值驱动(5.53)；实践指导(5.53) |
| 4 | 素质教育 | 0.989 | 1998 | 教师素质(12.05)；培养提高(6.00)；知识经济(6.00)；文化知识素质(6.00) |
| 5 | 道德教育 | 0.957 | 2008 | 教师角色(13.72)；态度改变(13.72)；价值观(13.72)；德育(13.72) |
| 6 | 人格力量 | 0.889 | 2004 | 教师(14.47)；思想政治(12.54)；教习(6.24)；职业素质(6.24) |
| 7 | 影响 | 0.968 | 2003 | 心理素质(9.58)；情境(6.63)；及时反馈(6.63)；公信力(6.63) |
| 8 | 学习者 | 0.910 | 2005 | 教育引导者(6.76)；成人高教(6.76)；双向交流(6.76)；现代职业教育(6.76) |
| 9 | 教育对象 | 0.981 | 2018 | 转型(8.25)；主体(8.25)；交往活动(8.25)；观念(8.25) |

教育者、教师教育者、受教育者、教师教育、素质教育、道德教育、人格力量、影响、学习者、教育对象构成了教育者研究的主体框架。从LLR值（对数似然率）越大的标签越具有对这个聚类的代表性可知：聚类"教育者"主要聚焦于教师教育者、受教育者、教师教育、专业发展等方面；聚类"教师教育者"主要聚焦于教育者、专业发展、专业标准、高校等方面；聚类"受教育者"主要聚焦于主体地位、学校教育、创新、客体性等方面；聚类"教师教育"主要聚焦于教育、服务、价值驱动、实践指导等方面；聚类"素质教育"主要聚焦于教师素质、培养提高、知识经济、文化知识素质等方面；聚类"道德教育"主要聚焦于教师角色、态度改变、价值观、德育等方面；聚类"人格力量"主要聚焦于教师、思想政治、教习、职业素质等方面；聚类"影响"主要聚焦于心理素质、情境、及时反馈、公信力等方面；聚类"学习者"主要聚焦于教育引导者、成人高教、双向交流、现代职业教育等方面；聚类"教育对象"主要聚焦于转型、主体、交往活动、观念等方面。

结合对文献的阅读分析得出：其一，从平均时间维度看，有关受教者研究的聚类主要集中在2000—2010年，这是由于该阶段在21世纪以来教育变革背景的推动下，各种新视域、新维度的教育者研究视角不断涌现与更新。其二，从研究对象来看,所涉及教育者群体集中于学校教育者,而关于教育者群体的细化与泛化研究还有待进一步深入。其三,从研究内容来看,已有研究主要是对教育者地位、素质、角色、态度、观念等的理论探讨,集中在思辨层面,实证研究较少。

图4-3 教育者研究关键词聚类知识图谱(1964—2022年)

(四)关键词突现分析——阶段与趋势

为了从相关文献中揭示教育者研究的趋势,运用Citespace软件中的突现检测功能,将"突现词"检测出来,进而获得我国教育者研究高频关键词突现情况(见图4-4),结合时代背景、相关文献阅读及发文数量演进情况综合描绘,可将1964—2022年教育者研究的演化路径大体划分为四个阶段。

| 关键词 | 首次出现年份 | 突现强度 | 突现起始年份 | 突现结束年份 |
|---|---|---|---|---|
| 教育者 | 1964 | 2.77 | 1990 | 1995 |
| 思维方式 | 1964 | 2.38 | 1990 | 1999 |
| 人格 | 1964 | 3.55 | 1993 | 2005 |
| 市场经济 | 1964 | 2.44 | 1993 | 1999 |
| 素质教育 | 1964 | 6.4 | 1996 | 2002 |
| 终身教育 | 1964 | 2.27 | 2001 | 2004 |
| 校长 | 1964 | 2.28 | 2002 | 2005 |
| 主导性 | 1964 | 2.24 | 2005 | 2011 |
| 教育对象 | 1964 | 2.17 | 2006 | 2011 |
| 受教育者 | 1964 | 2.6 | 2008 | 2009 |
| 作用 | 1964 | 2.91 | 2009 | 2014 |
| 教师教育者 | 1964 | 21.37 | 2014 | 2022 |
| 教学 | 1964 | 3.98 | 2014 | 2018 |
| 专业发展 | 1964 | 5.45 | 2015 | 2022 |
| 高等教育 | 1964 | 4.29 | 2015 | 2022 |
| 教育 | 1964 | 2.6 | 2015 | 2016 |
| 身份认同 | 1964 | 2.79 | 2017 | 2022 |
| 大数据 | 1964 | 2.13 | 2018 | 2022 |
| 中小学 | 1964 | 2.65 | 2019 | 2022 |
| 专业实践 | 1964 | 2.31 | 2019 | 2022 |

**图 4-4　教育者研究高频关键词突现情况（1964—2022年）**

第一阶段（1964—1990年）：教师角色期。该阶段里，总体文献数量零星分散，关键节点较少且无突现词的出现，表明该时期教育者研究并不活跃，研究力量较为薄弱。研究主题主要与思想政治教育工作高度相关，包括思想政治教育活动中教育者的工作任务以及教育者与被教育者的交互作用、角色距离等问题的探讨。此外，有研究者对改革时代潮流下教育者教育观念的转变展开讨论，还有研究者就大学生作为被教育者与教育者的统一性进行了有益探索。

第二阶段（1991—2000年）：教师素质期。此期研究成果的关键节点趋向多元化，研究主题开始丰富，研究热点主要为"教育者""思维方式""人格""市场经济""素质教育"，结合文献梳理，可将该阶段研究内容大致分为三个方面。一是关于教育者人格的研究，涉及教育者的人格力量、人格塑造、人格效应、人格形象、人格尊严等；二是市场经济下的教育者研究，学者们关于市场经济下教育者思维变革的研究热情空前高涨。三是素质教育背景下的教育者研究，仅以素质教育与教育者素质为主题的研究就达14篇之多。

第三阶段（2001—2014年）：师生地位期。进入新时代，结合新的世情，教育者研究呈现出新的特点。21世纪初，终身教育背景下的教育者研究开始突现,研究内容涉及教育者终身学习观念、终身学习发展与角色转变、终身学习的保障机制及其作用、终身教育能力等。其后,学者们对校长角色、领导力、作用等进行研究。该阶段中后期,研究热点主要聚焦于教育者与教育对象关系新论、关系新解、教育主体等,至此,研究多以教育者与受教育者"双主体"、教育环境或影响为客体进行论述,还出现了医学教育者、同伴教育者、成人教育者、传媒素养教育者、社区矫正教育者、劳动教育者等研究对象,完善了教育者新的学术话语体系。

第四阶段(2014年至今):教师教育期。该阶段教育者研究基本围绕"教师教育者"进行,该话题的研究直到2014年出现高热度,其突现强度值为21.37,远高于其他热点关键词,且热度持续至今。在此期间,研究者们对于教师教育者的关注点主要聚焦于其教学、专业发展、身份认同、专业实践等方面,研究阶段主要包括高等教育和中小学,同时大数据等新兴教育背景也相应逐渐受到重视。

## 三、研究结论与未来展望

通过以上相关文献的可视化分析,从关键词的共现分析、聚类分析、突现分析来捕捉、揭示近年来对以学校教师为主体的教育者研究的热点及总体发展情况,总结如下:

### (一)研究结论

通过以上相关文献的可视化分析,从关键词的共现分析、聚类分析、突现分析来捕捉、揭示近年来教育者研究热点及总体发展情况,总结如下:

第一,研究成果呈现持续上升态势,但重复现象普遍。从研究的时间分布情况来看,以1985年为时间分割点,此前可能是由于受到对教师为代表的教育者在定位上的偏妥因素等影响,关于教育者的研究基本处于沉寂阶段,而在改革开放尊重知识、尊重人才的影响下,之后关于教育者的研究逐渐受到学者们的关注,特别是2001启动的新一轮课程改革提出的教师胜任能力挑战,以及由此引发的长达20余年的教师专业发展研究,出现了大量的研究成果。因此,研究成果图表反映出整体呈现出不均衡的增长态势,21世纪以来更是受到研究者们持续、广泛地关注,该领域研究进一步丰富化。但就研究的创新性而言,研究的重复现象普遍,不同期刊刊发着众多题目相似、研究结论"不约而同"的成果。

第二,研究成果折射时代影响明显,偏离基本规律研究。从关键词突现分析来看,我国教育者研究的演化路径大致可划分为四个升降起伏的阶段。第一阶段研究主题主要与思想政治教育工作高度相关,主要是关注教育者的思想政治道德素质,总体文献数量零星分散,研究力量较为薄弱。这与其所处的时代影响有重要关系。第二阶段研究者将视野主要聚焦于教育者人格、市场经济背景下的教育者研究及素质教育背景下的教育者研究,主要关注改革开放后随着经济社会转型发展下出现的教师流失和队伍稳定问题。第三和第四阶段则是对各类具体教育领域的教育者进行研究,主要是在落实"科教兴国"战略下及关注提高教师的地位、提升教师的业务水平等问题。总之,上述这种转变与我国不同时期社会政治经济等时代背景对教育者的要求有很大的关联。当然,教育者作为一个特定的职业,其发展还是应当有其自身的规律,这个规律在一定程度上是稳定的,而已有研究中对此教师规律性的研究、揭示显然不够。

第三,研究对象与方法存在局限,忽略了教师群体画像。首先是在研究对象上,尽管教育者包括家庭教育者、社会教育者和学校教育者,但已有研究成果中,把教育者的范围似乎"约定俗成"地局限在学校教育者——教师方面,由此不但限制研究学校教师之外其他教育者的视野,而且也不利于家庭教育、社会教育的发展。当然,进一步从关键词共现分析和聚类分析来看,如教育者、教师教育者、教师教育、素质教育、道德教育、人格力量、影响、学习者、教育对象等主题词构成了教育者研究的主体框架,反映了研究成果中从不同的称谓角度开展对教育者的研究。此外,还有诸如先生、业师、经师、人师等称谓中也包含着教育者研究的信息。这种现象在一定程度上反映了教育者影响的广泛性。其次是研究方法上,已有研究方法存在集中于定性研究、实证研究较少现象。这可能是教育者群体相对于学习者群体较小,不可能像研究学习者那样面对较大规模群体进行定量研究,因而大多转用诸如访谈、案例等定性研究方法。这样的研究方法倾向于有案例深入的方面,但也有难以揭示对教育者研究整体状况的缺陷。

## (二)未来展望

虽然学生先于教师出现,但教师一旦出现后,就以其闻道在先、术有专攻而越来越成为教育中的重要主体,甚至在许多情形下都是以教授、指导的主动性而遮蔽学习者主体。同时,随着时代发展及其教育挑战,教育者自然而然地需要与时俱进。因此,毫无疑问地,对教育者的研究仍然是未来研究的重要课题。

第一,注重细分化的研究,提升研究的广度与深度。对我国教育者研究现状进行分析后发现,该领域整体发文量逐年稳步增加,研究主题越来越丰富,教育者群体持续受到关注,但其研究主题仍然较为局限,有待丰富与深化。一是研究者们对于教师教育者、同伴教育者、成人教育者、社区矫正教育者、劳动教育者等各类教育者群体的认识相对表象化和粗浅化,后续研究需进一步明晰其概念含义,厘清各类教育者群体的内涵与外延。二是与受教育者研究相比,教育者研究总体研究数量相对落后,如对学生的特性及需求关注偏多,而对教师的负担等关注不足。三是关于教育者的研究主题较为零散与狭窄,教育者价值、能力水平、评价标准、现状或问题等未形成系统化研究。展望未来,应当在保持已有研究内容的基础上,使研究走向具体化和纵深化,进一步完善教育者研究体系。

第二,拓宽研究视野,促进视角多元化与创新性研究。一方面,当前教育者研究仍然囿于单向思维倾向,认为教师、父母即为教育者,事实上,学生、儿童亦可为教师、父母之教育者,而当前此类思维模式下的学术研究寥寥无几。另一方面,可以在历史探寻方面从教育者角色变迁角度丰富其研究体系,从原始社会中进行生产生活教育的家庭教育者,到社会教育中的巫师、祭司等长老教育者,而后专业化的学校教育者,再到当前网络时代新兴的网络教育者,不同时代背景下各类教育者承担的重要价值程度不同。在未来的教育者研究中需充分考虑时代性和发展性,契合中国国情的选择和趋势,立足本土,接轨国际化,推进教育者研究理论和体系的形成与完善。

第三,直面教育者的生境,发展理性的教师文化。教育者作为一个完整的人,我们不能仅仅像现有的研究主要关注他们的教师职业生活,而且还要关注他们职业之外的生活,如他们的身体健康吗,心理健康吗,婚姻幸福吗,生活愉快吗,居住环境好吗,出行方便吗,业余时间在干什么,邻居关系如何,社区形象如何,等等,这些看似与职业无关的事情其实深刻地影响其职业工作效能。因此,未来研究需要直面教育者的现实生活境地,予以关注、解答、指导。为此,需要拓展到其他学科的视角,如用生理科学、心理科学视角透视教育者的健康,用人类学、哲学视角透视教育者的人性表现,用社会学、工程学视角解析教育者的能耐,用角色理论、社会化视角辨析教育者在学校、家庭、社区及社会的"权变",用哲学伦理学、社会交往理论视角解读教育者的道德,如此等等,方可正面地、理性地看待教育者,从而克服对教育者"春蚕到死丝方尽"的悲情认同。

第四,重视实证研究,融会贯通多元研究方法应用。近年来,随着研究范围的扩大,简单的经验总结、推广已经不能满足教育者研究深入发展的需要,促进研究范式转型、促进高水平的教育研究呼声日益高涨,实证研究方法得到学界的普遍关注与认可,关于教育者的实证研究成果逐渐增多。而基于教育者所具有的实践性特征,在今后的方法使用中,应提倡田野调查、实证分析及混合研究方法,努力实现研究方法的多元耦合,提升教育者研究的科学性与针对性。具体而言,教育者的研究中缺乏对需要实证的众多重要问题研究的回答,如师范教育四年中的课程教学与实践教学到底哪个对师范生成为合格教师的作用更大、师范生是如何从"准教师"发展到合格教师的,等等;又如教师专业发展到底呈现哪些阶段性特征、教师的职业倦怠状况到底如何、热闹非凡的教研共同体效能如何、老中青教师的专业发展动力到底是什么,等等;再如教育者的身心发展健康到底如何、教育者的教育获得感和幸福感到底如何、教育者的业余生活到底是否健康,等等。

### 研究导航

为了深化你对本专题的学习、推进有关本专题的研究工作,你可以在问题中选取题目开展研究。

1. 师范生从"准教师"到合格教师的形成机理研究。
2. 当代学校教师的角色调适障碍及对策研究。
3. 中小学/大学卓越教师的特质研究。
4. 当代中小学/高校教师职业倦怠的缘由及克服对策。
5. 中小学/高校教师的岗位退出机制研究。

# 专题5　教育内容研究的综述与展望[①]

📖 阅读导航 ○--------

本专题是关于教育内容问题的研究。理所当然,教育内容作为教育活动的"原材料",自然是教育活动开展的"载体",必须给予完整阐释。因此,本研究使用 CiteSpace 文献分析技术和传统的文献解读技术对已有有关教育内容问题的研究成果进行系统分析,以便为读者提供已有关于教育内容的研究进展,奠定进一步推进教育内容所涉及本质、范畴、形态、改革等问题研究的基础;同时,从教育适应人的发展和社会发展的角度,提出教育内容的未来研究还需要思考、回答哪些问题的议题,以便为读者进一步研究提供建议。

## 一、概念界定与分析技术

### (一)概念界定

教育内容是教育中学习者学习、教育者教授的对象;作为学习者需要学习的对象,它在水平或难度上高于学习者目前的心智发展水平,学习者通过一定难度的自学或指导即可掌握。从教育内容的演进顺序看,涉及的主要范畴是:首先,人类初生婴幼儿——学习者为了生存而进行自学,于是出现了自学的对象——原始的教育内容,也是自我教育内容的开始。同时,婴幼儿作为自学者因自学困难而求教于诸如父母等他人时,就出现了家庭教育,并产生了家庭教育内容,其范畴涉及日常生活智能、言语道德规范、简单生产技能等。其次,婴幼儿长大进入社会时,因为需要学习、掌握社会提出的诸多要求而开展社会学习,就产生社会教育的内容,其范畴主要涉及社会环境认知、思想道德意识、语言行为规范、职业生产技能、人际交往合作等。再次,当需要少数人学习、掌握有关社会管理的智能时,产生了学校,于是出现了学校教育内容,其范畴涉及职业专门性的智能、规范等。需要指出的是,学校教育的内容通常以学科为主

---

[①] 本专题作者:张献伟(西南大学,博士研究生)。

的课程和校园文化两种形式表现出来。最后,网络出现并广泛运用于教育时,就产生具有部分融合已有教育内容的网络教育内容,其范畴包括一切可以网络信息化的已有教育内容。毫无疑问,在学校教育占据教育的主要形式后,学校教育内容——课程无疑也成为教育内容的主要构成,人们从课程的目的、形式、构成、主体、关系、作用等不同视角对课程进行界定,并从目标、主体、关系、作用、结构、形式、融合程度等不同视角对课程的建构、开发、实施、改革进行了探讨,于是形成了丰富的课程思想。

## (二)分析技术

以"教育内容"为主题,在中国知网数据库(CNKI)中进行检索,同时对检索结果进行人工筛选与整理,剔除期刊会议征稿、报纸、笔谈、无作者信息及其他不相关条目等无效数据后,最终得到有效样本文献351篇。然后运用CiteSpace进行技术处理,最后获得了有关文献发布的变化趋势和关键词突现情况。

首先,就文献发布的变化趋势看,其主要、次要主题分布在思想政治教育内容(高校为主)、健康教育、公民教育、环境教育、创业教育、素质教育、政治观教育、价值观教育和体育教育等。从学科分布看,高等教育占据了30.53%的内容。出现这种情况的原因,笔者认为一方面可能是基础教育的内容在国家的较完备规定下不需要再多加宏观探讨,另一方面是能在高层次刊物上发表文章的研究者主要集中在关注大学生教育的高校(见图5-1)。

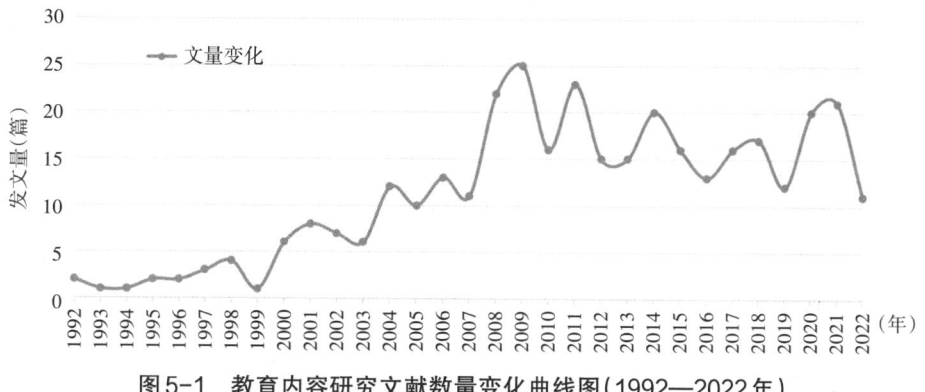

图5-1 教育内容研究文献数量变化曲线图(1992—2022年)

其次,就关键词突现情况看,2001年到2002年,受政策影响,素质教育得到较多研究。比如,1999年发布的《关于深化教育改革全面推进素质教育的决定》发出了全面推进素质教育的动员令。2001年印发的《关于基础教育改革与发展的决定》对全面推进中小学素质教育进行了部署。2002年,江泽民同志在党的十六大报告中提出"全面推进素质教育"。此后,2004到2009年,"创新"成为重要的教育内容。随着大学教育的普及,2007到2011年,"创业教育"成为了热点。同时,一些诸如教育内容体系、教育内容建构等新概念开始在2014年以后涌现;其后,"健康教育"在2017年成为教育内容研究的突现词,"新时代"一词在2018年的研究成果中开始突现,出现了诸如"新时代+X"体例式的众多成果。同时,"一体化"在近年来成为教育内容研究的新词,比如在中国知网数据库(CNKI)中检索,"大中小学"和"一体化"成为交叉较多的词汇,包括思政课一体化,劳动教育一体化,体育课程一体化等(见图5-2)。

| 关键词 | 首次出现年份 | 突现强度 | 突现起始年份 | 突现结束年份 | 1992—2022年 |
|---|---|---|---|---|---|
| 素质教育 | 1992 | 1.93 | 2001 | 2002 | |
| 创新 | 1992 | 1.78 | 2004 | 2009 | |
| 内容结构 | 1992 | 1.95 | 2005 | 2008 | |
| 大学生 | 1992 | 6.34 | 2007 | 2009 | |
| 内容 | 1992 | 4.32 | 2007 | 2012 | |
| 创业教育 | 1992 | 1.78 | 2007 | 2011 | |
| 建构 | 1992 | 2.08 | 2009 | 2014 | |
| 学生 | 1992 | 1.79 | 2011 | 2019 | |
| 内容体系 | 1992 | 1.86 | 2014 | 2017 | |
| 内容建构 | 1992 | 2.37 | 2015 | 2022 | |
| 健康教育 | 1992 | 2.05 | 2017 | 2022 | |
| 新时代 | 1992 | 2.05 | 2018 | 2022 | |
| 一体化 | 1992 | 1.83 | 2020 | 2022 | |

图5-2 教育内容研究高频关键词突现情况(1992—2022年)

## 二、文献透视的结果解读

由于教育内容包括家庭教育内容、学校教育内容和社会教育内容,下文在对有关文献进行分析时,亦分为三个方面。由于教育内容通常以形式化和情境化等不同教育资源的形式出现,因而在文献处理时把教育内容与教育资源做同类项处理。同时，由于学校教育内容常被指代学科教学，故而在对其进行分析时，将其拓展设置为学校教育资源。

## (一)关于家庭教育资源

在中国知网数据库(CNKI)中，以"教育内容"和"家庭教育"为主题词进行检索，可得到257篇相关文献，分析结果如图5-3。其中家庭教育"内容"得到长时间的关注，"问题"和"对策"也是研究焦点。学校教育与家庭教育的结合，家校合作(家校共育)，在2014年到2018年之间得到较多关注。近两年来，随着2020年《中共中央、国务院关于全面加强新时代大中小学劳动教育的意见》的发布，劳动教育成为家庭教育的热点。

| 关键词 | 首次出现年份 | 突现强度 | 突现起始年份 | 突现结束年份 | 1987—2022年 |
|---|---|---|---|---|---|
| 内容 | 1987 | 2.5 | 2004 | 2010 | |
| 问题 | 1987 | 2.64 | 2008 | 2010 | |
| 对策 | 1987 | 1.79 | 2008 | 2014 | |
| 教育 | 1987 | 1.78 | 2008 | 2013 | |
| 大学生 | 1987 | 1.51 | 2008 | 2010 | |
| 启示 | 1987 | 1.78 | 2012 | 2015 | |
| 学校教育 | 1987 | 1.61 | 2014 | 2018 | |
| 比较 | 1987 | 1.57 | 2014 | 2017 | |
| 劳动教育 | 1987 | 2.04 | 2020 | 2022 | |

图5-3　家庭教育内容研究高频关键词突现情况(1987—2022年)

图5-4　家庭教育内容研究关键词聚类知识图谱(1987—2022年)

通过关键词聚类图(见图5-4),可以看到家庭教育研究的主要关注点。从关注群体上看,流动儿童、留守儿童、学前儿童(幼儿)得到较多关注。从内容上看,养成教育、诚信教育、劳动教育、心理健康得到较多探索。从教育依托上,家长学校、社区教育、社会教育、家长教育成为热词。值得关注的是,在有关研究关注中西方家庭教育对比的同时,中国传统文化在家庭教育中得到较多关注,颜之推成为研究者较多提及的人物。

### (二)关于学校教育资源

教育资源指教育过程所占用、使用和消耗的人力、物力和财力资源,即教育人力资源、物力资源和财力资源的总和。[①]以"学校教育资源"为主题,在中国知网数据库(CNKI)中进行检索,共获得358篇相关文献,如图5-5。从中可以看出,随着2001年新课程改革的推进,课程资源开发深入人心,学校教育资源也获得了较多关注;2012年前后,随着《义务教育课程标准(2011年版)》的颁布,其中再次明确强调"课程资源的开发与利用",学校课程资源研究达到了高峰。

图5-5 学校教育资源研究文献数量变化曲线图(1989—2022年)

相关主要主题分布主要有:社区教育(社会教育资源)、学校教育信息化(教育信息资源)、教育资源共享、教育资源配置、人力资源开发、资源整合、德育(思想政治教育)资源、学校艺术(音乐)教育、体育教育资源和农村学校教育等。其中,人力资源开发和配置主要是指教师,教育信息化主要是信息资源。农村学校教育资源、艺术、体育教育资源等资源因为短缺,也得到了较多关注。

---

① 顾明远.教育大辞典(增订合编本)[M].上海:上海教育出版社,1998:799.

### (三)关于社会教育资源

在中国知网数据库(CNKI)以"社会教育资源"为主题词进行检索,得到646篇相关研究文献,如图5-6。其中社区教育是主要主题分布之一,图书馆、校外教育、博物馆也是被关注较多的主题。关于社会教育资源,成人教育、老年教育、终身教育(学习)、开放大学、学习型社会也是被关注较多的研究话题。从趋势变化图不难看出,2018年召开新时代全国教育大会前后,社会教育资源得到较多关注。

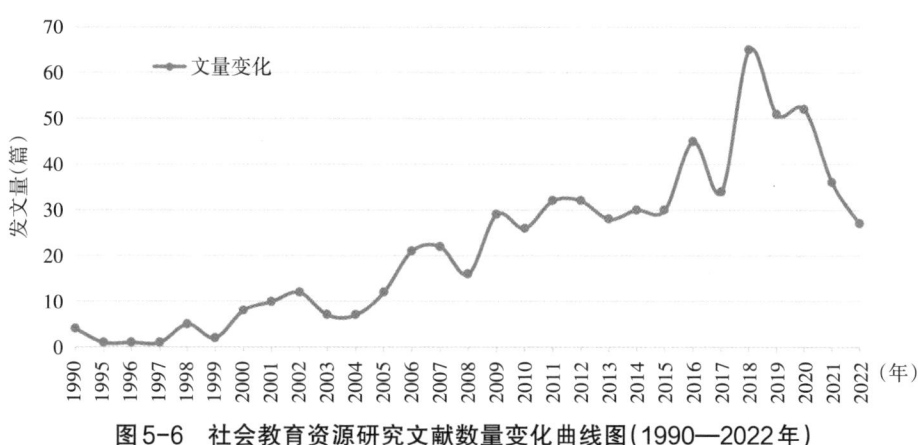

图5-6　社会教育资源研究文献数量变化曲线图(1990—2022年)

通过对其进行关键词共现图谱分析,如图5-7,从中不难看出,社区教育、家庭教育、学校教育、老年教育、成人教育是社会教育资源这一主题涉及的主要教育类别与阶段,互联网+、产业化形式则是社会教育资源的重要依托形式,公益性、福利性、产业性是社会教育资源的明显取向。

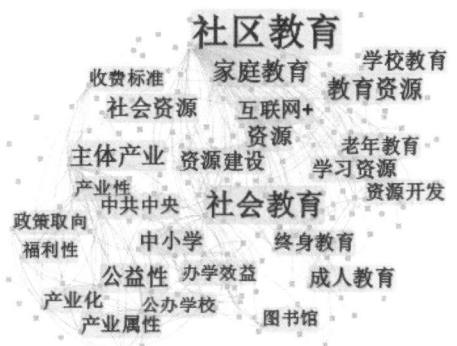

图5-7　社会教育资源研究关键词共现知识图谱(1990—2022年)

2006年发布的《关于进一步加强和改进未成年人校外活动场所建设和管理工作的意见》指出，要"积极促进校外活动与学校教育的有效衔接"。在此影响下，一些中小学开始了研学旅行实践活动，出现了利用场馆进行教育的场馆教育，相应也出现了众多社会教育资源利用的研究成果。在中小学校建立各种形式的少年宫活动基地是一部分少年宫探索的另一重要合作方式。有的少年宫建立了爱好者俱乐部，如茶艺俱乐部、摄影俱乐部、集邮俱乐部等。"双减"背景下的家校社合作的呼吁，必将继续推动社会教育资源的相关研究，其中场馆教育是社会教育的重要表现形式。

进入21世纪以来，相关研究热度的兴起，与有关政策出台几乎同步。比如，中国科协于1999年开展了创建全国科普教育基地的工作，2002年《中华人民共和国科学技术普及法》颁布。2003年，中国科协组织进行了对第一批全国科普教育基地的检查工作，同时命名188个全国科普教育基地。2014年印发的《教育部关于全面深化课程改革落实立德树人根本任务的意见》要求"学校要探索利用科技馆、博物馆等社会公共资源进行育人的有效途径"。2015年印发的《关于加快构建现代公共文化服务体系的意见》中提出推动科技馆、文化宫、妇女儿童活动中心以及青少年校外活动场所免费提供基本公共文化服务项目。2015年印发的《关于加强文教结合、完善博物馆青少年教育功能的指导意见》再次要求推动博物馆学习在中小学各学科领域中的应用。

首先，从关键词共现图谱（见图5-8）可以看出，其核心词主要有场馆教育、科普场馆、科技场馆、场馆学习、科技馆、体育场馆、馆校合作、科普教育、馆校结合、核心素养等。亲子互动、家校合作、体验经济、创造力、探索者也成为相关场馆教育研究的热点。

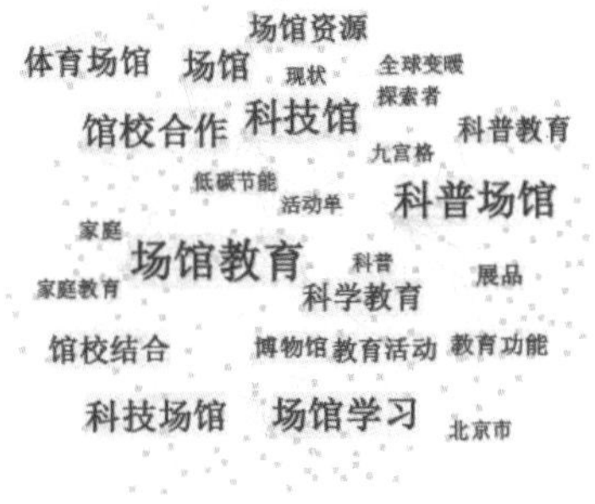

图5-8 场馆教育研究关键词共现知识图谱（2000—2022年）

通过观察关键词突现情况（见图5-9），可以发现，科普教育在较长时间内是研究热词，这表明场馆的重要功能是科普教育。与此同时，场馆教育在2005年到2011年之间尤其被认为是素质教育的重要实施形式。体育场馆被关注时间也较长（处于2007年到2013年），应该是受到2008年北京奥运会影响。科技场馆、科普场馆在2008年到2014年之间先后得到关注；场馆资源、场馆设计在2016年到2017年之间得到关注，从中可以看出，相关研究从宏观探讨到内涵建设的变化。2019年到2022年，馆校结合、馆校合作得到关注较多。

| 关键词 | 首次出现年份 | 突现强度 | 突现起始年份 | 突现结束年份 | 2000—2022年 |
|---|---|---|---|---|---|
| 科普教育 | 2000 | 2.76 | 2003 | 2014 | |
| 科技馆 | 2000 | 2.52 | 2004 | 2012 | |
| 素质教育 | 2000 | 1.82 | 2005 | 2011 | |
| 体育场馆 | 2000 | 2.7 | 2007 | 2013 | |
| 科技场馆 | 2000 | 1.32 | 2008 | 2009 | |
| 科普场馆 | 2000 | 2.65 | 2010 | 2014 | |
| 场馆资源 | 2000 | 1.8 | 2016 | 2017 | |
| 场馆设计 | 2000 | 1.45 | 2016 | 2017 | |
| 馆校结合 | 2000 | 2.45 | 2019 | 2022 | |
| 馆校合作 | 2000 | 2.09 | 2019 | 2022 | |
| 科学教育 | 2000 | 1.5 | 2019 | 2020 | |

图5-9　场馆教育研究高频关键词突现情况（2000—2022年）

## 三、研究结论与未来展望

### （一）研究结论

通过以上相关文献的可视化分析，从关键词的共现分析、聚类分析、突现分析来捕捉、揭示我国近年来对以学校课程为主的教育内容研究的热点及总体发展情况，总结如下。

第一，教育内容研究成果之间呈现同频共振，但忽视家校社分工。通过对比分析家庭教育内容、学校教育内容和社会教育内容的相关研究，可以发现，其存在同频共振的情况，比如随着2020年《中共中央、国务院关于全面加强新时代大中小学劳动教育的意见》的印发,劳动教育成为了家庭教育和学校教育研究共同的热词。然而从家庭教育内容研究知识图谱和学校教育内容研究主题分布对比来看,已有家庭教育内容研究主要涉及留守儿童、流动儿童、养成教育、诚信教育、劳动教育、心理健康教育和传统文化等,已有学校教育内容研究关注到道德教育、健康教育、公民教育、法治教育(中小学)、法治教育(高校)、自我教育、劳动教育、学校体育、生命教育和文化传承等。面向未来,家校社的分工职责可以更合理,家庭与校社既要厘清各自的作用边界,还要明确自身的教育责任,共同营造适合学生学习、发展的环境。

第二,重视教育政策对教育内容发展的推动作用,但还需政策落地。分析关键词突现可以发现,相关部门的文件出台或领导人讲话,能显著增强研究热度。比如家庭教育在《国家中长期教育改革和发展规划纲要(2010—2020年)》正式发布之后的突然转热,学校教育资源研究在《义务教育课程标准(2011版)》颁布之后的日渐被关注,"场馆教育"研究在2014年之后的红火,都体现了这一点。2019年,习近平总书记就文物的保护利用发表了一系列重要论述,作出了一系列重要指示批示,出席或见证了一系列文化遗产领域重大活动。此后,博物馆在教育中也得到了较多的关注。故而可以说,社会教育资源的盘活与使用,需要管理部门的政策呼吁,以及重要领导或具有影响力的社会人士关注。

第三,教育内容研究力量过于集中,还需众多研究者参与进来。通过分析相关作者群体发现,只有科技馆教育的相关研究力量相对多元,且核心研究力量有一些跨界合作。其余社会教育资源的研究,如博物馆、文化馆、图书馆、体育馆等,主要是以高校研究力量为主。对于家庭教育资源和社会教育资源,相关研究群体并未体现多样,或者说视角不够丰富。对于城乡教育资源,现有研究较多关注问题的揭示,比如前文提及的农村学校艺术、体育教育资源的匮乏,较少有研究者探索发现与建设。这需要农村学校改变评估家庭教育资源整合价值的传统思维,在学校教育中重视非专业教育活动的开发,比如组织劳动实践、农作物培植、习俗礼仪等方面的特色活动,通过对家庭教育资源整合来发挥道德教育、乡土教育、文化教育等以往被忽视的教育功能。

第四,家校社教育资源合作协同得到重视,还需增强合作的互补水平。从上文可以看出,虽然家庭教育内容研究中涉及家校合作与社区教育的内容,学校教育内容中有提及家庭教育和社区(社会)教育的内容,社会教育内容研究涉及家庭教育(学习)、馆校合作的内容,但是从相关图谱"节点"大小来看,相比家校合作,有关学校教育内容研究对社会教育的关注较少。在有关家庭教育内容研究中,对社会教育的关注也有待提高,反之亦然。事实上,家庭教育内容与社会教育资源在内容、项目上可以通过互补的方式实现更多的有机结合;同时,学校教育资源还可以与社会各种场馆进行互补结合。对比学校教育和社会教育、家庭教育内容的相关研究,并未展现互联网的作用,这表明,充分利用信息技术,打造互联网共育平台还有一定潜力。

### (二)未来展望

广义的教育内容涉及家庭教育、社会教育和学校教育,以及网络教育的内容,时代发展对人才提出的新挑战,要求教育内容必须与时俱进,相应的教育内容的研究也是永远的"进行时"。面向未来,还有许多教育内容问题需要持续研究。

第一,重视弱项教育资源的开发研究。教育内容作为"教什么、学什么"的问题,还有几个弱项工作需要完成:一是诸如开展场馆教育下的场馆教育资源的充分开发,目前对于刚刚起步的场馆教育而言,这还是重点问题。同时,场馆教育资源问题研究中还需要注意城乡学校之间的不平衡、各自的特色开发问题。二是家庭教育资源的均衡发展,特别是针对农村家庭、社会弱势群体家庭的教育资源开发还有众多艰巨的工作要做,否则家庭教育资源的学业支持问题,会继续加大不同家庭出身学生的学业成绩差距;三是社区教育资源的开发,在考试科目的影响下,社区教育资源如何得到重视并开发起来,仍然是一个难题,但人生长的由近及远的发展规律要求必须重视社区教育资源或地方课程、校本课程的开发。

第二,加强学校教育资源的管理研究。随着教育优质均衡的发展诉求,以及新时代"创新、开放、协调、绿色、共享"五大发展理念的贯彻,教育中的教师资源共享,硬件资源共享和课程资源共享日渐得到了研究者的关注。在信息化背景下,数字教育资源共享,成为大势所趋。当然,大部分数字化资源并不是学校的核心资源,真正有价值的教育资源都被"藏着""掖着",网络媒介并没有真正打开资源共享的大门,反而为专利抄袭、论文剽窃提供了土壤。为了解决这些问题,还需要加强学校教育资源的知识产权保护制度建设。

第三,重视重要理念的教育内容转化。展望未来,教育内容作为当代教育中一个"教什么、学什么"的重要范畴,人类继续坚持的基本理念、需要进一步发扬的重要理念,如生理、心理的健康,人身、环境的安全,基本的尊严、权益,人类的获得感、成就感,身心愉悦、快乐幸福的理念,亲情的拥有、提升,人类的婚姻、恋爱,生命的赓续、传承,勤俭节约、劳动致富的品质,人际间的理解、包容,组织的团结、和谐,家国情怀的认同、践行,发展的期望、社会支持,生存的公平正义、机会均等,对效能、质量的追求,生命的慰藉、临终关怀,等等,都可能会成为未来教育内容研究与实践的重要对象,相对应地需要在价值理念、材料选取、形式组织、实施设计、评价标准、持续改进等方面做出持续性的研究,从而完成这些重要理念作为教育内容的研究任务。

## 研究导航

为了深化你对本专题的学习、推进有关本专题的研究工作,你可以在问题中选取题目开展研究。

1. 学习者与教育内容的关系及其启示研究。
2. 学校教材的阶层文化气质倾向研究。
3. 网络背景下教育内容的复杂化及其指导策略研究。
4. 城市文化对儿童发展影响的特殊性及其教育启发研究。
5. 乡村文化对儿童发展影响的特殊性及其教育启发研究。

# 专题6 教育途径研究的综述与展望[①]

📖 阅读导航○............

本专题是关于教育途径问题的研究。家庭、社会、学校及网络等是教育活动得以开展的"必经之路",需要进行系统研究。因此,本研究使用CiteSpace文献分析技术和传统的文献解读技术对已有有关教育途径问题的研究成果进行系统分析,以便为读者提供已有关于教育途径研究进展,奠定进一步推进教育途径所涉类型、任务、功能、原则、方法问题的基础;同时,从教育的时代性、科学性和规范性等角度,提出教育途径未来研究还需要关注的重要议题,以便为读者进一步研究提供借鉴。

## 一、概念界定与分析技术

### (一)概念界定

教育实践系统在具备学习者、教育者、教育内容及教育目的等基本要素的基础上,意欲开展教育活动则必须通过一定的途径、方式,此乃教育途径之谓也。在已有的教育途径研究中,不同学者从不同角度对教育途径概念进行界定,形成较为丰富的教育途径概念认识,但一般认为,教育途径是教育者施加教育影响于受教育者所经渠道的总称。学校教育的途径主要有:教学工作、课外活动、社会活动、劳动活动、学生群体活动、学生日常生活(包括宿舍)活动等[②]。从教育途径产生与发展的历史看,它主要有如下众多的构成。首先是人类初生个体为了生存而出现的自学教育途径,这个途径一直沿用到今天。其次是因为子女自学遇到困难,父母实施的家庭教育,这是人类的第二个重要的教育途径,同样也一直沿用到今天。然后是个体走向社会,为社会生活、生产而接受教育时就出现了社会教育这个途径,同样社会教育这个途径一直沿用

---

[①] 本专题作者:唐智松(西南大学,教授,博士生导师);解丁香(西南大学,博士研究生)。
[②] 顾明远.教育大辞典(增订合编本)[M].上海:上海教育出版社,1998:780.

到今天,而且在今天终身教育、学习化社会、建构终身教育体系中越来越受到重视。再后来就是因为传授专门管理职能的需要而产生了学校教育这个途径,这个途径一经产生就以其专职化、专门化、高度组织性、较高效率而获得极其广泛的认可,乃至于今天成为众多教育途径中的"主流",甚至遮蔽着其他形态的教育途径。当然,我们还需要看到网络教育这个崭新的教育途径,它以其对其他途径的融合、高度的智能化而成为当前教育途径的新宠。人们重视教育途径的问题,就如同"过河需要桥、需要船","行走需要路"一样。也就是说,想要完成教育教学任务、实现培养目标、教育目的就必然借助于一定的途径、方式,由此便形成了较为丰富的教育途径研究成果。

### (二)分析技术

以"教育途径"作为主题在中国知网数据库(CNKI)中进行高级检索,为保证文献质量,选择北大核心和CSSCI论文,检索到相关论文共计2592篇,将相关文献导入CiteSpace进行处理:一是通过对关键词共现图谱分析来捕捉教育途径研究的热点;二是通过对关键词的聚类分析来梳理有关教育途径研究的主要内容;三是通过对关键词的突现分析来预测教育途径研究的未来发展趋势。通过上述三个方面的数据分析,呈现我国近年来教育途径研究图景。

## 二、文献透视的结果解读

### (一)文献数量的统计与分析

为把握教育途径研究的整体情况,对样本文献数量进行统计,具体发文量的变化趋势如图6-1所示。

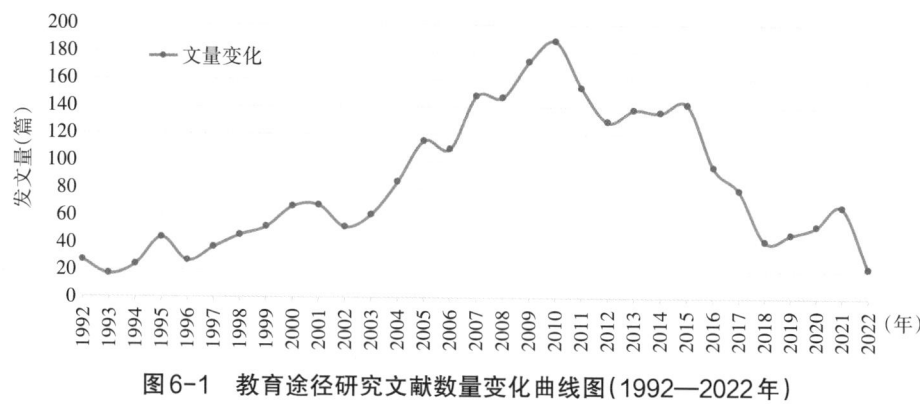

图6-1 教育途径研究文献数量变化曲线图(1992—2022年)

总体来看,从1992年仅有27篇,到2022年的22篇,我国关于教育途径研究的文献量总体呈现先增加后下降的趋势,具体可分为三个阶段:

第一阶段(1992—2005年):平稳发展期。此时期关于教育途径研究的发文量虽有起伏,但整体呈上升趋势。出现这一现象可能是进入21世纪,我国学术氛围逐渐浓厚、学术视野逐渐扩大,学者们对教育途径理论进行全方面探索。

第二阶段(2006—2010年):快速发展期。此时期发文量增幅较大,此阶段研究在国家政策引导下积极开展,有关思想政治教育途径的文献较多,数量为137篇,其中有关价值观教育途径的有27篇;2005年,《国务院关于大力发展职业教育的决定》指出要:"大力发展职业教育,加快人力资源开发。"[①]该时期有关职业教育途径的文献数量为72篇。

第三阶段(2011年至今):持续发展期。此阶段对教育途径进行较多理论研究,发文量呈现出稳定下降的趋势。在新时代三全育人、十大育人体系、核心素养等理念影响下,教育途径的研究仍在开展,但研究发文量不再增加。这也表明有关教育途径的研究在已有研究内容(如职业教育、思政教育、价值观教育等)趋于饱和,亟待做出新的突破。

---

① 国务院.关于大力发展职业教育的决定[EB/OL].(2005-10-28).[2022-11-04].http://www.gov.cn/gongbao/content/2005/content_129495.htm.

## (二)关键词共现分析——主题与次序

对1992—2022年期间有关教育途径研究的文献进行共现知识图谱的技术处理,获得了1992—2022年教育途径研究文献的关键词共现知识图谱(见图6-2)。

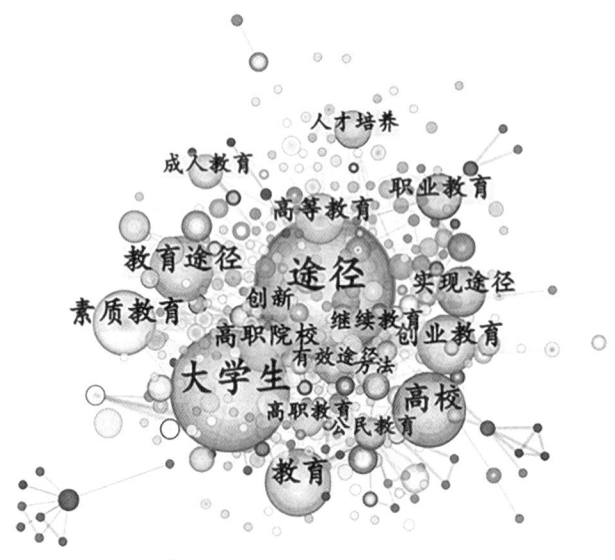

图6-2 教育途径研究关键词共现知识图谱(1992—2022年)

图6-2中网络节点——途径的中心性是反映该节点核心程度的重要指标,是衡量该节点与其他节点——素质教育、成人教育、人才培养、高等教育、创业教育、职业教育、继续教育等之间联系的密切程度。圆环中心部分的关键词与散落在环附近的关键词存在类属关系,即表示该部分与其他关键词存在紧密联系。根据图6-2呈现的关键词共现知识图谱,可将关键词进行降序排列,依次为:途径、大学生、高校、教育、教育途径、素质教育、创业教育、高职院校等。通过分析图6-2中关键词的聚集情况,可以看出:其一,关于教育途径的研究中,对大学生以及高校的研究构成了教育途径研究的主要部分。例如,对高校思政教育途径、素质教育途径、价值观教育途径的研究是热点。其二,有关教育途径的研究广泛渗透于各级各类教育领域之中,涵盖了继续教育、高等教育、高职教育及成人教育等诸多方面。例如,为提高人才培养质量,对高职学生创业教育途径、素质教育途径、健康教育途径等进行研究。

随后统计1992—2022年期间有关教育途径研究文献中关键词的出现频次（见表6-1）。因本次研究的主题是"教育途径"，这一关键词出现的频次最高并不意外。其余涉及的高频关键词为教育途径发挥的载体。如"素质教育""创业教育""职业教育"等。此外，从关键词首次出现的年份可以看出当时学者对教育途径研究的关注点和聚焦点的转变，比如出现频率较高的关键词"教育途径"和"素质教育"，出现的年份相当，为1999年。这也说明，此方面研究至今还在继续开展。此外，"教育途径""实现途径"和"创新"等关键词出现时间都较早，在2000年以前出现。可见21世纪以来，关于"教育途径"的文献并无突出进展或创新之处，缺乏教育途径的应用、实验或者基于时代的再建构的研究。

表6-1 教育途径研究关键词频次统计表

| 序号 | 首次出现年份 | 关键词 | 频次 | 序号 | 首次出现年份 | 关键词 | 频次 |
| --- | --- | --- | --- | --- | --- | --- | --- |
| 1 | 1995 | 途径 | 300 | 11 | 1999 | 职业教育 | 39 |
| 2 | 1998 | 大学生 | 223 | 12 | 1999 | 创新 | 34 |
| 3 | 2006 | 高校 | 88 | 13 | 2003 | 继续教育 | 33 |
| 4 | 1992 | 教育 | 88 | 14 | 2009 | 成人教育 | 27 |
| 5 | 1999 | 教育途径 | 70 | 15 | 1999 | 高职教育 | 24 |
| 6 | 1999 | 素质教育 | 67 | 16 | 2007 | 人才培养 | 22 |
| 7 | 1997 | 创业教育 | 66 | 17 | 2001 | 有效途径 | 21 |
| 8 | 2005 | 高职院校 | 46 | 18 | 2004 | 公民教育 | 19 |
| 9 | 2007 | 高等教育 | 42 | 19 | 2004 | 方法 | 19 |
| 10 | 1999 | 实现途径 | 39 | 20 | 1996 | 有效途径 | 17 |

### （三）关键词聚类分析——结构与内容

为了把握1992—2022年教育途径研究领域的发展与变化，运用CiteSpace技术进行关键词的聚类分析：在软件设置上，选择数据抽取对象Top12，共得到805个节点和1074条连线，网络密度为0.0033，模块值（Q值）为0.6777，满足大于0.3的条件，说明划分出来的聚类结构是明显有效的。同时需要说明的是，图6-3中的标签显示出聚类号及其标识词，聚类号以#0、#1、#2依次排列。

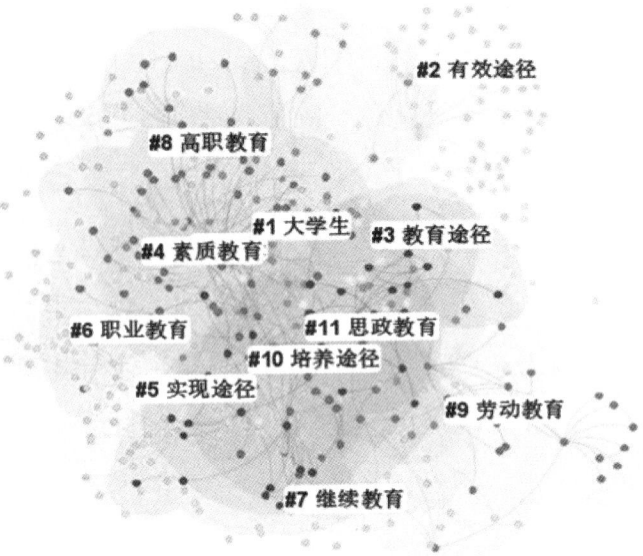

**图6-3 教育途径研究关键词聚类知识图谱(1992—2022年)**

通过分析图6-3所呈现的关键词聚类知识图谱可知,大学生、有效途径、素质教育、实现途径、职业教育、继续教育、高职教育、劳动教育、培养途径、思政教育构成了教育途径研究的主体框架。通过进一步解读上述关键词聚类情况,可以看出:其一,自中华人民共和国成立以来,有关教育途径的研究一直受到学者的关注,在各级各类教育都开展了相关研究,研究较为系统全面。其二,从研究对象层次看,研究内容主要涉及大学生,对幼儿以及中小学生的研究还不够明显。其三,从研究方向上看,研究内容主要涉及职业教育、劳动教育和高职教育等方面,涉及核心素养、终身教育、未来教育的研究不多。其四,就教育途径发生的场域而言,研究主要发生在高校,在基础教育学校、家庭和社区中开展的研究不多,未能形成空间领域的全方位研究。

(四)关键词突现分析——阶段与趋势

为了从相关文献中揭示教育途径研究的趋势,运用CiteSpace软件中的突现检测功能,将"突现词"检测出来,进而获得教育途径研究高频关键词突现情况(见图6-4)。图6-4中加粗部分表示在一定时间段的高频关键词,同时表明这些"突现"的关键词在一定时间段具有一定的发展潜力和研究价值。

| 关键词 | 首次出现年份 | 突现强度 | 突现起始年份 | 突现结束年份 | 1992—2022年 |
|---|---|---|---|---|---|
| 有效途径 | 1949 | 27.83 | 1992 | 2004 | |
| 市场经济 | 1949 | 4.35 | 1994 | 1997 | |
| 素质教育 | 1949 | 14.37 | 1998 | 2006 | |
| 重要途径 | 1949 | 4.94 | 1998 | 2005 | |
| 高等教育 | 1949 | 5.03 | 1999 | 2006 | |
| 实施途径 | 1949 | 4.49 | 2004 | 2008 | |
| 德育 | 1949 | 4.67 | 2006 | 2011 | |
| 高职教育 | 1949 | 4.44 | 2006 | 2011 | |
| 高职院校 | 1949 | 6.81 | 2008 | 2014 | |
| 创业教育 | 1949 | 6.28 | 2009 | 2010 | |
| 社区教育 | 1949 | 4.65 | 2011 | 2019 | |
| 校企合作 | 1949 | 4.38 | 2012 | 2015 | |
| 问题 | 1949 | 5.53 | 2013 | 2016 | |
| 中国梦 | 1949 | 4.87 | 2013 | 2015 | |
| 高校 | 1949 | 4.99 | 2015 | 2019 | |
| 思政教育 | 1949 | 6.57 | 2017 | 2022 | |
| 创新途径 | 1949 | 5.13 | 2019 | 2022 | |
| 劳动教育 | 1949 | 4.43 | 2019 | 2022 | |

**图6-4 教育途径研究高频关键词突现情况(1992—2022年)**

第一阶段(1992—2006年):理论初探期。此阶段研究对教育途径的有效性和重要性进行探索,研究的内容主要聚焦在素质教育和高等教育。这与1999年颁布的《中共中央、国务院关于深化教育改革全面推进素质教育的决定》有密切关系。此外,面对新世纪高等学校培养的人才要求与市场经济需求的改变,此阶段研究者们多以高职院校为切入点,探索有效教育途径。

第二阶段(2007—2015年):理论繁荣期。此阶段伴随高校不断扩招,带来高职院校学生就业困难,所有高校都开设了创新教育课程,学者们此时期对高职院校开展创业教育的必要性与有效途径进行探索。同时,伴随生产力的整体提高,为了满足社区居民成员更多、更高的精神需求,社区教育开始迅速发展起来,有关社区教育的研究成果开始丰富起来。

第三阶段(2016—2022年):理论深入期。此阶段教育途径的研究对象仍旧聚焦在高校,围绕"思政教育"和"劳动教育"展开,建立专业化师资队伍,加强思政教育与管理工作等教育途径问题研究得到重视。此外,2020年颁布的

《关于全面加强新时代大中小学劳动教育的意见》提出"探索具有中国特色的劳动教育模式"[1],此阶段学者们积极开展了高校实施劳动教育的路径研究。

## 三、研究结论与未来展望

### (一)研究结论

通过以上相关文献的可视化分析,从关键词的共现分析、聚类分析、突现分析来捕捉、揭示近年来教育途径研究热点及总体发展情况。

第一,研究成果数量趋于稳定,呈现稳定研究状态。如从1992年的27篇到2022年的54篇,但是近年来趋于平缓甚至是下降趋势。同时在发文数量的背后,也透露出研究者对教育途径研究的关注持续下降,只不过有时在政策引导下会呈现点状爆发趋势。这种现象也表明,已有教育途径的理论与实践一直获得了学者们持续稳定的关注,这对于发挥教育途径的育人作用自然是值得肯定的。但是研究热度在持续下降,研究有待深入和创新。

第二,研究视域较为集中,存在忽视其他途径之嫌。研究视角是深化理论研究的重要因素,从已有研究成果的研究视角看,主要集中在职业教育和思想政治教育。在思政教育途径方面,伴随信息技术的发展,在新时代针对传统高校思政教育、网络思政教育、少数民族思政教育途径进行优化和创新。在职业教育方面,对高职教育产教融合、工学结合和终身化发展实现途径,以及职业教育自身变革途径进行研究。上述有重点的方面,当然也存在忽视诸如学前教育、义务教育、普通高中教育、研究生教育等教育途径的拓展、丰富、加强和改善等问题。

第三,理论研究较为深入,但对实践效能关注不够。当前教育途径的研究呈现出以下两个特点。一方面,我国关于教育途径的理论研究在已有研究领域内呈现出异彩纷呈的景象,学者对于教育途径的理论研究见仁见智,横向上从教育目标、课程、教师和教学评价等方面开展教育途径相关研究,纵向上通过政府支持、社会参与以改善教育途径进行研究。另一方面,从实践效能的角

---

[1] 国务院.关于全面加强新时代大中小学劳动教育的意见[EB/OL].(2020-03-26).[2022-11-04]. http://www.gov.cn/zhengce/2020-03/26/content_5495977.htm.

度,关于教育途径的研究则显得苍白,亦即尽管学者们分别对各种具体的教育途径的理论上的可能性意义、作用进行了阐释,但这些理论成果的实践效能、交叉综合效能等方面则明显欠缺。

## (二)未来展望

教育途径作为实现教育目的、落实教育内容的"必经之途",开展其研究的意义不言自明。由于教育途径已有研究的缺陷、支撑教育途径技术的变革,相应的还有许多主题等待未来研究。

第一,拓宽教育途径研究的视野。拓宽教育途径的研究领域是丰富教育途径研究的重要做法。近年来,随着社会基本矛盾的转变,个体的生存状态应得到更多关注。因此,后续应该加强对社区教育途径、生存教育途径、终身教育途径的研究,对个体生命状态进行积极关照。又如网络空间对儿童青少年发展的影响研究,其中诸如青少年的网络沉迷/成瘾现象、深化青年的"低头族"现象、网络流行语现象、"无手机课堂"现象等与网络途径的关系研究。此外,虽然教育途径研究数量已经趋于稳定,但是还没有在我国遍地开花,很多话题无论在研究对象还是在研究内容上还是较为经典,少量文献在涉及时代所需内容较为丰富,如对媒介素养教育途径、公民教育途径、立德树人教育途径等进行研究。此外,如果能采用跨学科的研究视角,如哲学、社会学、人类学、心理学等,也能推动教育途径研究进一步发展。如将布迪厄等思想家的社会场域理论,列非伏尔等哲学家的空间哲学理论等,引入教育途径研究中来,会极大地增加研究的深度,深化对各种教育途径的认识,提高研究的质量。

第二,扩大教育途径研究的对象。已有关于教育途径的探讨主要聚焦于高等教育领域,涵盖了诸如思想政治教育、媒介素养培育、自我导向学习、创业精神培养以及法治教育等多个维度。对于幼儿和中小学各方面教育途径的研究还不多,也不够深入。查阅文献可知,已有研究针对幼儿的研究仅停留在道德教育途径,针对中小学生仅停留在道德教育途径和劳动教育途径上,对该年龄阶段应有的生存教育、生命教育和艺术教育等途径的关注不够。因此,诸如儿童的家庭生活空间和个人生活空间,儿童的居住微环境空间,学校的寝室空间、走廊文化空间、厕所空间、学生社团活动空间,以及网吧、电影院、健身中心、购物中心、休闲广场等途径,则是未来研究需要关注的。此外,教师是实施教育途径的主要角色应该得到关注,但已有的对教师教育途径的研究也不够。在新时代也应该加强针对教师的媒介素养教育、伦理教育和思想政治教育途径的研究。

第三,关注新时代的教育途径。进入新时代以来,在教育途径研究上出现两大重要趋势。其一是更加重视家校社共育。教育途径发生的场域一般有三个,即家庭、学校和社会。但是后两者经常作为前者的补充途径,并未单独列出,在关键词聚类和突现中也并未显示出来。因此,未来教育途径的研究需要补充剩余两个场域的研究,综合其数量和质量都还有待提高和进一步发掘。其二是重视教育途径的立体观。即家庭、社区、学校、社会应实现多方互动,共构教育途径的新面貌。例如,伴随互联网的发展,信息化设备丰富了教师课堂教学的途径,在线学习资源也丰富了学生自主学习的途径。由此可见,未来研究需要进行各种教育途径的综合集成、交织融通与作用互补。因此,当"三全育人"路径、"十大育人"体系,发展学生核心素养成为教育途径的理论与实践探索的新领域时,所涉及的具体教育途径之间融通融合、作用互补的机理及实践路径等显然还需要进一步研究揭示。

### 研究导航

为了深化你对本专题的学习、推进有关本专题的研究工作,你可以在问题中选取题目开展研究。

1. 当代城市/农村家庭教育的误区及纠正。
2. 评述近年来学校教育途径的创新。
3. 当前网络教育途径影响的新变化及应对。
4. 当代学习路径自主化的应对转变研究。
5. 当代自学的环境支持及利用评析。

# 专题 7　教育管理研究的综述与展望[①]

📖 阅读导航

本专题是关于教育管理问题的研究。只有在有效的教育管理下教育活动才能够有组织、有秩序、有效率地进行而避免可能的"乱套",只有懂规矩才能够成方圆。本研究使用 CiteSpace 文献分析技术和传统的文献解读技术对已有有关教育管理的研究成果进行系统分析,以便为读者提供已有关于教育管理研究的进展,奠定进一步推进教育管理所涉的行政组织、重要制度、政策法规、管理运行等问题研究的基础;同时,从管理服务于立德树人看,提出有关教育管理未来研究需要思考的议题,以便为读者进一步研究提供启发。

## 一、概念界定与分析技术

### (一)概念界定

教育管理组织及人员依据教育管理规则对教育管理对象实施规划、组织、调节及反馈、改善的活动。在具体的教育管理活动中,它其实已经是一个庞大的系统,主要涉及四大方面:一是教育管理首先需要建立一个一定人员构成的教育行政组织体系,实现"事有人为";二是必须研制、发布对教育组织机构进行管理的规则,即涉及教育制度设计、教育政策规定、教育法规等,实现"管理有据";三是需要开展对教育的管理活动,其中涉及教育行政管理活动、学校教育管理活动;四是对教育活动质效的管理,即对教育质量的测量和评价。同时,上述四个方面之下又包含着众多具体的管理事项,如从国家层面看,主要是涉及设计国家教育制度、颁布重要教育政策、发布重要教育法规,以及对教育活动过程和结果的宏观指导、质量把握。这些管理事项的对象涉及学校、校舍设备、师资队伍、学生、质量评价等方面。从地方政府看,就是在落实国家教育制度下推动、指导教育活动的开展和相应的质量督导和评价,以及对国家教

---

[①] 本专题作者:唐智松(西南大学,教授、博士生导师);杨婕(西南大学,硕士研究生)。

育政策、法规的补充等;从学校培养单位看,主要是在落实国家教育方针、教育目的下具体地组织教育教学活动,其中涉及人事、经费、学生、课程、教材、教学、考试、校舍等具体事项的管理工作。现代教育已经是一个庞大的系统,由于存在教育制度的社会差异、对人性善恶的不同倾向、对质量观念的不同态度等差异,因而教育管理工作日趋复杂,不但管理对象上涉及上述诸多方面,而且在如何管理上则由于管理的理论支撑形成了不同管理理念、学术观点,而且也形成了不同的教育管理实践模式。这些情况表明,需要对教育管理问题进行系统的、总结性的探讨。

### (二)分析技术

以中国知网数据库(CNKI)为检索平台,按照"主题=教育管理"进行高级检索,同时对检索结果进行人工筛选与整理,保留含有"教育管理"内容的文献,剔除期刊会议征稿、报纸、笔谈、无作者信息及其他不相关条目等无效数据后,最终得到有效样本文献2903篇。

## 二、文献透视的结果解读

### (一)文献数量的统计与分析

为把握教育管理研究的整体情况,对样本文献数量进行统计,具体发文量的变化趋势如图7-1所示。由图7-1可知,中国知网数据库(CNKI)中关于教育管理的研究文献在1992年年度发文量已达到14篇,此后总体上保持稳定上升的态势,在2016—2020年的五年间保持较高热度,2020年后教育管理研究出现明显的下降趋势。

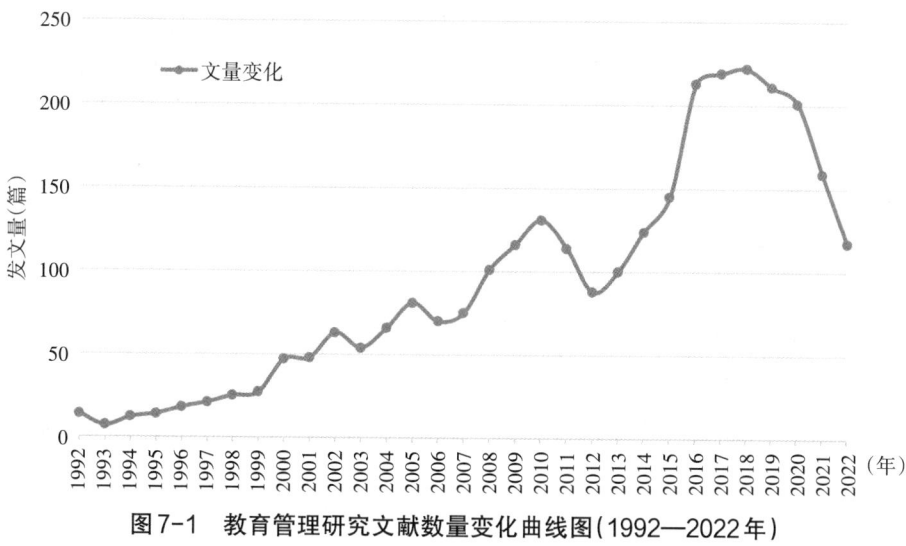

图 7-1　教育管理研究文献数量变化曲线图（1992—2022 年）

(二)关键词共现分析——主题与次序

对 1992—2022 年间有关教育管理研究的文献进行共现知识图谱的技术处理，得到共现知识图谱如图 7-2 所示。

图 7-2　教育管理关键词共现知识图谱（1992—2022 年）

将关键词进行降序排列，依次为：教育管理、高校、高等教育、职业教育、大学生等。对 1992—2022 年我国教育管理研究相关文献中的关键词频次进行统计和梳理，有助于研究者捕捉教育管理研究领域的研究热点（见表 7-1）。

表7-1 教育管理研究关键词频次及其中介中心性统计表

| 序号 | 频次 | 中心性 | 关键词 | 出现年份 | 序号 | 频次 | 中心性 | 关键词 | 出现年份 |
|---|---|---|---|---|---|---|---|---|---|
| 1 | 612 | 0.44 | 教育管理 | 1995 | 11 | 63 | 0.03 | 教育治理 | 2014 |
| 2 | 230 | 0.06 | 高校 | 2006 | 12 | 61 | 0.01 | 管理体制 | 2000 |
| 3 | 180 | 0.07 | 高等教育 | 2000 | 13 | 61 | 0.04 | 教育 | 1998 |
| 4 | 118 | 0.05 | 职业教育 | 2008 | 14 | 51 | 0.03 | 人才培养 | 1997 |
| 5 | 109 | 0.03 | 大学生 | 2001 | 15 | 47 | 0.01 | 大数据 | 2015 |
| 6 | 94 | 0.03 | 高职院校 | 2009 | 16 | 45 | 0.02 | 义务教育 | 2000 |
| 7 | 87 | 0.09 | 管理 | 1998 | 17 | 44 | 0.01 | 教育改革 | 1998 |
| 8 | 83 | 0.03 | 对策 | 2002 | 18 | 44 | 0.02 | 路径 | 2012 |
| 9 | 72 | 0.02 | 创新 | 2002 | 19 | 43 | 0.02 | 美国 | 2000 |
| 10 | 69 | 0.03 | 成人教育 | 2001 | 20 | 43 | 0.01 | 问题 | 2008 |

通过对关键词共现频率进行排序，关联意义相近的关键词，结合统计结果可知，教育管理、高校出现频次最多，且中心性较强，其他关键词频次普遍较低，中心性较弱。由此可见，教育管理研究领域的个别研究主题相对集中，其余方向的研究成果不显著。

### (三)关键词聚类分析——结构与内容

为了把握1992—2022年教育管理研究领域的发展与变化，运用CiteSpace技术进行关键词的聚类分析，以便了解教育管理研究主题的演变情况。具体处理和结果是：选择数据抽取对象Top12，共得到676个节点和818条连线，网络密度为0.0036，模块值(Q)为0.6701>0.3，说明划分出来的聚类结构是明显有效的，平均轮廓值(S)为0.8833>0.7，表明该聚类分析具有较高的信度。同时需要说明的是，图7-3中的标签显示出聚类号及其标识词，聚类号以#0、#1、#2依次排列(见图7-3)。

图7-3 教育管理关键词聚类知识图谱(1992—2022年)

分析图7-3所呈现的关键词聚类知识图谱可知,教育管理、高等教育、基础教育、改革、学前教育、高校、美国、对策、教育治理、专业化、职业教育、管理、教育系科构成了教育管理研究的主体框架。

(四)关键词突现分析——阶段与趋势

为了从相关文献中揭示教育管理研究的趋势,运用CiteSpace软件中的突现检测功能,将"突现词"检测出来,进而获得我国教育管理研究高频关键词突现情况(见图7-4)。图7-4中加粗部分表示在一定时间段的高频关键词,同时表明这些"突现"的关键词在该时间段内具有相当的发展潜力和研究价值。

| 关键词 | 首次出现年份 | 突现强度 | 突现起始年份 | 突现结束年份 | 1992—2022年 |
|---|---|---|---|---|---|
| 市场经济 | 1992 | 7.21 | 1993 | 1998 | |
| 受教育者 | 1992 | 5.5 | 1993 | 2007 | |
| 党组织 | 1992 | 5.2 | 1993 | 2006 | |
| 管理 | 1992 | 9.9 | 1998 | 2011 | |
| 管理教育 | 1992 | 6.1 | 2001 | 2008 | |
| 教育管理 | 1992 | 43.67 | 2003 | 2011 | |
| 以人为本 | 1992 | 6.42 | 2003 | 2013 | |
| 管理体制 | 1992 | 5.05 | 2008 | 2010 | |
| 学生党员 | 1992 | 6.73 | 2010 | 2013 | |
| 对策 | 1992 | 8.14 | 2012 | 2014 | |
| 问题 | 1992 | 7.69 | 2012 | 2013 | |
| 现状 | 1992 | 7.06 | 2012 | 2014 | |
| 研究生 | 1992 | 5.23 | 2012 | 2014 | |
| 成人教育 | 1992 | 12.91 | 2015 | 2017 | |
| 教育治理 | 1992 | 9.2 | 2015 | 2022 | |
| 继续教育 | 1992 | 5.85 | 2015 | 2017 | |
| 治理 | 1992 | 5.48 | 2015 | 2019 | |
| 大数据 | 1992 | 11.57 | 2016 | 2022 | |
| 创新路径 | 1992 | 7.05 | 2017 | 2022 | |
| 改革开放 | 1992 | 7.04 | 2017 | 2019 | |
| 人工智能 | 1992 | 14.15 | 2018 | 2022 | |
| 新时代 | 1992 | 12.09 | 2018 | 2022 | |
| 职业教育 | 1992 | 6.87 | 2018 | 2019 | |
| 高职院校 | 1992 | 5.36 | 2018 | 2019 | |
| 高校教育 | 1992 | 12.97 | 2020 | 2022 | |

**图7-4　教育管理研究高频关键词突现情况(1992—2022年)**

根据上述关于近年来教育管理研究关键词突现情况,可从整体上考察教育管理研究的阶段性进展。其中,教育治理、大数据、创新路径、人工智能、新时代和高校教育仍是"教育管理"领域内的研究热点。

第一阶段(1992—2015年):学理范畴建设期。19世纪末20世纪初,教育管理学来到中国,改革开放以后,成立了全国性的教育管理学学术团体,部分高校开设了教育管理学专业。随后,教育管理学本科、研究生专业设置几经调整,相关的专著、教材层出不穷。故在此阶段中,"管理教育""教育管理""管理体制"等成为了研究的热点。

第二阶段(2016年至今):学科特色探讨期。2015年印发的《促进大数据发展行动纲要》提出推动大数据发展和应用,打造精准治理、多方协作的社会治理新模式。2016年,《中华人民共和国国民经济和社会发展第十三个五年规划纲要》中提出加快推动数据资源共享开放和开发应用,助力产业转型升级和社会治理创新[1]。《深度学习平台发展报告(2022)》认为,人工智能已经跨过技术理论积累和工具平台构建的发力储备期,开始步入以规模应用与价值释放为目标的产业赋能黄金十年。[2]故在此阶段中,"大数据""人工智能"等成为了教育管理研究的热点,热度延续至今。

## 三、研究结论与未来展望

### (一)研究结论

通过以上相关文献的可视化分析,从关键词的共现分析、聚类分析、突现分析来捕捉、揭示我国近年来教育管理研究热点及总体发展情况,总结如下:

第一,研究方法上,在经验总结方面成效明显,但实证研究不足。解析文献可见,虽然学者从不同人性假设、不同哲学视角、管理质量标准等方法层面对教育管理进行了研究,取得较为丰富的研究成果,但长期以来,教育管理研究在方法论上陷入"钟摆陷阱",哲学思辨范式和实证研究范式处于二元对立状态。随着复杂性科学思维方式的引入,学者开始采用综合多元的研究方法解释复杂的教育问题,但总体上我国的教育管理研究范式仍然处于形而上的经验总结阶段,实证研究相对不足。和成熟学科的方法论相比,教育管理的研究方法依然呈现不均衡的态势,实证研究较为薄弱,这也是制约我国教育管理研究水平提高的重要原因,同时也妨碍了我国与国际同行进行高水平的学术交流。随着大数据、云计算时代的来临,教育管理对象将与时代潮流的联系更为紧密,教育管理的内容对现实的反映程度要求更高,而这些在教育管理研究方法的选择上都更偏向于实证研究。因此,未来的研究必须正视教育管理在实证研究上的不足,进而实现研究方法从经验总结到实证研究的转变。

第二,研究内容上,对教育管理认识丰富,但混沌情况严重。从已有的研究成果来看,学者对教育管理学学科的一些基本概念达成了共识,但在教育管

---

[1] 教育部.国家十三五规划纲要(全文)[EB/OL].(2016-03-18).[2022-11-11].http://www.moe.gov.cn/jyb_xxgk/moe_1777/moe_1778/201603/t20160318_234148.html.
[2] 新华网.《深度学习平台发展报告(2022)》在京发布[EB/OL].(2022-07-29).[2022-11-11].http://www.xinhuanet.com/tech/20220729/8663c84ebf7b4c15b268246c01619aeb/c.html.

理学论著中仍然存在着关键概念不清、缺乏严密的逻辑性等问题。如果学科共同体无法对关键概念形成认识,那么建构独立的概念体系和学科体系都是难以完成的。学科属性与研究对象是一门独立学科的重要组成部分,也是判断该学科是否可以立足学科群的重要特征。学者尚未对我国教育管理学的学科属性达成共识,其中争议最大的是教育管理学究竟是教育学分支还是管理学分支。因此,未来的研究必须尽快厘清学科属性之混沌,进而建立属于教育管理研究的话语体系。

第三,成果运用上理论与实践均在推进,但存在"两张皮"现象。尽管学者通过参与教育政策、教育方针的制定等方式践行了理论来源于实践又指导实践的过程,但从现实来看,教育管理理论研究与指导教育改革实践始终处于"两张皮"的状态。在宏观层面,政府推行教育改革主要依靠的是国家的方针政策,而不太看重教育理论;在中观层面,由于教育管理理论对实践指导效用的迟滞性,学校为了维持稳定的教科研秩序,对教育教学改革也持谨慎态度;在微观上,大部分学者的教育管理理论研究不能有效指导教育实践活动。通常情况下,教育管理的研究成果多与教育法、教育政策、教育体制等有关,而这些内容在国家强调稳定的大环境下对于政府和学校来讲是极为敏感的,由此造成了政府和学校在教育改革上的惰性。因此,注重同时推动成果在理论与实践两个层面上的运用,尽快消除"两张皮"现象,显得尤为重要。

### (二)未来展望

有人的地方就有管理,而人情、人心却又是善变、多变的,由此规定了教育管理研究的永恒性,需要继往开来地推进未来研究。

第一,以复杂性思维整合教育管理研究方法,规范研究范式。从范式发展的历程来看,无论是哲学思辨的研究范式还是实证主义研究范式,其实都是受到了简单思维范式的影响,但是教育管理的研究对象是复杂的,对于复杂问题,如果用单一的方法或技术去审视这些问题或多或少都具有片面性。由此,多元化的、综合化的复杂性思维方式被引入到教育管理的研究中。教育管理研究是研究教育问题的活动,而教育系统具有自然、社会、精神三重属性,是社会系统中一个极为复杂的系统。但当今的研究方法依然停留在还原论的层面,这也是导致教育管理研究成果与复杂的教育教学改革相脱离的重要原因。其实,任何一门学科都不会只有一种研究范式,学者应坚持用复杂性思维审视教育管理现象,结合自己的知识背景、分析视角和论证逻辑,并根据教育管理的不同问题,将思辨研究、定量研究、定性研究相结合,借助于大数据、云计算等现代信息技术,做到研究方法由"单一"走向"综合",最终达成较为规范的教育管理研究范式。

第二,以重构教育管理学学科体系为中心,丰富研究内容。学科发展始终是教育管理研究绕不开的问题,应以重构教育管理学"学科体系"为中心,打造"一体四翼"的研究框架。"一体"指的是以"学科体系"为中心,"四翼"指的是厘清基本概念、界定研究对象、规范研究范式、丰富研究内容。首先是要辨析和明确关键概念,致力于构建教育管理学的独特概念范畴和话语体系。其次是在研究对象的梳理上,在当今教育管理问题日益复杂的背景下,对研究对象的争论也比较多,但在具体分析时,学者只要坚持有利于研究、有利于教学与有利于实践三个基本原则即可。

第三,在平衡教育管理的理论和实践关系中,提升管理水平。已有教育管理在理论与实践的匹配度不够精准,我国教育管理学引入了过多的管理学理论,凡是管理提倡的,都是"拿来主义",如危机管理、战略管理等。这些新的管理理论虽然有助于丰富教育管理理论,但研究者在引入这些理论的时候,并没有考虑教育的独特性,仅仅是为创新而创新。要做到理论和实践相结合,我们需要"接地气"的理论。一般来讲,"自上而下"和"自下而上"是加强理论研究对实践指导的方式,通过两种方式的融合使得理论被实践者接受,实践者运用理论开展教育管理工作。在教育实践中,研究者要从"问题"出发,尽量减少对一般性问题的重复研究,要具有批判意识,不要盲目跟从。同时,学校作为教育改革的落实主体,其教育质量的提升依靠科学的教学方法和合理的教学内容,因此需要改革传统的教育观念,在改革的过程中加深对理论和实践关系的认识。

第四,在加强教育管理实践与研究的本土化中,彰显中国特色。服务教育强国战略中"土与洋"的关系是我国教育研究中的几对辩证关系之一。经过数十年的发展,我国在借鉴国际教育管理研究方面有了长足的发展,但与国际主流的教育管理议题相比,仍然缺乏三种意识,即战略意识、自我意识和实证意识。在战略意识方面,我国的教育管理成果呈现的是书斋式的研究,如宏观的教育管理研究多是对政策的诠释,而非政策的评价或者咨询,微观的学校改革研究又缺乏理论与实务的融合。因此,中国教育管理研究没有做好为民族复兴提供智力支持的准备,没有把知识论与实践论结合起来,同时也缺乏向外输出观念的勇气和路径。在自我意识方面,随着国力的增长,中国在国际领域的话语权越来越强,因此,在教育强国战略的引领下,如何主导国际教育管理的研究方向是学者需要直面的现实,换言之,就是要在教育管理的研究中形成中国风格和中国话语体系。在实证意识上,要极力避免理论研究成为学者的"精神会餐",要有面向实践的勇气和精神,对问题之源和方法之镜进行理性思考,从而彰显中国特色。

## 研究导航

为了深化你对本专题的学习、推进有关本专题的研究工作,你可以在问题中选取题目开展研究。

1. 普通中小学校管理标准化现象评析。
2. 职业院校学生管理军事化现象评析。
3. 教师管理的特殊性及策略研究。
4. 人本理念下学校学生管理的创新研究。
5. 什么样的高考有助于推进全面发展教育?

# 专题8  教育环境研究的综述与展望[①]

📖 阅读导航 ○⋯⋯⋯⋯

　　本专题是关于教育环境的研究。由地理、人口、经济、文化、政治、科技、道德等要素构成的教育环境是教育赖以存在的基础,教育与这些外部环境之间存在着"剪不断理还乱"的复杂关系,这些要素之间的相互影响关系是必须研究的。因此,本研究使用CiteSpace文献分析技术和传统的文献解读技术,对有关教育与外部环境之间的研究成果进行系统分析,以便为读者提供已有关于教育与环境之间关系的研究进展。同时,从系统要素相互影响的关系角度,面向教育与环境的未来研究提出思考议题,以便为读者进一步研究提供启发。

## 一、概念界定与分析技术

### (一)概念界定

　　教育环境是"为培育人而有意识地创设的情境,一般可分为家庭、社会和学校教育环境。"[②]此外,教育环境的构成在一级结构基础上还可以划分出若干更细的二级乃至三级构成。比如,家庭环境还可以划分为家庭的经济基础、政治地位、社会声望,父母受教育的程度、职业工作、人际资源、家庭成员之间的关系、对子女教育的期望和方式等,这些通常被称为家庭教育资本,或者儿童学业成就的家庭支持;社会环境不但包括社会自然环境和社会人文环境,而且其中人文环境也可以划分为历史文化、生活习俗、生产方式、交往模式、场馆资源等;学校教育环境不但可以划分为校园文化和课堂文化,其中校园文化还可以划分为校园物质文化、校园精神文化和校园制度文化等。更进一步,其中的校园精神文化还可以划分教师的教风、学生的学风、领导的作风,以及学校精神、校训等。由此可见,环绕在学习者周围的教育环境在构成上极其丰富。之所以人们正视教育环境问题,是因为教育环境对学习者的发展确实具有影响

---

[①] 本专题作者:徐龙(西南大学,博士,副教授);解丁香(西南大学,博士研究生)。
[②] 顾明远.教育大辞典(增订合编本)[M].上海:上海教育出版社,1998:752.

作用,如教育环境为学习者提供了浸染熏陶、模仿学习、实践练习的基本条件,是学习者获得发展的"营养品"。正如"近朱者赤、近墨者黑",教育环境的重要性更是不能忽视,其对学习者的性质上有积极的正向作用,也有消极的负向影响,对学习者的发展产生着性质方向上的影响。所以,长期以来,人们高度重视教育环境的影响及其研究,取得了较为丰富的教育环境的研究成果。

### (二)分析技术

为了把握近年来有关"教育环境"研究态势,以"教育环境"作为主题在中国知网数据库(CNKI)中进行高级检索,为保证文献质量,选择北大核心和CSSCI论文,检索到相关论文共计4739篇导入软件进行分析,采用CiteSpace进行处理:一是通过对关键词图谱分析来捕捉教育环境研究的热点;二是通过对关键词的聚类分析来梳理有关教育环境研究的主要内容;三是通过对关键词的突现分析来预测教育环境研究的未来发展趋势。通过上述三个方面的数据分析,呈现我国近年来关于教育环境问题研究的图景。

## 二、文献透视的结果解读

### (一)文献数量的统计与分析

为把握教育环境研究的整体情况,对样本文献进行数量分析,具体发文量的变化趋势如图8-1所示。

图8-1 教育环境研究文献数量变化曲线图(1992—2022年)

总体来看,从1992年仅有的29篇,到2022年的86篇,其数量是稳中有升。我国关于教育环境研究的文献量总体呈现"N"字形趋势,具体可分为以下三个阶段。

第一阶段(1992—1999年):平稳发展期。此时期关于教育环境研究的发文量虽有起伏,但整体呈上升趋势。查阅此阶段文献,发现研究主要围绕"环境教育"和"教学环境"进行探讨。其中,"教学环境"的内涵较为丰富,学者们对教学环境的系统、结构及其影响进行探究。

第二阶段(2000—2011年):快速发展期。此时期发文量增幅较大。在进入21世纪后,在教育信息化强大影响下,新媒体环境对教育的影响成为热点问题,如新媒体环境或网络环境对大学生思想政治教育、自主学习、心理健康的影响。其中,特别是中小学学生沉迷网络游戏现象、大中小学生网络成瘾、各级各类教师的教育教学工作的信息化问题等,都作为教育环境的重要问题得到研究。

第三阶段(2012年至今):持续发展期。此阶段教育环境研究的发文量整体呈下降态势,且开始稳定发展。这表明教育环境研究传统的基本议题、研究领域已经逐渐饱和,新的研究主要集中在思政教育环境、生态环境教育和智慧教育等方面,这体现出一定的时代背景和政治导向的影响。

(二)关键词共现的分析——主题与次序

首先,对1992—2022年期间有关教育环境研究的文献进行共现知识图谱的技术处理,获得了1992—2022年教育环境研究文献的关键词共现知识图谱。(见图8-2)。

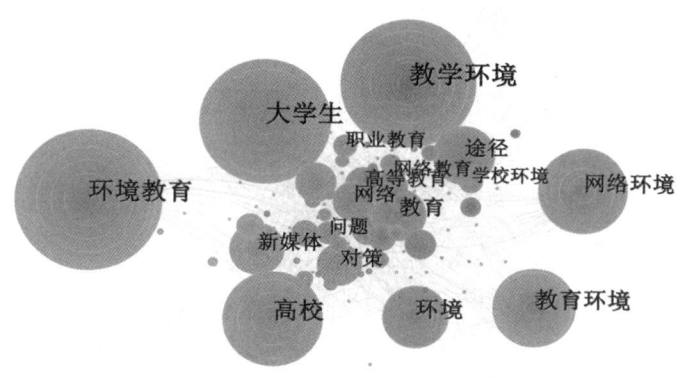

图8-2 教育环境研究的关键词共现知识图谱(1992—2022年)

图8-2中网络节点——教学环境的中心性是反映该节点核心程度的指标，是衡量该节点与其他节点——教学环境、网络环境、新媒体、环境教育等之间联系的密切程度。圆环中心部分的关键词与散落在环附近的关键词存在类属关系，即表示该部分与其他关键词存在紧密联系。根据图8-2呈现的关键词共现知识图谱，可将关键词进行降序排列，依次为：大学生、环境教育、教学环境、高校、网络环境、教育环境和新媒体等词语。另外，通过分析图8-2中关键词的聚集情况，可以看出：关于教育环境的研究中，对环境教育、教学环境和网络环境的研究构成了教育环境研究的热点内容；教育环境研究在各级各类教育中都有涉及，主要聚集在高等教育中，如大学生、高校和高等教育等关键词的出现。

随后统计1992—2022年期间有关教育环境研究文献中关键词的出现频次，获得了相应的关键词频率情况（见表8-1）。

表8-1 教育环境研究关键词频次统计表

| 序号 | 首次出现年份 | 关键词 | 频次 | 序号 | 首次出现年份 | 关键词 | 频次 |
| --- | --- | --- | --- | --- | --- | --- | --- |
| 1 | 1996 | 大学生 | 275 | 11 | 2002 | 对策 | 68 |
| 2 | 1995 | 环境教育 | 266 | 12 | 2000 | 网络 | 65 |
| 3 | 1992 | 教学环境 | 209 | 13 | 2002 | 高等教育 | 52 |
| 4 | 2002 | 高校 | 151 | 14 | 2006 | 创新 | 50 |
| 5 | 1999 | 网络环境 | 130 | 15 | 2012 | 思政教育 | 50 |
| 6 | 1999 | 教育环境 | 127 | 16 | 2007 | 高职院校 | 50 |
| 7 | 2011 | 新媒体 | 106 | 17 | 1993 | 学校环境 | 43 |
| 8 | 1999 | 环境 | 95 | 18 | 2006 | 职业教育 | 43 |
| 9 | 2003 | 途径 | 83 | 19 | 1999 | 远程教育 | 42 |
| 10 | 1996 | 教育 | 72 | 20 | 1997 | 素质教育 | 41 |

从关键词首次出现的年份可以看出当时学者们对教育环境研究的关注点和聚焦点的转变。该表中出现频率较高的关键词"大学生"和"环境教育"与"教学环境"的关系较为密切，且首次出现年份相近。此外，"网络环境""新媒体""思政教育"出现的频率也较高，具有明显的时代特征。可见21世纪以来，伴随信息技术的发展和政策引导，网络影响着"远程教育""思政环境"环境的

形成。值得注意的是，表中最新的关键词是2012年"思政教育"。这说明关于教育环境研究的文献近年来集中研究的焦点，研究重点仍旧是前几位的高频词汇。但是伴随社会生产力的发展，社会各要素已经发生变化，学者们应该关注当下对教育影响最大的环境因素进行研究。

### （三）关键词聚类分析——结构与内容

为了把握1992—2022年教育环境研究领域的发展与变化，运用CiteSpace进行技术处理。具体处理是：在软件设置上，选择数据抽取对象Top10，共得到910个节点和1540条连线，网络密度为0.0037。同时需要说明的是，图8-3中的标签显示出聚类号及其标识词，聚类号以#0、#1、#2依次排列（见图8-3）。

**图8-3　教育环境研究的关键词聚类知识图谱（1992—2022年）**

通过分析图8-3所呈现的关键词聚类知识图谱可知，大学生、环境教育、职业教育、环境、网络环境、幼儿园、教育环境、学校环境、受教育者等关键词构成了教育环境研究的主体框架。通过进一步解读上述关键词聚类情况，可以看出：其一，从研究对象层次看，研究内容涉及高等教育和学前教育，对基础教育阶段的研究还不充分。其二，从研究方向上看，研究内容主要涉及教学教育、学校环境和网络环境,涉及智慧教育、文化环境、生态环境和制度环境的研究不多,说明目前有关教育环境研究的创新性和时代性不强。其三,就教育环境发生的场域而言,研究主要发生在高校,在基础教育学校、家庭和社区中开展的研究不多,未能形成全方位空间领域。

### (四)关键词突现分析——未来趋势的预测

为从相关文献中揭示教育环境研究的趋势,运用CiteSpace软件中的突现检测功能,将"突现词"检测出来,进而获得教育环境研究高频关键词突现情况(见图8-4)。图8-4中加粗部分表示在一定时间段的高频关键词,同时表明这些"突现"的关键词在一定时间段具有一定的发展潜力和研究价值。

| 关键词 | 首次出现年份 | 突现强度 | 突现起始年份 | 突现结束年份 |
|---|---|---|---|---|
| 受教育者 | 1992 | 8.35 | 1992 | 1999 |
| 教学环境 | 1992 | 6.82 | 1992 | 2003 |
| 图书馆 | 1992 | 6.11 | 1993 | 2001 |
| 中小学 | 1992 | 5.73 | 1994 | 2005 |
| 学习者 | 1992 | 5.99 | 1995 | 2000 |
| 环境教育 | 1992 | 13.61 | 1998 | 2004 |
| 远程教育 | 1992 | 7.14 | 1999 | 2010 |
| 创新教育 | 1992 | 9.79 | 2000 | 2004 |
| 素质教育 | 1992 | 6.74 | 2000 | 2004 |
| 环境 | 1992 | 9.59 | 2001 | 2008 |
| 网络教育 | 1992 | 5.79 | 2001 | 2007 |
| 途径 | 1992 | 7.57 | 2005 | 2010 |
| 和谐社会 | 1992 | 6.29 | 2005 | 2009 |
| 创新 | 1992 | 5.12 | 2006 | 2012 |
| 信息技术 | 1992 | 6.17 | 2007 | 2009 |
| 创业教育 | 1992 | 7.52 | 2009 | 2011 |
| 教育途径 | 1992 | 5.11 | 2009 | 2015 |
| 对策 | 1992 | 6.96 | 2011 | 2014 |
| 新媒体 | 1992 | 26.85 | 2014 | 2019 |
| 智慧教育 | 1992 | 10.71 | 2014 | 2022 |
| 大数据 | 1992 | 8.45 | 2015 | 2022 |
| 生态环境 | 1992 | 5.38 | 2015 | 2017 |
| 创新研究 | 1992 | 7.23 | 2019 | 2022 |
| 人工智能 | 1992 | 5.42 | 2019 | 2022 |
| 思政教育 | 1992 | 21.12 | 2020 | 2022 |

图8-4 教育环境研究高频关键词突现情况(1992—2022年)

第一阶段(1992—2004年):理论初探期。此时期对教学环境和环境教育进行研究是很有价值的。其中,关于教学环境的研究,主要对教学环境的设计、评价和优化进行了系列研究,教育环境育人的观念逐步得到全社会的认可。关于环境教育问题,1992年,全国首届环境教育工作会议召开,标志着已初步形成了具有中国特色的环境教育体系。当然,虽然教育环境与环境教育两个概念中都有"环境"二字,其实二者所言对象是存在较大差异的,不可混淆。

第二阶段(2005—2013年):理论繁荣期。随着西方多元化思潮的国内流行,大学生等学生的思想意识形态出现了一些偏差现象,同时在20世纪末期开始的高校扩招后,21世纪初期又出现了大学生的就业难问题。这些因素综合起来,使得改善学生成长环境、营造良好学生创业环境就成为热点问题。如创业教育涉及的环境营造问题中的外部信息环境的改善、创业就业的社会环境公平等。

第三阶段(2014年至今):理论创新期。进入新世纪,以互联网为代表的信息网络技术的兴起和发展,标志着人类社会进入了大数据时代。大数据时代造就了新的社会环境,也改变着学校、家庭及自然环境,这必然带来人们思想意识和行为方式的深刻变化。在关键词突现中,还可以明显看到,"大数据""智慧教育""人工智能"等关键词对教育环境研究的影响的研究极具价值。基于此,立足大数据环境进行创新、开展教育环境研究工作是未来研究趋势。

## 三、研究结论与未来展望

### (一)研究结论

通过以上相关文献的可视化分析,从关键词的共现分析、聚类分析、突现分析来捕捉、揭示近年来教育环境研究热点及总体发展情况。

第一,研究视域较为集中,但忽视了一些问题的研究。研究视域是深化理论研究的重要因素,从已有研究成果的研究视域看,研究内容主要集中在环境教育和教学环境、网络环境的研究。研究层次主要集中在高等教育。由此可见,已有教育环境研究在视野上存在忽视课堂教学之外的诸如校园文化环境的影响、社区社会环境的影响、自然地理环境的影响;同时对学前教育的环境建设、基础教育建设的环境关注不足。从环境育人的"润物细无声"特点来说,恰恰是被忽视的这些教育环境以一种无处不在的浸染方式影响学习者。

第二,理论研究有所深入,但忽视了研究实践影响问题。当前我国关于教育环境的理论研究在已有研究领域内取得较为丰富的成果,研究时间跨度大,研究程度深。学界对于教育环境和环境教育的理论研究一般从教育目标、课程、教师和教学评价等方面作为变革途径。在肯定这些理论研究成果的同时,自然反衬出教育环境影响的实践取向研究的不足,这自然使得教育环境影响的研究成果成为"空中楼阁",难以落地到对教育环境实践的改善。在此情形下,我们也就不难理解为何"三全育人"路径、"十大育人"体系是教育环境实践的新方向。

### (二)未来展望

教育环境"润物细无声"的价值,决定了未来研究需要继续关注教育环境问题,同时,教育环境又在不断地变化之中,为此,教育环境的未来研究还需要针对薄弱环节、新的情况开展探讨。

第一,拓展教育环境研究的视野。虽然目前教育环境研究数量已经趋于稳定,但是已有研究很多话题还是较为经典,文献时代性和创新性有待进一步丰富,教育环境研究的前瞻性有待增强。应时代所需,未来研究需要拓展教育环境研究的视野,丰富教育环境的研究内容。同时,伴随信息技术的发展及其教育运用,"大数据""智慧教育""人工智能"等新技术支撑的教育环境研究也是未来研究的重要方向。在信息化支持下,学习场景已经突破学校的空间与时间限制,学生可以根据自己的需要随时随地转化。根据关键词突现可知,智慧教育环境的构建是未来极具发展潜力的研究。此外,还有当代儿童青少年作为"网络原住民""一次元""异次元""元宇宙""暗络人""PUA"等成年人闻所未闻的概念不绝于耳,那么他们的网络生活世界对他们的影响表现有哪些、影响的性质方向如何、影响的差异效果如何,都是崭新的研究领域。因此,后续应该加强外部环境变化与内部政策导向对教育环境的影响。

第二,扩大教育环境的作用对象。已有研究对象主要集中为大学生,对影响大学生的各方面教育环境均有研究。例如,不少学者都对新媒体环境、思政教育环境、文化环境对大学生的影响展开研究。但是对于幼儿和中小学生产生各方面影响的教育环境研究不够新颖,也不够深入。通过文献梳理可知,针对中小学生开展的研究在关注生态环境教育、思想政治教育方面还远远不够。但思政教育应贯穿学生教育全过程,促进大中小学思想政治教育协同育人。此外,学龄前儿童的环境与其发展的关系是什么,当下婴幼儿生活环境的成人化、信息化对他们产生了什么样的影响,如何评估和引导等,也是新话题。总之,学前教育、基础教育是整个教育体系的起点,从"养正于蒙"角度看,各种环境因素的熏陶要从小抓起,采用适合该学段的方法引导学习,增强环境教育研究的完整性与系统性。

第三,探索教育环境的场域融合。关键词聚类和突现中显示已有研究重点在学校教育,忽视了家庭教育、社会教育。未来教育环境研究应当把家庭教育、社会教育两方面加强,其数量和质量都还有待提高,以增强教育环境研究的完整性。同时,也需要探讨如何有效地把学校、家庭、社会各方面融合、贯通起来共同发挥环境育人的作用,以发挥教育环境影响的综合效应。已有研究成果中,提出了教育环境合作的见解,也给出了若干操作性的建议,但为什么难以落地、实践效果不如人意?这个也是未来研究需要解答的,比如是不是合作的各方中有的方面如家长的素质跟不上,或者有些方面如社区社会的责任落实不到位,或者是不是国家方面相关的指导规定欠缺了,等等,那么接下来该解决这些问题,提供操作性的解决方案则是教育学研究的分内之事。

第四,揭示教育环境的影响机理。教育环境到底是如何影响学习者的发展,亦即其产生影响的机理到底是什么?这是教育环境研究"皇冠上的明珠"!近年来,已有研究较为集中地关注家庭环境中的经济基础、政治地位、社会声望,父母双方受教育程度、职业工作、人际资源、家庭成员之间的关系等因素对子女的学习期望、社会化、教养方式的影响,或者是其中间变量(如学习者的成就动机和学习态度等)对学习者学业成就的影响展开研究,这些都是值得肯定。但是,我们还希望看到诸如其他教育环境影响学习者发展的机理研究成果。例如,社会环境中自然气候、地理交通、人际交往、社区历史、文化心理、生活习俗、生产方式等因素是如何影响学习者发展的;又如学校环境中的校园物质文化、校园制度文化,以及教师的教风、学生的学风、领导的作风、学校的精神和校训等因素又是如何影响学习者成长的,类似此方面的机理研究还有待进一步探讨。

### 研究导航

为了深化你对本专题的学习、推进有关本专题的研究工作,你可以在问题中选取题目开展研究。

1. 当代文化变革的影响及运动策略研究。
2. 中国特色教育的文化性格及扬弃。
3. 中国式教育现代化的含义及实现路径。
4. 全球化下教育国际化与本土化的平衡研究。
5. 人工智能带来的教育发展机遇与挑战。

# 专题9 教育科学研究的综述与展望[①]

📖 阅读导航○·············

本专题是关于教育学学科自身问题的研究。显然,在言说教育的理论与实践话题时,都是在教育学学科自身这个"座架"上进行的,明白此理,我们自然需要关注和反思自己在什么"情境"下需要怎么说教育的话题。因此,本研究使用CiteSpace文献分析技术和传统的文献解读技术对已有有关教育学学科问题的研究成果进行系统分析,以便为读者提供已有关于教育学学科中涉及的学科地位、学科属性、学科范式、元教育学的研究进展,奠定研究的已有认识基础;同时,从教育学学科自身发展角度,提出若干面向未来的教育学学科研究的重要议题,以便为读者进一步研究提供参考意见。

## 一、概念界定与分析技术

### (一)概念界定

教育学是研究人类教育现象及其一般规律的学科,是从总结教育实践经验的过程中逐渐形成理论,经过长期积累而发展起来的。[②]在中国,春秋战国末期就出现了世界上最早的教育学著作——《学记》,但出现对教育学的学科基本范畴作具有理论支撑的阐述的著作还是夸美纽斯的《大教学论》、赫尔巴特的《普通教育学》出现之后的事情了。因此,今天我们所言的教育学学科,形成于赫尔巴特时代,它不但在欧美开始流行、传播和实践,同时也通过荷兰传入日本,进而传入中国。同时,杜威创立了与传统教育学派相对立的所谓现代教育派,不但在美国盛行一时,而且传入中国并产生重要影响。苏联成立后,以凯洛夫为代表的学者建构了以马克思主义为指导的教育学体系。中国在发展进程中由于受到来自欧洲、美洲和苏联的影响,因而在教育学学科上呈现较

---

[①] 本专题作者:张献伟(西南大学,博士研究生);唐智松(西南大学,教授,博士生导师)。
[②] 顾明远.教育大辞典(增订合编本)[M].上海:上海教育出版社,1998:789.

为复杂的状态。同时,自中华人民共和国成立后,在关于教育的"社会主义"性质、服务于现代化建设和人民的功能、与生产劳动和社会实践相结合的途径等方面规定,无疑影响着教育学的学科建设。对教育学科现存状态的反思,具有多方面意义,一是通过对教育学研究对象的审辨,厘清教育研究的对象到底是教育规律、教育现象、教育事实还是教育问题等认识。二是通过梳理而厘清教育学科作为学科群涉及的学科内部结构、各学科相互关系等问题。因此,系统地搜集、梳理教育科学的学科研究成果,进行总结性的解析,对于促进教育学的学科发展无疑是具有重要意义的。

### (二)分析技术

在中国知网数据库(CNKI)中,以"教育科学"为主题进行检索,同时对检索结果进行人工筛选与整理,剔除期刊会议征稿、报纸、笔谈、无作者信息及其他不相关条目等无效数据后,最终得到有效样本文献821篇。其在2014年前后达到研究的高峰(见图9-1),主要主题分布有思想政治教育学、高等教育学、成人教育学、比较教育学、研究生教育学、职业教育学等。其中《高等教育研究》杂志较多探讨这个问题,占总文献的47.44%,共74篇。《教育研究》发表相关文章29篇,占18.59%;《中国高教研究》发表相关文章22篇,占据14.1%的比重。

图9-1 教育科学研究文献数量变化曲线图(1992—2022年)

通过中国知网数据库(CNKI)以Refworks格式将文献导出,运用CiteSpace进行格式转换,建立样本数据库。其中,设置时间切片为1992年1月—2022年12月,Top N 设置为50,Phras/Keyword:Maximum Words 设置为5,Maximum

GML Node Label Length 设置为 12，Pruning 选择 Pathfinder、Pruning sliced networks 和 Pruning the merged network，其他参数设置为默认值，从发文时间和关键词等方面进行研究主题的计量可视化分析与图像绘制，梳理教育科学研究领域的研究热点与主题演化的脉络，探寻教育科学研究的未来趋势（见图 9-2）。

| 关键词 | 首次出现年份 | 突现强度 | 突现起始年份 | 突现结束年份 | 1992—2022年 |
|---|---|---|---|---|---|
| 比较教育 | 1992 | 4.97 | 2007 | 2011 | |
| 学科定位 | 1992 | 3.35 | 2008 | 2013 | |
| 科学化 | 1992 | 3.05 | 2011 | 2012 | |
| 学科结构 | 1992 | 2.93 | 2012 | 2017 | |
| 成人教育 | 1992 | 5.45 | 2014 | 2016 | |
| 产业结构 | 1992 | 3.34 | 2014 | 2017 | |
| 教师教育 | 1992 | 2.8 | 2017 | 2022 | |
| 教育学科 | 1992 | 12.67 | 2018 | 2022 | |
| 新时代 | 1992 | 3.81 | 2018 | 2022 | |
| 学科发展 | 1992 | 3.58 | 2018 | 2019 | |
| 学科交叉 | 1992 | 2.98 | 2020 | 2022 | |

图 9-2　教育科学研究高频关键词突现情况（1992—2022年）

## 二、文献透视的结果解读

### （一）关于教育学的研究对象

通过在中国知网数据库（CNKI）以"教育学"和"对象"为主题进行检索，获得 106 篇相关文献。其主、次要主题分布高频词有"特殊矛盾""教育问题""教育现象""教育规律"和"教育事实"等。"思想政治教育学""高等教育学""学前教育学"和"职业教育学"等，也得到了较多关注。教育学研究对象，可以分为三类，其一是教育现象观，其二是教育问题观，其三是教育事实观。

首先，关于教育学学科总体层面的研究对象，考察已有文献发现，中华人民共和国成立后关于教育学研究对象的界定历经了"教育说""教育现象说""教育问题说"几种观点并存等四个阶段的发展轨迹。从现行的"教育学"来看，一般都把"教育学"的研究对象界定为"教育现象"，认为"教育学是研究教育现象、揭示教育规律的一门学科",等等。

其次,关于教育学具体学科领域的研究对象,主要涉及高等教育与学前教育。其中,关于高等教育的研究对象,基本上形成了包括人才培养、科学研究和社会服务三个方面的共识。关于学前教育学的研究对象,经历了"规律说—现象说—现象及规律说—综合说"的过程,从科学哲学、教育学与学前教育学的关系来看,把学前教育问题定为学前教育学的研究对象是比较适宜的。

最后,有学者依据德国教育学者布雷岑卡教育学知识分类标准,把教育学知识分为三种类型:教育科学、教育哲学和实践教育学。它们对应三类教育学知识,即科学的教育学知识、哲学的教育学知识和实践的教育学知识。显然,这个是传统教育学知识混沌状态的一个重大澄清,自此关于教育学自身的知识——元教育学开始成为研究的重要对象。

### (二)关于教育学的学科发展

在中国知网数据库(CNKI)中以主题"教育学"和"学科"进行检索,同时对检索结果进行人工筛选与整理,剔除期刊会议征稿、报纸、笔谈、无作者信息及其他不相关条目等无效数据后,最终得到有效样本文献450篇。其主要文献分布有高等教育学、学科教育学、职业技术教育学、比较教育学、成人教育学、研究生教育学、思想政治教育学、外语教育学、音乐教育学和教师教育学。

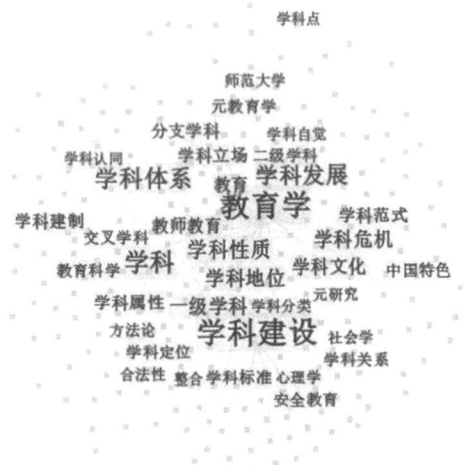

图9-3 教育学学科关键词共现知识图谱(2002—2022年)

从图9-3,我们不难看出,关于教育学学科研究,学科建设、学科发展、学科体系、学科危机、学科立场、学科性质、一级学科、二级学科等成为热词。

### (三)关于教育学的学科范式

不同的科学领域有不同的研究范式。弄清楚教育学归属于哪一类型的科学领域,才能明确教育研究应当采取何种科学研究范式。我国教育学界的"研究范式"概念来自于瑞典教育学家胡森。胡森意义上的研究范式大体上是指一种研究方法论或认识论,与库恩的范式研究是属于不同范畴、不同性质的概念。因为研究范式是一个理论实体,而范式研究是指一种研究性质、状态、过程。

| 关键词 | 首次出现年份 | 突现强度 | 突现起始年份 | 突现结束年份 | 1993—2022年 |
|---|---|---|---|---|---|
| 方法论 | 1993 | 4.56 | 2003 | 2007 | |
| 比较教育 | 1993 | 2.75 | 2006 | 2011 | |
| 年度报告 | 1993 | 2.21 | 2006 | 2011 | |
| 范式 | 1993 | 3.73 | 2011 | 2015 | |
| 本质主义 | 1993 | 2.22 | 2011 | 2012 | |
| 教育学 | 1993 | 1.8 | 2012 | 2014 | |
| 学科范式 | 1993 | 2.8 | 2013 | 2015 | |
| 教育研究 | 1993 | 1.85 | 2016 | 2022 | |
| 实证研究 | 1993 | 2.83 | 2017 | 2018 | |

**图9-4 教育学范式研究高频关键词突现情况(1993—2022年)**

在中国知网数据库(CNKI)中检索"教育学"和"范式"主题词,可获得435篇相关核心期刊文献。通过Citespace分析发现,"范式"随着2003至2007年受到西方后现代主义方法论的影响,"方法论"进入了研究者的视野,对教育学研究范式本身的探讨在2011至2015年之间最为频繁,之前的2006至2011年,学术界结合比较教育进行过教育学研究范式的探讨。在2011年和2012年"本质主义"和"反本质主义"曾兴盛一时。2017至2018年作为对前些年质性研究的反思,"实证研究"作为一种重要的研究范式,进入了学者的视野,大量有关实证研究本身和实证研究的成果开始涌现(见图9-4)。

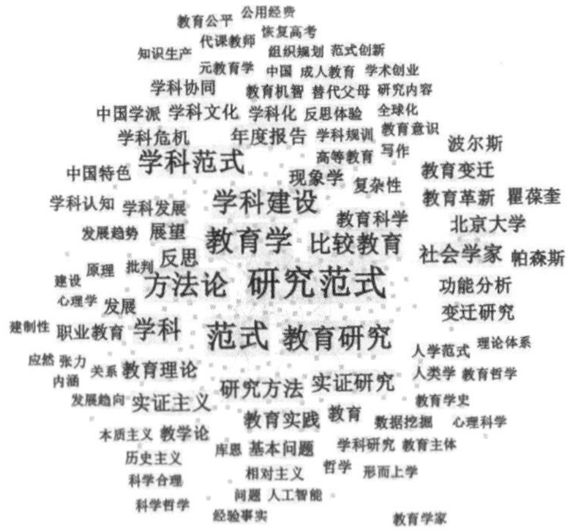

图 9-5　教育学范式研究关键词共现知识图谱(1993—2022年)

通过关键词共现知识图谱(见图9-5),可以看出,关于教育学的学科归属及其研究范式的研究,受教育与社会变迁、教育实践的影响,比如部分"年度报告"也记录了研究范式之变。除了实证研究范式之外,"人学范式""反思体验"也得到较多关注。此外,通过对作者所属单位进行分析,可以发现,北京师范大学、华东师范大学、西南大学、南京师范大学、东北师范大学、华中科技大学、厦门大学、华中师范大学、山西大学、江西师范大学等单位从事相关研究较多。

### (四)关于元教育学研究

在中国知网数据库(CNKI)中,以"元教育学"为主题词进行检索,可以获得118篇相关文献。通过Citespace共现分析,可以得到有关元教育学研究文献的关键词情况(见图9-6)。

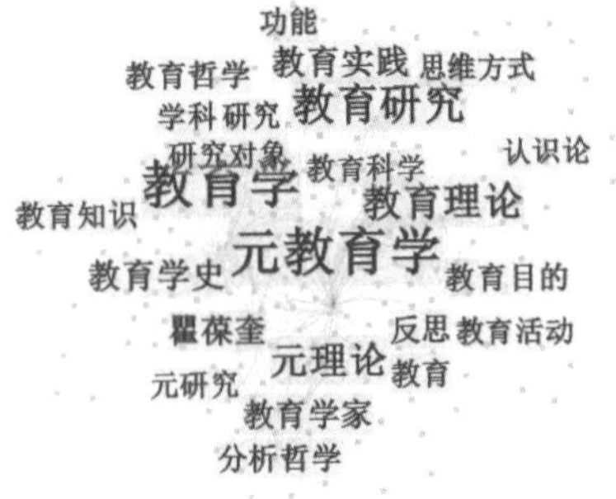

图 9-6　元教育学研究关键词共现知识图谱(1994—2022年)

从元教育学研究关键词的高频词共现图谱中(见图9-6),可以发现,瞿葆奎为元教育学研究重要人物。教育学、教育理论、教育研究、研究对象、教育学史、元理论等成为元教育学研究主要热点内容。

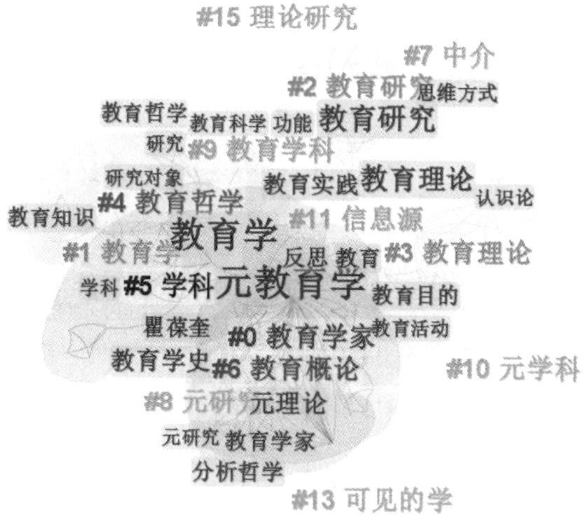

图9-7　元教育学研究关键词聚类知识图谱(1994—2022年)

通过对元教育学研究关键词聚类图谱(见图9-7)及其相关文献具体内容分析,可以看出,在元教育学兴起过程中,教育哲学尤其是分析哲学发挥了不可忽视的作用。对教育学家、教育学、教育研究、教育理论、教育哲学、教育概论、元研究等主题的分析,是元教育学研究的重要组成部分。

## 三、元教育学研究未来议题

### (一)研究结论

通过以上相关文献的可视化分析,从关键词的共现分析、聚类分析、突现分析来捕捉、揭示近年来教育学学科研究热点及总体发展情况。

第一,研究成果认识较为丰富,但水平层次不高。教育学界从改革开放前教育研究的偏妥中反思走出来,在去教育学的教育"工作学"、政治"教条化"、"无儿童"教育学过程中,从教育的本质、功能、人——学生与教育学的关系入手,深入到教育教学过程中的课程、教学,以及教师等基本要素,同时扩展到教育与政治、经济、文化、科技的关系探讨,此外还开始探讨教育学学科自身的问题——元教育学,不但在以《教育研究》为代表的期刊杂志发表了大量的研究成果,而且还出版了400多部教育学类教材。由此展现了中国式教育学的成就。这个成绩之所以了不起是因为:教育学在中国是一个"舶来品",在"白手起家"的情况下形成如此局面,自然是重大成就。当然,正是由于在这种情况下开始起步,所以在研究水平、成果助力等方面,特别是对基本规律的揭示、对重要机理的建构、在研究方法上的科学性等方面与世界先进水平还存在较大差距。

第二,若干领域研究进展突出,但冷热不均明显。由于受到教育环境因素的影响、教育学学科自身各要素问题严重性情况不一的影响,教育学学科各领域的研究进展是不平衡的。其中,首先是在反思过往教育中忽视儿童的现象,以及在国际儿童哲学思想影响下,教育学中重视儿童——学习者,提出以生为本、坚持"生本教育"。其次是在教师专业化背景下,应对课程教学改革提出的教师挑战,推动了教师教育标准建设、教师专业发展、教师资格条例、教师发展培训等方面的研究与实践。最后是国际课程改革启发下,推动国家、地方和学校的三级课程制度,并以此推动教育教学过程和评价的整体性改革的研究与实践。上述可见,在这些问题成为热点的同时,其他问题的研究则成了冷门,这之于教育的全景式需求是不匹配的。

第三,创生了中国的教育学派,但还需深化研究。众所周知,教育学中涉及的教育家几乎是"言必称希腊",就是中国教育学派在缺位,因此,创生中国式的教育学派就成为教育的"时代之重任",比如我国著名教育学家叶澜先生的"生命·实践"教育学派就是扎根中国大地的一种中国教育学人的教育学科自我觉醒、自主创新的重要成就,可以说,"生命·实践"学说是当代教育学学派中中国人发出的一次重要声音,是中国教育学科当代发展的重要里程碑。当然,由于其概念中的"生命"主要偏重于精神生命和社会生命、自然生命色彩较为淡薄,因此使其在本质上与其他教育学主张相比并无多少新意,且对以身体具象为代表的自然生命或物质生命关注得不足,可能会导致难以真正实现对生命的深切关怀,故还需进一步深化认识与研究,使之走向完善。

第四，元教育学研究成效显著，但模仿痕迹明显。元研究可理解为对研究活动本身的再研究。教育学元研究从史论结合角度，对教育学基本问题进行理论"反观"，从根本上对教育学发展作批判性反思和建设性探索。一直以来，教育学元研究与元教育学、教育学史、教育科学、教育哲学、教育学研究等存在混淆，加上整体研究与子论题关系不够明晰，导致自身推进乏力。为此，中国教育学元研究要厘清与相关概念的关系，在反思中处理好整体与部分的关系。当然，从基本情况看，我国的元教育学研究源于德国布雷钦卡的有关理论认识"接着说""替人说"的痕迹明显。

## (二)未来展望

教育实践研究需要教育理论作指导、教育学专业教育需要元教育学研究作指导，由此规定了教育学学科研究还需要持续推进。

第一，重视教育学的元研究。教育学元研究是一种重视科学抽象的思维活动，如缺乏科学分析，教育学元研究就会造成理论的失误。明确教育学元研究的真问题，才能推进教育学元研究的开展。虽然从宽泛意义上而言，教育学元研究是包括在教育学研究中的，但教育学中关于教育实践与教育事实的对象研究，却不属于教育学元研究的范畴。改革开放后，教育学元研究的范围，逐渐扩展到教育学的科学化问题，如教育学的属性、研究对象、内容体系、专业发展、发展趋向、教育学知识、教育学发展条件等问题，以及教育学的学科归属、学科标志、学科立场、学科地位、学科边界、学科前沿等学科化问题。教育学发展中的基本问题虽然很多，其研究范围还在扩大，但教育学元研究是对教育学形式性质、逻辑标准以及教育学陈述体系的研究，要守好这一边界。中国教育学的发展，会不断遇到新情况、新形势、新特点，推进对教育学基本问题的反思与批判仍是重要任务。

第二，深化研究中推陈出新。一方面是在较好成就领域深化研究，如教育学学科的阶段划分、对各个历史阶段的经验总结、对人类教育目的的演进及未来转向、全面发展与特长发展的教育整合、课程形态的多样化、对学生身心发展特征的揭示、对教师专业化理论的探索、各种教育途径的梳理及创新、教育测量评价准备的认识等，但面向未来还需要结合诸如人工智能、信息化、脑科学、民主化思潮、文化共生理论、人类命运共同体意识等新情况,深化研究、揭示机理、丰富含义。另一方面是解决学科中的薄弱问题。不可否认,教育学学科建设到今天,其中的薄弱环节值得未来研究解决,如教育本质、教育地位、师范生——准教师的成熟机制、教师专业发展机制、学生发展机理、教育途径融合贯通、教育测评转变等问题,各个教育要素的特点描述、属性描述、作用描述、范畴概括、类型划分的视角混乱等问题;还有关于教育学科的,如教育学的学科性质、学科研究对象、发展动力等。上述这些薄弱环节的解决,有利于克服目前教育学教材、著作中折射的"众说纷纭"而"莫衷一是"的混乱。

第三,提升教育学话语自主力度。从孔子、苏格拉底开始,教育学中的"客串"现象从一开始就存在,作为学科初始之际是可以理解,然后学科发展到今天仍然这样就值得疑虑了。具体而言,教育学科学中的"客串"现象主要有两种表现:一是借用专业的话来说教育学,如广泛地从心理学、社会学、哲学、伦理学、数学、生态学、人类生命科学、信息技术学科"套用"概念、"语句"来阐释教育问题,其实这样是不严谨甚至不妥当的,如包括众多物种构成的生态所反映的生态学原理是"适者生存""各就其位",教育学套用的是"啼笑皆非"。而且,教育学界还有一种套用得越多显得越博学、智慧的"病态"心理。面向未来的教育学科研究必须从自己的要素、领域研究入手,依靠定量研究和定性研究的综合运用,通过学科自己的语言概括、术语创造来形成教育学的学科话语体系。

第四,在中体西用中探索创新。首先是在原则上,需要认识到中国文化传统是我国教育学发展的基因,要立足时代需求对它进行创造性继承与创新性发展,坚持"中学为体"。同时借用"西学为用"精神,以西方"元教育学"的精髓规范中国教育学的基本领域,制定公认的教育学研究准则,辨析教育学中概念的意义,使我们的教育学研究真正走向科学和规范的道路,为形成具有中国特色的教育学话语贡献智慧和力量。其次是在具体问题上,需要认识到问题的具体性,即中国教育学的发展经历了学习苏联教育学、教育学中国化、建立中国特色的社会主义教育学与发展中国教育学的过程。面向未来,应把教育学学科研究放在中国教育学发展道路中来统筹,要立足于深度分化又高度综合的教育学体系上来谋划,提出中国学者原创性的理论概括,使教育学学科研究在求真与致用方面有所突破,按照立足中国、借鉴国外,挖掘历史、把握当代,关怀人类、面向未来的思路,着力构建中国特色哲学社会科学,在指导思想、学科体系、学术体系、话语体系等方面充分体现中国特色、中国风格、中国气派。[①]

## 研究导航

为了深化你对本专题的学习、推进有关本专题的研究工作,你可以在问题中选取题目开展研究。

1. 教育学学科属性研究的反思与再出发。
2. 教育学学科分化与深化的历史梳理。
3. 人类教育家的成长规律探讨。
4. 卓越教育家的特质研究。
5. 论教师的教学与教研/科研之关系。

---

[①] 习近平.在哲学社会科学工作座谈会上的讲话[N].人民日报,2016-05-19(002).

## 中篇 学段教育原理研究的综述与展望

# 专题10　学前教育原理研究的综述与展望[①]

📖 阅读导航 ○‥‥‥‥

　　本专题是关于学前教育原理的研究。学前教育作为国民教育体系的奠基阶段，占据"启蒙性"的地位。学前教育涉及众多范畴，其中学前教育基本理论即原理的研究，在学前教育中带有"方向性"的指导作用，自然需要首先厘定清楚。为了掌握有关学前教育基本理论的研究状态，本研究使用CiteSpace文献分析技术和传统的文献解读技术对已有研究成果进行系统分析，以便发现学前教育研究在内容范畴、价值立场、方法技术等方面变迁、发展和趋势，为进一步的学前教育基本理论研究及相关实践提供启发、借鉴。

## 一、概念界定与分析技术

### （一）概念界定

　　很早的时候，人们就开始注重幼儿的教育问题，如在中国西周时期就出现一些关于胎教、幼儿训育的主张，后来的颜之推、朱熹、王阳明等人也专门论述过幼儿教育，广为流传的"孟母三迁"故事反映了中国"养正于蒙"的早期教育思想。当然，真正现代意义上的学前教育则是近现代以来的事情了。1840年，德国学前教育家福禄贝尔创办了世界上第一所现代意义上的幼儿园，受到卢梭自然主义思想的启发，他提出了自己的早期教育理论，学前教育学科由此形成。关于学前教育的概念，在对象和空间两个方面都存在一些差异性的认识。首先，就对象而言，顾明远先生在《教育大辞典》中将学前教育的对象定义为出生至入学前的儿童。[②]目前我国现行的学前教育泛指入小学前儿童所接受的教育。广义上是指幼儿从出生到入小学之前(0-6或7周岁)所接受的保育和教育；狭义上是指幼儿入园到入小学之前(3-6或7周岁)所接受的保育和教育。

---

① 本专题作者：唐智松（西南大学，教授，博士生导师）；解丁香（西南大学，博士研究生）。
② 顾明远.教育大辞典(增订合编本)[M].上海：上海教育出版社，1998：1804.

基于此,本研究所指的学前教育也是3-6周岁的适龄儿童的教育。其次,就空间而言,一方面认为学前教育是从出生到入学前对儿童进行的教育都属于学前教育,包括家庭教育。另一方面是认为学前教育专指幼儿园教育,也就是儿童在没有进入小学之前在幼儿园阶段所接受的教育。基于此,本专题中所指的空间是狭义上的适龄儿童在专门教育机构中所接受的早期教育,包括公立幼儿园和私立幼儿园。显然,学前教育的研究成果虽然属于"高大上"的不多,但其丰富的成果却"俯拾皆是",因此很有总结的必要。

### (二)分析技术

研究为把握近来有关"学前教育"的研究态势,以"学前教育"作为主题在中国知网数据库(CNKI)进行高级检索。为保证文献质量,选择北大核心和CSSCI论文,剔除无关文献(投稿须知、工作报告、会议论文等)后,将检索到相关论文共计2408篇文献导入软件,运用CiteSpace进行处理:一是通过对关键词共现图谱分析来捕捉学前教育研究的热点;二是通过对关键词的聚类分析来梳理有关学前教育研究的主要内容;三是通过对关键词的突现分析来预测学前教育研究的未来发展趋势。通过上述三个方面的数据分析,呈现我国近年来学前教育研究图景。

## 二、文献透视的结果解读

### (一)文献数量的统计与分析

为把握学前教育研究的整体情况,在中国知网数据库(CNKI)中高级检索相关文献,获得了有关学前教育研究基本理论研究的发文情况(见图10-1)。

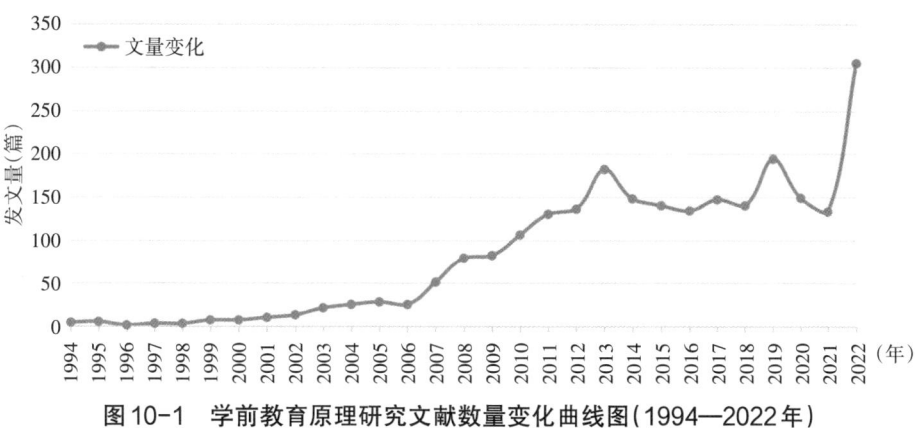

图 10-1　学前教育原理研究文献数量变化曲线图（1994—2022年）

总体来看，从1994年仅有1篇，到2022年的305篇，其数量是稳中有升。关于学前教育研究的文献量总体呈现出阶段性上升的趋势。

第一阶段（1994—2002年）：平稳发展期。此时期每年发文量都维持在30篇左右，较为稳定。随着1978年改革开放之后，经济发展摆在优先发展的位置。受此影响，1997年下发的《全国幼儿教育事业"九五"发展目标实施意见》提出学前教育要"建立以社区为依托的、适应当地经济和社会发展的、正规与非正规相结合的组织形式"[①]。但在市场利益和规模效益的竞争下，不少小型幼儿园被迫关闭，学前教育机构数量大幅减少，学前教育并未蓬勃发展，研究也多是对学前教育的概念辨析、价值取向、发展历程等基本议题进行探讨。

第二阶段（2003—2013年）：快速发展期。此时期发文量增幅较大，2013年达到发展顶峰为372篇。为缓解上一阶段幼儿园不利处境，2003年教育部下发的《关于幼儿教育改革与发展的指导意见》要求在城乡各类社会力量举办的幼儿园中扶持并确立一批示范性幼儿园，同时其他社会主体的办学形式得到丰富。2010年出台的《关于当前发展学前教育的若干意见》要求加强组织领导，以多种形式扩大学前教育资源。此阶段学者们关注基本普及学前教育、明确政府职责和重点发展农村学前教育，立足国际视野和本土实践开展了系列研究。

第三阶段为稳定发展期（2014年至今）：此阶段发文量趋于稳定，维持在每年300篇左右。2010年以来，我国学前教育事业取得了显著成效，园所数量和

---

① 国家教育委员会.关于印发《全国幼儿教育事业"九五"发展目标实施意见》的通知[EB/OL].(1997-07-17)[2022-10-04].http://www.moe.gov.cn/srcsite/A06/s3327/199707/t19970717_81983.html.

在园幼儿数量呈几何倍数增长。2021年发布的《中华人民共和国国民经济和社会发展第十四个五年规划和2035年远景目标纲要》又继续强化了"幼有善育"和"学有所教"的发展要求,相关的研究也就成为热点,涌现较多研究成果。

### (二)关键词共现分析——主题与次序

对1994—2022年期间有关学前教育原理研究的文献进行共现知识图谱的技术处理,获得了1994—2022年学前教育原理研究文献的关键词共现知识图谱(见图10-2)。

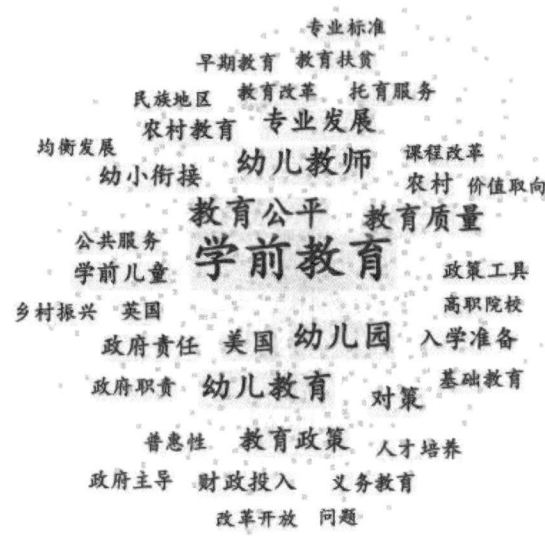

图10-2　学前教育原理研究关键词共现知识图谱(1994—2022年)

图10-2中网络节点的中心性是反映该节点核心程度的重要指标,衡量该节点(学前教育)与其他节点(幼儿园、幼儿教育、幼儿教师等)之间联系的密切程度。相互关联的关键词之间具有紧密联系,根据图10-2呈现的关键词共现知识图谱,可将关键词进行降序排列,依次为:学前教育、幼儿教育、幼儿教师、幼儿园、教育公平和教育质量。通过分析图10-2中关键词的分布情况,可以看出:一方面,关于学前教育的研究中,对幼儿教师、政府、学前儿童的研究构成了学前教育研究的主体,同时也对美英等国的教学经验进行借鉴。另一方面,对学前教育的研究内容主要围绕学前教育与幼儿教育,密切关注"教育公平"

与"教育质量"两个范畴,附近节点具体展开带有均衡发展、农村教育、幼小衔接、教育改革等关键词。

随后统计1994—2022年期间有关学前教育研究文献中关键词的出现频次(见表10-1)。因本次研究的关键词是"学前教育",这一关键词出现的频次最高并不意外。其余涉及的高频关键词为学前教育的实现载体,如"幼儿教师"和"幼儿园",不少学者都对幼儿教师的专业发展和幼儿园的体制改革进行研究。此外,从关键词首次出现的年份可以看出对学前教育研究的关注点和聚焦点的转变,比如出现频率较高的关键词"教育公平""教育质量"和"教育政策"的研究受到了研究者较多的关注与讨论,是研究的重要议题。此外,在表中还可以看到政府职责、财政投入、农村等关键词,这也体现出国家对于薄弱地区学前教育发展的重视。

表10-1 学前教育原理研究关键词频次统计表

| 序号 | 首次出现年份 | 关键词 | 频次 | 序号 | 首次出现年份 | 关键词 | 频次 |
| --- | --- | --- | --- | --- | --- | --- | --- |
| 1 | 1994 | 学前教育 | 731 | 11 | 1995 | 学前儿童 | 26 |
| 2 | 1995 | 幼儿教育 | 76 | 12 | 1994 | 入学准备 | 23 |
| 3 | 2001 | 幼儿教师 | 74 | 13 | 2010 | 英国 | 22 |
| 4 | 1994 | 幼儿园 | 69 | 14 | 2010 | 政府责任 | 21 |
| 5 | 2005 | 教育公平 | 68 | 15 | 2007 | 农村 | 20 |
| 6 | 2011 | 教育质量 | 42 | 16 | 2010 | 财政投入 | 20 |
| 7 | 2008 | 美国 | 39 | 17 | 2009 | 义务教育 | 20 |
| 8 | 2009 | 教育政策 | 31 | 18 | 1994 | 幼小衔接 | 17 |
| 9 | 2006 | 专业发展 | 31 | 19 | 2007 | 问题 | 17 |
| 10 | 2003 | 对策 | 27 | 20 | 2008 | 人才培养 | 17 |

(三)关键词聚类分析——结构与内容

为了把握1994—2022年学前教育研究领域的发展与变化,运用CiteSpace进行学前教育关键词的聚类分析。其中,在软件设置上,选择数据抽取对象Top12,共得到725个节点和990条连线,网络密度为0.0038,模块值(Q值)为0.6888,满足大于0.3的条件,说明划分出来的聚类结构是明显有效的。同时需要说明的是,图10-3中的标签显示出聚类号及其标识词,聚类号以#0、#1、#2依次排列(见图10-3)。

**图10-3　学前教育原理研究关键词聚类知识图谱(1994—2022年)**

通过分析图10-3所呈现的关键词聚类知识图谱可知,学前教育的研究主要内容包括学前教育、教育公平、幼儿教育、幼儿教师、幼儿园、农村教育等方面。通过进一步解读上述关键词聚类情况,可以看出:其一,在研究对象上,已有研究对幼儿教师、幼儿园和政府主体开展较多,对幼儿自身的发展研究还不是很充分。其二,在研究内容上,文献涉及教育公平、财政投入和教育扶贫等方面,说明已有研究关注到学前教育发展不均衡的问题,积极关注处于乡村地区不利处境的学前教育情况。其三,从研究层次上看,已有研究较多从宏观视角进行顶层设计与理论思考,如对学前教育扶贫政策进行评述、对学前教育财政投入问题进行探析、对学前教育的发展困境建言献策。

(四)关键词突现分析——阶段与趋势

为了从相关文献中揭示学前教育研究的趋势,运用CiteSpace软件中的突现检测功能,将"突现词"检测出来,进而获得学前教育研究高频关键词突现情况(见图10-4)。图10-4中加粗部分表示在一定时间段的高频关键词,同时表明这些"突现"的关键词在一定时间段具有一定的发展潜力和研究价值。

| 关键词 | 首次出现年份 | 突现强度 | 突现起始年份 | 突现结束年份 |
|---|---|---|---|---|
| 入学准备 | 1994 | 5.09 | 1994 | 2010 |
| 幼儿教育 | 1995 | 11.05 | 1995 | 2008 |
| 政府职责 | 2008 | 5.23 | 2008 | 2010 |
| 教育政策 | 2009 | 5.09 | 2009 | 2014 |
| 教育公平 | 2005 | 4.68 | 2009 | 2012 |
| 政府责任 | 2010 | 5.47 | 2010 | 2015 |
| 财政投入 | 2010 | 5.14 | 2010 | 2015 |
| 教育扶贫 | 2017 | 4.51 | 2017 | 2019 |

**图10-4 学前教育原理研究高频关键词突现情况(1994—2022年)**

第一阶段(1994—2008年):曲折发展期。此阶段受市场经济利益驱动,开始鼓励社会力量办园。由于民办幼儿园幼教管理力量不足,管理不规范,此阶段幼儿园数量急剧减少。同时示范园与普通园的差异化财政投入和教育资源的不均衡分配进一步加剧园所间的等级分化,这也直接导致学前教育事业发展再次进入缓慢发展期,以至在2010年前后,各地"入园难""入园贵"俨然成为备受关注的社会热点问题。此外,幼儿教育"小学化"现象是学前教育中的一大顽疾,加大对幼儿园教育的督导,培养正确的入学准备理念是重中之重。

第二阶段(2009—2015年):理论繁荣期。此阶段对学前教育领域内围绕教育公平与质量的核心问题展开研究。其一,健全政策保障体系。该阶段的公办幼儿园体制改革空间还非常有限,民办幼儿园的各种支持系统尚未建立。因此需要研究以明确政府职责,不断完善法律法规,增加财政投入,保证学前教育质量。其二,提升师资队伍建设。针对学前教育师资队伍数量不足、质量不高、学历不高等问题,学者们对学前教师资格制度、福利待遇、晋升制度等方面开展了系列研究,提高幼儿教师的教育教学水平和工作满意度。

第三阶段(2016—2019年):改革创新期。随着教育财政投入不断增加,幼儿园教师队伍建设不断加强,幼儿入园机会得到较大保障,但是贫困地区入园率和办园数量还有待增加。此外,随着国家脱贫攻坚和乡村振兴战略的总体部署,农村学前教育发展也成为学界关注的重点。但贫困地区的学前教育在享受政府福利和优质师资方面,仍与城市幼儿园存在较大差异,这容易造成城乡幼儿园办园质量的差异,进而影响教育公平。因此,学者们对民族贫困地区或乡村学前教育资源配置、布局调整、教育质量等问题进行讨论,也对国家颁布的一系列扶持政策进行效果评估。

## 三、研究结论与未来展望

### (一)研究结论

通过以上相关文献的可视化分析,从关键词的共现分析、聚类分析、突现分析来捕捉、揭示我国近年来学前教育基本理论研究热点及总体发展情况。

第一,研究方法技术逐渐走向多元,但跟踪式研究欠缺。通过梳理重要的核心文献发现,前期文献多使用理论思辨的范式围绕政策热点,对学前教育的相关概念和重要命题进行归纳和总结,对有关问题的本质特征与价值取向进行了探讨。但是近年来,研究范式从理论思辨转向实证研究。有部分学者开始通过田野调查和测量统计的方式对学前教育领域中教师培养、政策实施的实际效用进行调查,为促进社会发展提供基于实证的调查研究。需要看到的是,跟踪式研究还是处于"冷门"状态,之所以提及该研究方法,如同"小时佳佳,大时了了"所言,对某对象在幼儿阶段的研究结论,未来是否持续稳定还未必,那到底怎么样,还需要跟踪式研究,这样就需要克服目前急功近利的研究倾向,笃定以某对象为终身事业的科学求真精神。

第二,研究内容关注公平与质量,但成果落地困难。在教育公平方面,已有研究围绕学前教育起点公平、过程公平和结果公平展开了相关研究。例如,对贫困地区学前教育发展、城乡教育资源配置、幼儿入学准备等进行研究。此外,为促进教育公平,一些研究者开始使用信息化手段创新学前教育发展,探索"互联网+"学前教育发展的新思路,以实现贫困地区享受优质教育资源。在学前教育质量方面,主要回应了在学前教育发展中的核心问题,如幼小衔接、幼儿课程建设、师资队伍建设等路径指向,同时也积极学习美英国家先进的管理与教学经验,为解决问题寻找可能的方案。不过,这些研究成果大多停留在理论研究层面,难以落地成为现实,因为学前教育中如山区、草原、牧区等相对贫困区的学前教育在场地、师资及交通、社区支持等方面条件确实有限,又如城市幼儿园教育的"小学化"现象的解决等,在短时间确实难以实现。

第三,研究视角注意借鉴其他学科,本学科方法苍白。文献反映近年来学前教育原理的研究视角逐渐开阔,开始借鉴诸如经济学、管理学、人口学、社会学等学科,如引入经济学视角对学前教育投资制度进行研究,引入社会学的文化资本理论、社会分层理论分析学前教育政策的公平、质量,运用人口学理论对学前教育的学龄儿童人口进行科学预测研究等。当然,我们也由此看到了本学科自己研究方法的苍白,这个是包括学前教育在内的其他学科也存在的同样的研究方法上借用"尴尬"。

### (二)未来展望

学前教育犹如"扣好人生的第一颗扣子",学前教育基本规律在已有研究基础上的深化,新挑战下学前教育的新问题等都是未来学前教育的重要课题。

第一,探索学前教育与人口发展的关系。一方面,老龄化及生育率下降的趋势是当前人口战略面临的重要问题,学前教育事业的发展关乎人口大计,是影响三孩生育意愿的重要因素之一。因此,研究更加公平、较大公益、质量优秀、具有普惠性质的学前教育、托育托管服务,可降低养育成本、激发生育意愿。另一方面,认识人口变化对学前教育的影响。在人口出生率断崖式下跌的时代背景下,适龄儿童数量的大幅减少也给学前教育,乃至后续整个教育系统都带来了极大影响,需要科学地拓展学前教育的研究领域,预测诸如学前适龄儿童人口变化趋势下的学前教育及整个教育系统的准备。

第二,完善学前教育的政策制度建设。在我国学前教育发展的历史进程中曾经出现过为实现幼小衔接,违背幼儿身心发展规律、开展超前学习的情况。此外,学前教育还存在着学前教育资源不充足、学前教育财政投入短缺、幼儿园教师队伍建设滞后等现象。面对以上问题,政府部门都应及时补齐学前教育的短板,通过政策制定和完善供给的方式,提高学前教育质量。同时,政策出台后,政策的落地、落地后的效能评估及政策改善、督导等事项也是未来研究需要关注的对象。

第三,更多关注学前儿童主体状况的研究。目前已有研究充分考虑到教师、政府、幼儿园等参与主体,研究结论较为丰富。但还缺少对学前儿童的入学准备、学习支持、儿童发展评价、学前儿童核心素养等方面的研究。在纵向研究上,未来也需要关注社会发展、环境变化对儿童发展的影响,以动态的发展观开展追踪调查研究,对弱势学前儿童群体,如流动儿童、留守儿童、农村儿童、贫困儿童的发展状况给予持续关注。当然,这些研究的难度非常大,因为无论采取什么样的研究方法,都会受儿童自身因素的影响而难以开展,如儿童的言语表达能力、自我感知能力等。但这些研究相比于其他"外围性"的研究成果,才是真正面向儿童的研究。所以还得发扬"明知山有虎,偏向虎山行"的挑战精神去推进这些领域的发展。

第四,探索当代儿童身心发展的特殊性。当代儿童与以前的儿童在发展环境上发生了重大变化,包括物质生活的高度富裕对身体健康的影响,如普遍性的肥胖、普遍性的体质体能偏差问题;日益丰富的文化生活对其心智发展的影响,如普遍性的智力早熟、知识面广现象;全方位的信息化世界对身心发展的影响,如"网络原住民"的心态、"网络共和国"的向往理念;全球化、国际化对世界认同与民族认同的关系影响;人类命运共同体的认可;教育资源获取网络化对教育及学习的态度,如还需要学习吗——"百度一下就知道了"、还需要教师吗——网络"教师"多了去了;网络交往对生活形态的影响,如网络交友、恋爱、聊天,对"粉丝""拥趸""圈粉""丢粉""带货直播"等事物的热捧现象,等等。面对这些崭新的儿童发展环境的变化,教育该怎么应对,自然是需要研究回答的。

### 研究导航

为了深化你对本专题的学习、推进有关本专题的研究工作,你可以在问题中选取题目开展研究。

1. 当前家庭幼儿教育的误区与克服研究。
2. 城市幼儿园"入园难、入园贵"现象的症结及消除研究。
3. 普及农村普惠幼儿教育的难点与对策研究。
4. 乡村幼儿园师资质量达标性普及研究。
5. 幼儿痴迷玩手机现象的缘由及引导研究。

# 专题11 基础教育原理研究的综述与展望[①]

## 阅读导航

本专题是关于基础教育原理的研究,基础教育是教育事业的重要组成部分,包括小学阶段、初中阶段和普通高中几个学段。基础教育中的"基础"二字即表明它在国民教育体系中的"基础性"地位。为了解、掌握有关基础教育基本理论的研究状态,本研究使用 CiteSpace 文献分析技术和传统文献解读技术对已有研究成果进行系统分析,以明晰已有基础教育研究在研究范畴、主题、方法,以及热点、不足等方面的现状,为基础教育的原理及相关教育研究与实践提供历史的启发、借鉴。

## 一、概念界定与分析技术

### (一)概念界定

在古代学前教育还没有举办起来、高等教育仅为少数人的"特权"时,基础教育或称为国民基础教育,历来就是教育系统构成中的"重头戏",受到全民重视。一般认为,基础教育是对国民实施基本的普通文化知识的教育,是培养公民基本素质的教育,也是为继续升学或就业培训打好基础的教育[②]。在基础教育的构成上,一般包括小学教育、初中教育和高中教育三个学段。学习年限在我国通常为小学6年、初中3年、高中3年(即所谓的"6·3·3制")。在基础教育的年限与义务教育年限重合的时候,国家就直接把义务教育与基础教育概念同等使用。但是我国义务教育仅包括小学和初中两个阶段,是不能与义务教育同等的。由于初中教育和高中教育在功能性质上同属于"基础性"的定位,所以本研究将其作为一个整体来对待。就基础教育本身而言,则是一个庞大的系统,其中涉及众多范畴,一是基础教育的体制制度、政策法规;二是基础教

---

[①] 本专题作者:唐一山(西南大学,博士研究生);解丁香(西南大学,博士研究生)。
[②] 顾明远.教育大辞典(增订合编本)[M].上海:上海教育出版社,1998:627.

育阶段学习者的资格规定、规则要求、学习目标、考核评价等;三是基础教育的教育者资格条件、工资待遇、教育培养、专业发展等;四是关于基础教育课程的制度建设、设置标准、内容体系、教材编写等;五是基础教育教学活动的途径选用、教学互动、目标任务、组织方式、考核评价等。由此可见,基础教育的研究领域非常广泛、研究成果众多。同时,因基础教育中包含着人人都需要接受的义务教育,所以基础教育犹如教育中的"航空母舰",研究者众多。本研究主要是关注基础教育的基本理论研究,并对其进行总结,为继续推进基础教育研究提供借鉴。

### (二)分析技术

为把握近来有关"基础教育"的研究态势,以"基础教育"为主题在中国知网数据库(CNKI)进行高级检索。为保证文献质量,选择北大核心和CSSCI论文,检索到相关论文共计2486篇文献导入软件,运用CiteSpace进行分析:一是通过对关键词共现图谱分析来捕捉基础教育研究的热点;二是通过对关键词的聚类分析来梳理有关基础教育研究的主要内容;三是通过对关键词的突现分析来预测基础教育研究的未来发展趋势。通过上述三个方面的数据分析,呈现我国近年来基础教育研究图景。

## 二、文献透视的结果解读

### (一)文献数量的统计与分析

为把握基础教育研究的整体情况,对文献数量进行分析,具体发文量的变化趋势如图11-1所示。

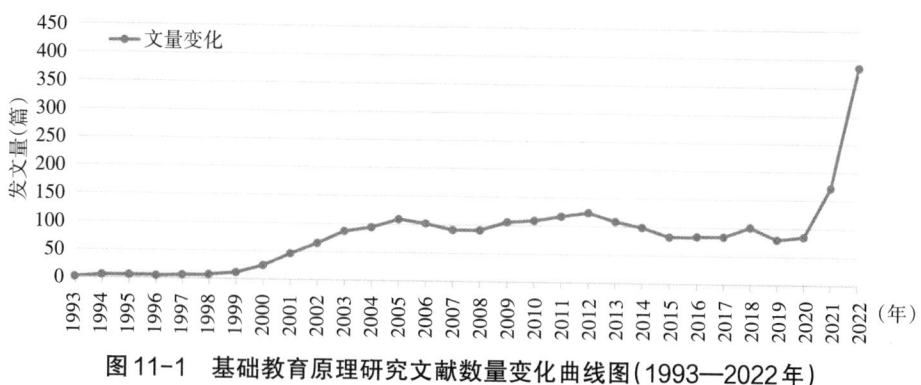

图 11-1　基础教育原理研究文献数量变化曲线图(1993—2022年)

第一阶段(1993—2003年):快速发展期。该阶段有关基础教育研究的发文量持续上升,主要受以下两个方面政策影响。其一,优先提高效率。为了激发经济活力,提高社会效率,我国以"效率优先"为基本指导原则。1993年,我国颁布的《中国教育改革和发展纲要》指出基础教育是提高民族素质的基础工程。为了促进基础教育的发展,开始采取"重点校"政策、考试入学制度、分层普及义务教育等做法。其二,多元主体办学。1997年出台的《社会力量办学条例》重申国家对社会力量办学予以"积极鼓励、大力支持、正确引导、加强管理"的方针。2003年国家正式出台的《民办教育促进法》更是进一步确立了民办教育在我国社会主义教育事业中的地位和作用。

第二阶段(2004—2019年):深入发展期。2001年启动了新一轮基础教育课程改革,随着后续年级的进入和高年级进入较为全面的课程改革状态,相应的基础教育整体性课改成为基础教育领域的重大动向。同时,上一阶段基础教育呈现出非均衡化的发展趋势,此时如何保障教育"公平"与"均衡发展"仍然是时代命题。2004年颁布的《2003—2007教育振兴计划》强调要以提高质量、均衡发展和制度系统创新作为教育改革深化的重点。教育部于2014年出台了《关于全面深化课程改革落实立德树人根本任务的意见》,这是我国第一个明确提出"核心素养"概念的政策文件,由此揭开了深化基础教育课程改革的序幕。2019年教育部工作要点为"坚持高质量发展,提高基础教育质量",基础教育如何高质量发展成为此阶段研究的重要议题。

第三阶段(2020—2022年):快速发展期。此阶段研究多在新时代背景之下开展基础教育研究,以推进基础教育整体性变革。尤其是在2021年7月,中共中央办公厅、国务院办公厅印发了《关于进一步减轻义务教育阶段学生作业负担和校外培训负担的意见》,"双减"政策的颁布与实施促进了基础教育领域的变革,学界对学生的健康成长、家长焦虑、教师发展等方面展开系列研究。

(二)关键词共现分析——主题与次序

对1993—2022年期间有关基础教育研究的文献进行共现知识图谱的技术处理,获得了1993—2022年基础教育研究文献的关键词共现知识图谱(见图11-2)。

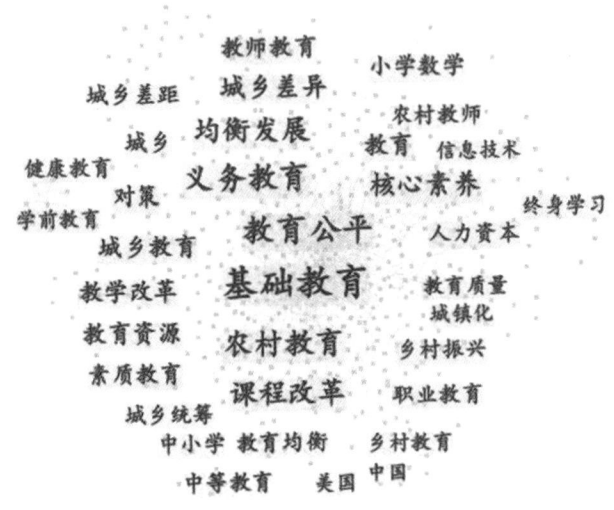

图11-2 基础教育原理研究关键词共现知识图谱(1993—2022年)

图11-2中网络节点的中心性——基础教育是反映该节点核心程度的重要指标,衡量该节点与其他节点——课程改革、素质教育、义务教育等之间联系的密切程度。圆环中心部分的关键词与散落在环附近的关键词存在类属关系,即表示该部分与其他关键词存在紧密联系。根据图11-2呈现的关键词共现知识图谱,可将关键词进行降序排列,依次为:基础教育、教育公平、课程改革、义务教育、农村教育、核心素养等。通过分析图11-2中关键词的聚集情况,可以看出:一方面,关于基础教育的研究中,课程改革和核心素养是研究的主要内容。另一方面,基础研究密切关注教育公平,对基础教育均衡发展的若干

问题进行研究也是热点。如在基础教育领域中,以教育公平的视角对师资配置、信息化资源配置和农村基础教育发展问题进行探讨。

随后统计1993—2022年期间有关基础教育研究文献中关键词的出现频次(见表11-1)。因本次研究的主体是"基础教育",其余涉及的高频关键词为基础教育发展的核心问题,如"课程改革""教育公平""均衡发展"等。此外,从关键词首次出现的年份可以看出当时学者们对基础教育研究关注点和聚焦点的转变。例如,"课程改革"和"教育公平"出现的频率较高,且出现年份相当,这说明此方面议题已经较为经典。此外,值得注意的是,"核心素养"出现的时间较晚,但是频次较高,排在前十。这说明核心素养也是研究热点,并且迸发较快,还在持续研究中。但是其他高频关键词都在2010年以前出现,可见近10年关于"基础教育"的文献并无突出进展或创新之处,缺乏基础教育的"实践""启示"及"评价"方面的研究。

表11-1 基础教育原理研究关键词频次统计表

| 序号 | 年份 | 关键词 | 频次 | 序号 | 年份 | 关键词 | 频次 |
| --- | --- | --- | --- | --- | --- | --- | --- |
| 1 | 1997 | 基础教育 | 994 | 11 | 1996 | 中小学 | 24 |
| 2 | 2000 | 课程改革 | 148 | 12 | 2008 | 教育质量 | 24 |
| 3 | 2004 | 教育公平 | 71 | 13 | 1998 | 义务教育 | 23 |
| 4 | 2002 | 美国 | 68 | 14 | 1996 | 素质教育 | 22 |
| 5 | 2002 | 均衡发展 | 63 | 15 | 2001 | 教育部 | 20 |
| 6 | 2016 | 核心素养 | 38 | 16 | 2002 | 课程 | 20 |
| 7 | 2002 | 教育改革 | 33 | 17 | 1998 | 价值取向 | 19 |
| 8 | 2002 | 启示 | 33 | 18 | 2003 | 问题 | 18 |
| 9 | 2000 | 英国 | 26 | 19 | 1998 | 农村 | 18 |
| 10 | 2000 | 改革 | 25 | 20 | 2003 | 信息化 | 18 |

(三)关键词聚类分析——结构与内容

为了把握1993—2022年基础教育研究领域的发展与变化,运用CiteSpace技术进行关键词的聚类分析处理:选择数据抽取对象Top12,共得到777个节点和1121条连线,网络密度为0.0037,模块值(Q值)为0.72,满足大于0.3的条件,说明划分出来的聚类结构是明显有效的。同时需要说明的是,图11-3中的标签显示出聚类号及其标识词,聚类号以#0、#1、#2依次排列(见图11-3)。

**图11-3 基础教育原理研究关键词聚类知识图谱(1993—2022年)**

通过分析图11-3所呈现的关键词聚类知识图谱可知,教育公平、基础教育、职业教育、课程改革、教学改革、核心素养、教育、义务教育、乡村教育、均衡发展、中等教育、影响因素等构成了基础教育原理研究的主体框架。通过进一步解读上述关键词聚类情况,可以看出:其一,从研究层次上看,较为关注宏观层面与中观层面,将基础教育领域的教育改革体现为"课程改革"和"教育公平"。其二,从研究对象上看,已有研究主要涉及中小学生,对学前儿童的研究还不够充分。其三,从研究方向上看,近年来研究内容已经涉及中外比较研究、信息技术应用研究等方面。

### (四)关键词突现分析——阶段与趋势

为了从相关文献中揭示基础教育研究的趋势,运用CiteSpace软件中的突现检测功能,将"突现词"检测出来,进而获得基础教育研究高频关键词突现情况(见图11-4)。图11-4中加粗部分表示在一定时间段的高频关键词,同时表明这些"突现"的关键词在一定时间段具有一定的发展潜力和研究价值。

| 关键词 | 首次出现年份 | 突现强度 | 突现起始年份 | 突现结束年份 |
|---|---|---|---|---|
| 课程改革 | 2001 | 11.98 | 2001 | 2006 |
| 对策 | 2003 | 6.99 | 2007 | 2012 |
| 城乡教育 | 2005 | 8 | 2008 | 2010 |
| 城乡统筹 | 2009 | 12.12 | 2009 | 2014 |
| 城乡 | 2007 | 8.52 | 2009 | 2013 |
| 职业教育 | 2007 | 8.44 | 2009 | 2014 |
| 均等化 | 2009 | 6.45 | 2009 | 2014 |
| 城镇化 | 2011 | 5.9 | 2013 | 2018 |
| 核心素养 | 2015 | 13.11 | 2015 | 2023 |
| 乡村教育 | 2016 | 7.42 | 2016 | 2023 |
| 乡村振兴 | 2018 | 10.2 | 2019 | 2023 |
| 基础教育 | 2000 | 11.43 | 2021 | 2023 |

图11-4 基础教育原理研究高频关键词突现情况(1993—2022年)

第一阶段(2000—2007年):综合改革期。这个时期我国的经济体制改革已经从计划经济向市场经济转轨,效率优先的影响带来区域发展不平衡的现象,加强政府统筹和政策倾斜也就成为实践与理论的热点。此外,为实现基础教育均衡发展,促进课程改革,1999年国务院下发《面向21世纪教育振兴行动计划》提出实施"跨世纪素质教育工程"。同年又颁发了《中共中央国务院关于深化教育改革全面推进素质教育的决定》,提出"素质教育"是"教育改革深化"的核心任务。此时,素质教育的理念已成为基础教育课程政策的航向标。

第二阶段(2008—2014年):补弱提质期。此时期在核心素养的全面贯彻下,研究关照了农村教育、师资队伍、课程建设等突出问题,主要体现在以下几个方面。一是城乡一体化进程对农村基础教育观念和教育目的产生的影响,导致农村教育质量难以保证。二是从基础教育改革中师资培训、教师绩效工资、教师供给、教师专业发展等问题展开研究,提高师资队伍建设水平。三是以课程改革为核心,明确深化基础教育课程改革的重要性,在课程结构、课程目标、课程内容、课程实施、课程管理、课程评价等方面进行了研究。

第三阶段(2015年至今):深入贯彻期。此时期是"核心素养"理念的深入贯彻时期。在2014年教育部提出以发展学生核心素养促进立德树人的要求后,2016年林崇德教授团队发布了中国学生发展核心素养框架,提出了由3个方面、6大要素及18个基本点构成的核心素养结构模型,核心素养的理论与实践成为研究热点。后续随着实践的推进,研究的重心逐步从基础理论研究向实践落地,对已经实施了一段时间的核心素养进行了国际上代表国家、典型实践案例改革的经验研究。

## 三、研究结论与未来展望

### (一)研究结论

通过以上相关文献的可视化分析,从关键词的共现分析、聚类分析、突现分析来捕捉、揭示我国近年来基础教育研究热点及总体发展情况。

第一,研究主题范畴涉及广泛,但深度多有不够。基础教育涉及的群体是整个教育体系结构中体量最大的群体,涉及的学生和教师规模是"首屈一指"的,因而无论是关注学生的众多,还是教师的众多,基础教育的研究无疑都是"重头戏"。其研究群体包括作为教育研究主体的师范院校研究者群体,众多非师范类学校研究群体,各个省市区县的教师进修学院(学校)的工作人员,以及参与到基础教育的研究工作中来的部分中小学教师。人员众多的研究群体、不同岗位下的研究视角,汇聚成为基础教育研究成果的洋洋大观,研究的内容、范畴几乎涉及政策、法规、体例、课程、教学、师资、路径、方法、形式、管理、督导、测评等各个方面,在主题上涉及宏观的、中观的、微观的各个层次,基础教育的研究成果呈现百花齐放的态势。当然,基础教育研究的参与者众多,其中不乏一部分基础教育工作者,他们主要是侧重于实践层面问题的思考,范式上倾向于工作总结,故而从总体上影响了研究成果的深度。

第二,聚焦基础教育课程改革,其他对象有所忽略。根据关键词突现可知,"课程改革"是研究重点中的重点,出现了极其丰富的研究成果。2001年的新课程改革体现了我国为实现素质教育所做出的巨大努力。但是课程改革从政府到学校所关注的往往是教材内容、教学方法的改革。此外,基础教育改革并未从个体发展出发,总是以社会某一方面的需要代替教育对个体发展和社会发展的整体价值。总体来说,无论是1993年《中国教育改革与发展纲要》影响下的基础教育改革,还是2001年所启动的声势浩大的"新一轮基础教育课程改革",抑或是2014开始实施的立德树人、发展学生核心素养的教育改革,都是在不断推进基础教育的改革,由此催生了大批的研究成果。当然,检视这些成果也发现,研究工作相对忽视了与课程变革相关的支持系统,如基础教育制度建设、学校组织系统完善、教育资源公平配置、校园文化打造、学生校园生活等。

第三,关注热点、与时俱进,但缺乏探讨规律的定力。关于中国基础教育发展脉络的探讨在不断出现,其研究成果所关注的每个阶段的基本理念,亦是当时的热点问题。具体而言,中华人民共和国成立之后,我国步入全面发展的教育道路,探索了德智体等方面全面发展的教育体系。随后,在高考制度恢复后针对应试教育倾向局面,国家提出了落实促进人的全面发展的素质教育。迈入新时代,为迎接时代挑战、深化素质教育,在借鉴、吸收境外关键能力的基础上,国家提出了发展学生核心素养的教育。这无疑为我国基础教育改革注入了新的发展活力,而核心素养的中国实践探索关键就在于如何将其融入学科课程。因此,已有研究对我国当前的基础教育课程结构进行探讨,挖掘学校课程的核心素养培育价值,在此背景下,出现了大量发展学生核心素养的研究成果。这些情况表明研究热点在与时俱进。当然,这种现象的背后也折射追踪热点的"盲目",缺乏对基本规律持续研究的定力。

### (二)未来展望

基础教育为学生终身发展打基础、造就合格国民的作用,基础教育环境挑战的变化与应对等因素的综合,决定了基础教育研究永远是一个重要领域。

第一,充分体现基础教育研究的时代性。基础教育是教育事业的重中之重,未来研究还应在已有研究基础上增加创新性。一方面是要充分体现新时期社会发展对人才培养的新要求,积极应对教育信息化2.0时代给基础教育改革带来的机遇和挑战。另一方面是基础教育事业自身的持续性发展也要发扬创新精神,走科学发展道路。其中,特别要注意探索以网络原住民为主体的儿童、青少年,他们作为基础教育学生主体,其网络使用与交往水平到底如何、又形成了怎样的影响,如在他们这个群体中流行的"二次元文化""电竞文化""弹幕文化""饭圈文化",以及GG\JJ,YYDS等到底为何意、影响为何等,教育者不可不知,研究中不可不探讨。此外,未来研究还需要探索全球化与逆全球化的两种趋势、现代化与本土化的两种张力对当代儿童的认知和价值观念的影响是什么,教育现代化和乡村振兴的交织对乡镇学校教育的影响是什么,等等。最后,综合以上时代发展对学生和学校的影响,其对基础教育提出了哪些新的挑战,基础教育在功能定位、体制改革、课程建设、教学活动、测量评价等方面如何与时俱进,也是摆在当前基础教育面前的"头等大事"。总之,基础教育研究的重要议题也要与时俱进,体现时代性的特点,以推动基础教育事业的发展。

第二,探索促进基础教育均衡发展的策略。均衡发展是一种理想的状态,且无法达到绝对的均衡发展,只能是相对的均衡发展。当前基础教育规模持续扩大,办学水平和教学质量还需提高,教育经费和资源保障有待加强,办学体制和管理制度仍要完善。基于此,未来开展研究应注意以下三点。其一,合理配置教育资源,让学生有学上,上好学,保障教育公平,提高教育质量。其二,鼓励每所学校致力于内部发展力的再培育与提升,实现内涵式发展。其三,改善与教育事业直接相关的社会状态,为教育系统变革的顺利运作提供必要支持。就目前基础教育改革的具体工作来看,东部地区、中部地区和西部地区还存在区域差异,城市教育与乡村教育还存在城乡差距,社会不同阶层儿童的学业支持与供给还存在重大差异,适应个体差异的"因材施教"有待进一步完善与实现。这些都是推进基础教育均衡发展需要啃的"硬骨头",需要一个个地研究并克服。只有采用从宏观到微观,从外部到内部,逐步统筹实施基础教育的方法,才能使其更好地助力中国特色社会主义教育发展道路。

第三,探索发展学生核心素养的教育落地。当下,是人类教育走向培养关键能力的重要时刻,也是我国建构核心素养教育的关键时期,这无疑是基础教育研究的新热点。解读已有研究成果发现,目前核心素养教育的研究主力还是学者群体,而且还主要是心理学领域专家"打前站",部分教育学研究者紧随其后,部分基础教育研究者结合学科核心素养也开展了有限的探索,但从总体上看核心素养教育还主要停留在理论层面。面向未来,我们首先要认识到有政策的支持,即2014年发布的《教育部关于全面深化课程改革落实立德树人根本任务的意见》中要求:组织研究提出各学段学生发展核心素养体系;根据核心素养体系,明确学生完成不同学段、年级、学科学习内容后应该达到的程度要求;把核心素养和学业质量要求落实到各学科教学中等。接下来需要研究的问题是:如何让这些要求落地生根？为此自然需要相关的研究来解决。

第四,探讨基础教育质量评价体系的完善。在目前的教育影响力中,以考试形式为代表的测量评价无疑是一个"指挥棒"。人们反对应试教育,但教育却离不开考试,包括素质教育、核心素养教育在内的任何教育都需要考试。所以问题不在于是否需要考试,而在于什么样的考试有利于推进素质教育和核心素养教育。因此,未来基础教育研究还需要继续探讨测量评价问题,对基础教育的后续监督、评估与反馈给予关注。其次,基础教育评价还应坚持"以人为本"的价值取向,建构综合评价指标体系,改进评价方式方法,使评价更加科学有效,推进基础教育健康可持续发展。最后,在研究中还可以吸收各种优秀经验,如英国政府为完善课程改革评价,在全国范围内招聘"注册督学"。督导机构通过"竞标"的方式进行参与,同时配有"外行督学"以确保客观性。

## 研究导航

为了深化你对本专题的学习、推进有关本专题的研究工作,你可以在问题中选取题目开展研究。

1. 当前城市小学生家庭教育误区与引导研究。
2. 当前农村小学寄宿制教育现象的利弊分析。
3. 当代初中生青春期叛逆的特殊性及引导研究。
4. 当代高中生"三观"发展的水平评判。
5. 指向全面发展的中考改革研究。

# 专题12　职业教育原理研究的综述与展望[①]

📖 阅读导航。............

本专题就是关于职业教育原理的研究。职业教育包括中等职业教育、高等职业教育两个基本层次,普通教育与职业教育的总体划分表明了职业教育"半壁江山"的地位,为了解、掌握有关职业教育基本理论的研究状态,本研究使用CiteSpace文献分析技术和传统的文献解读技术对已有研究成果进行系统分析,以明晰已有职业教育研究的历史变迁、研究主题的发展历程和研究热点的演进趋势,为职业教育基本原理及相关理论研究与实践提供方向启发。

## 一、概念界定与分析技术

### (一)概念界定

职业虽然在人类社会中出现较早,而且在中国形成了诸如"士、农、工、商"的社会阶层,但学校组织化层面的职业教育的发展却较为曲折。在古代,职业教育主要是通过生产场所的口耳相授、师徒相传来进行,这在需要的专业人才较少,尤其是工匠较少的情况下是合适的。当迈入大工业机器生产时代,社会对掌握以现代科技为支撑的专门职业技术的人才提出大量要求时,就产生了批量化培养职业技术人才的职业教育。在工业逐步占据国家经济主导地位时,职业教育越发成为教育的重要支柱。在《教育大辞典》中,把职业教育界定为"培养技术类工人的职业技能教育,泛指为谋取或保持职业而准备、养成或增进从业者的知识、技能、态度的教育和训练。"[②]所以,一般认为,职业教育是培养普通的社会各个领域的生产、服务和管理的一线劳动者和技术人才的教育,是国家实体经济的主要人力资源。随着工业化时代的深入发展,社会生产、生活日益高科技化,对生产工人素质要求日益提高的情况下,不经过职业技术训练就上岗的情况终将会被杜绝。此时,全面职业技术成为社会必需,其

---

[①] 本专题作者:唐智松(西南大学,教授,博士生导师);解丁香(西南大学,博士研究生)。
[②] 顾明远.教育大辞典(增订合编本)[M].上海:上海教育出版社,1998:2032.

中专门的职业技术成为一个体系,而且随着国家对实体经济的重视、对创业创新的重视,职业教育自然成为理论研究与实践探索的重要对象。另外,特别值得注意的是,在"大众创业、万众创新"的时代号角影响下,在倡导"工匠精神"、培养"大国工匠"的时代感召下,学者们围绕优化职业教育运行机制、对接国家经济发展需求、提高校企合作实训、建设双师型师资队伍等议题,开展了轰轰烈烈的研究,取得了较为丰硕的成果。因此,系统地梳理这些研究成果,总结已有研究成效,探讨进一步研究的领域自然是应有之义。

### (二)分析技术

为把握近来有关"职业教育"研究态势,以"职业教育"作为主题在中国知网数据库(CNKI)中进行高级检索,为保证文献质量,选择北大核心和CSSCI论文,检索到相关论文共计2991篇文献导入软件,运用CiteSpace进行处理:一是通过对关键词图谱分析来捕捉职业教育研究的热点;二是通过对关键词的聚类分析来梳理有关职业教育研究的主要内容;三是通过对关键词的突现分析来预测职业教育研究的未来发展趋势。通过上述三个方面的数据分析,呈现我国近年来职业教育研究图景。

## 二、文献透视的结果解读

### (一)文献数量的统计与分析

为把握职业教育研究的整体情况,对样本文献数量进行分析,具体发文量的变化趋势如图12-1所示。

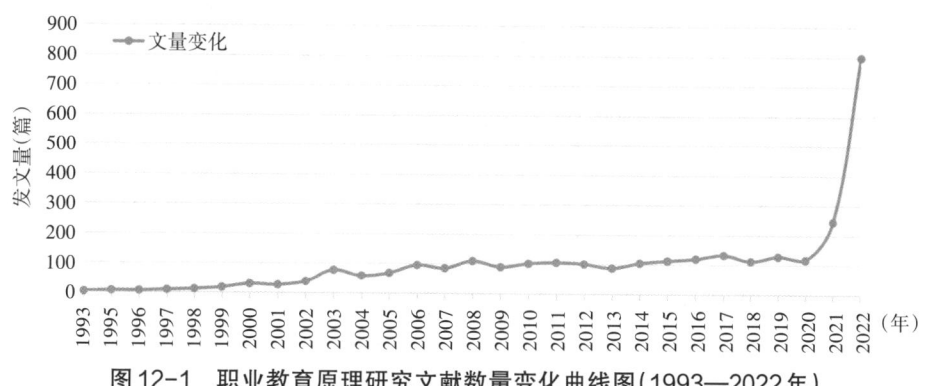

图12-1　职业教育原理研究文献数量变化曲线图(1993—2022年)

总体来看,从1993年仅有1篇,到2022年的798篇,其数量是稳中有升。我国关于职业教育研究的文献量总体呈现稳步上升的趋势。

第一阶段(1993—2007年):平稳上升期。此时期发文量逐年递增,主要是在宏观层面政策引导之下开展相关研究。1978年改革开放后,为适应经济发展,此时职业教育获得较大的发展机遇。1993年印发的《中国教育改革和发展纲要》中强调了职业技术教育的重要支柱地位。迈入新世纪,我国进入了加快社会主义现代化建设的时期。2002年印发的《国务院关于大力推进职业教育改革与发展的决定》首次提出"建立现代职业教育体系"的科学论断,职业教育逐渐成为促进经济社会发展的重要力量,也引起了学界的广泛关注。

第二阶段(2008—2019年):持续发展期。此时期关于职业教育研究的发文量虽有起伏,但整体呈上升趋势。2010年颁布的《国家中长期教育改革和发展规划纲要(2010—2020年)》要求把职业教育摆在更加突出的位置。2014年印发的《国务院关于加快发展现代职业教育的决定》提出建设"具有中国特色、世界水平的现代职业教育体系"[①]。2015年教育部印发《高等职业教育创新发展行动计划(2015—2018年)》后,又大大促进了学界开展有关高等职业教育创业能力的研究。党的十九大报告要求,"完善职业教育和培训体系,深化产教融合、校企合作"[②]。2019年发布的《国家职业教育改革实施方案》提出要在职业院校、应用型本科高校启动"学历证书+若干职业技能等级证书"制度试点(1+X证书制度试点)工作[③]。这表明现代职业教育体系还在不断完善,研究正在做出新的突破。

第三阶段(2020—2022年):快速发展期。此阶段职业教育研究的发文量呈现急升的态势。承接上一阶段研究热点,该阶段不少研究对"1+X证书"制度的内涵、书证融通的原则、方法与价值指向等方面进行理论阐释。此外,2019年1月,国务院颁布《国家职业教育改革实施方案》明确提出建立"职教高考制

---

① 国务院.关于加快发展现代职业教育的决定[EB/OL].(2014-06-22)[2022-11-04].http://www.gov.cn/zhengce/content/2014-06/22/content_8901.htm.

② 习近平.决胜全面建成小康社会夺取新时代中国特色社会主义伟大胜利——在中国共产党第十九次全国代表大会上的报告[N].人民日报,2017-10-28(001).

③ 国务院.国家职业教育改革实施方案.[EB/OL].(2019-02-13)[2022-11-04].http://www.gov.cn/zhengce/content/2019-02/13/content_5365341.htm.

度"。因此,该阶段不少研究也对职业院校的招生问题、职教高考制度的建构问题进行探讨。

(二)关键词共现分析——主题和次序

对1993—2022年期间有关职业教育研究的文献进行共现知识图谱的技术处理,获得了1993—2022年职业教育研究文献的关键词共现知识图谱(见图12-2)。

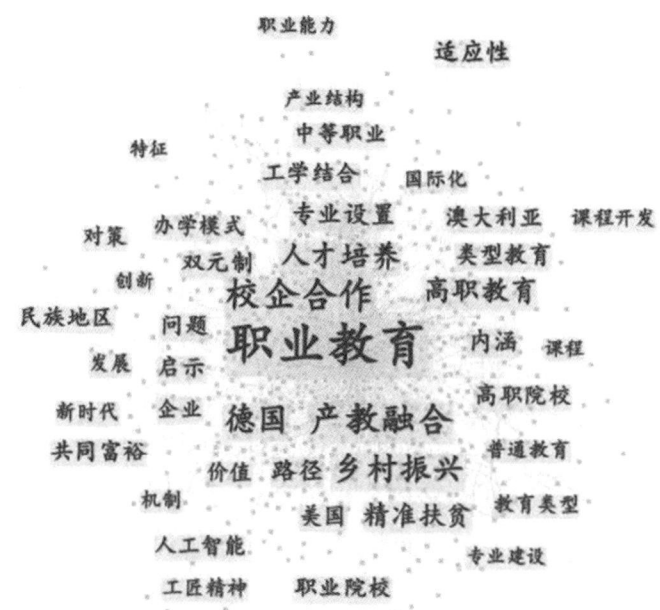

图12-2　职业教育原理研究关键词共现知识图谱(1993—2022年)

图12-2中网络节点的中心性是反映该节点——职业教育核心程度的重要指标,衡量该节点与其他节点(如高职教育、产教融合、校企合作等)之间联系的密切程度。圆环中心部分的关键词与散落在环附近的关键词存在类属关系,即表示该部分与其他关键词存在紧密联系。每一节点都代表1个高频关键词,且节点间存在代表相互关联性的连线。

根据图12-2呈现的关键词共现知识图谱,可将关键词进行降序排列,依次为:职业教育、校企合作、产教融合、乡村振兴、德国、人才培养等。通过分析图12-2中关键词的聚集情况,可以看出:目前我国在中国特色现代职业教育研究中存在较为核心的热点问题,同时涉及比较丰富的研究主题,如关键词"产教融合"与"乡村振兴"、"精准扶贫"和"人才培养"的关系较为密切,构成了职业教育研究的主要内容。

随后统计1993—2022年期间有关职业教育研究文献中关键词的出现频次(见表12-1)。因本次研究的主体是"职业教育",涉及的高频关键词为职业教育的重点内容也是研究热点,如"校企合作""产教融合""乡村振兴"等。此外,从关键词首次出现的年份可以看出当时学者们对职业教育的教育思想研究的关注点和聚焦点的转变。比如出现频率较高的关键词"校企合作"和"人才培养"出现的年份相当,均为21世纪初。这说明,关于此方面研究了二十余年还在继续,话题较为经典。值得注意的是,"乡村振兴"于2018年出现,但是出现频率较高,也显示出与职业教育的重要关系。同时也可以看到最近5年来并未有任何关键词出现,缺乏职业教育的"评价""创新"等关键词,已有研究文献还有待突破或创新。

表12-1　职业教育原理研究关键词频次统计表

| 序号 | 首次出现年份 | 关键词 | 频次 | 序号 | 首次出现年份 | 关键词 | 频次 |
| --- | --- | --- | --- | --- | --- | --- | --- |
| 1 | 1997 | 职业教育 | 1303 | 11 | 1995 | 专业设置 | 32 |
| 2 | 2000 | 校企合作 | 172 | 12 | 2004 | 职业院校 | 31 |
| 3 | 2014 | 产教融合 | 156 | 13 | 2007 | 高职院校 | 30 |
| 4 | 2018 | 乡村振兴 | 96 | 14 | 2019 | 类型教育 | 30 |
| 5 | 1997 | 德国 | 85 | 15 | 2005 | 问题 | 30 |
| 6 | 2001 | 人才培养 | 57 | 16 | 1993 | 双元制 | 29 |
| 7 | 1999 | 高职教育 | 55 | 17 | 1997 | 澳大利亚 | 29 |
| 8 | 2016 | 精准扶贫 | 41 | 18 | 1999 | 启示 | 28 |
| 9 | 2013 | 路径 | 39 | 19 | 2002 | 对策 | 25 |
| 10 | 2000 | 内涵 | 33 | 20 | 2000 | 美国 | 25 |

(三)关键词聚类分析——内容与范式的特征

为了把握1993—2022年职业教育研究领域的发展与变化,运用CiteSpace对相关研究成果进行分析,在软件设置上,选择数据抽取对象Top12,共得到

843个节点和1454条连线,网络密度为0.0041,模块值(Q值)为0.6442,满足大于0.3的条件,说明划分出来的聚类结构是明显有效的。同时需要说明的是,图12-3中的标签显示出聚类号及其标识词,聚类号以#0、#1、#2依次排列(见图12-3)。

通过分析图12-3所呈现的关键词聚类知识图谱可知,职业教育的研究主要内容包括职业教育、产教融合、校企结合、乡村振兴、高职教育等方面。通过进一步解读上述关键词聚类情况,可以看出:其一,有关产教融合的研究一直受到学者们的关注,在职业教育领域不断推行产教融合、校企合作、顶岗实习的人才培养模式;其二,从研究对象层次看,研究内容主要涉及技工学校、高职教育,对中职教育的研究并不突出;其三,从研究方向上看,研究内容较多涉及理论层面。如对职业教育及其重要概念进行内涵阐释、对人才培养的路径进行探索,但是对已有研究在实践层面进行落实、评估与创新的不多。

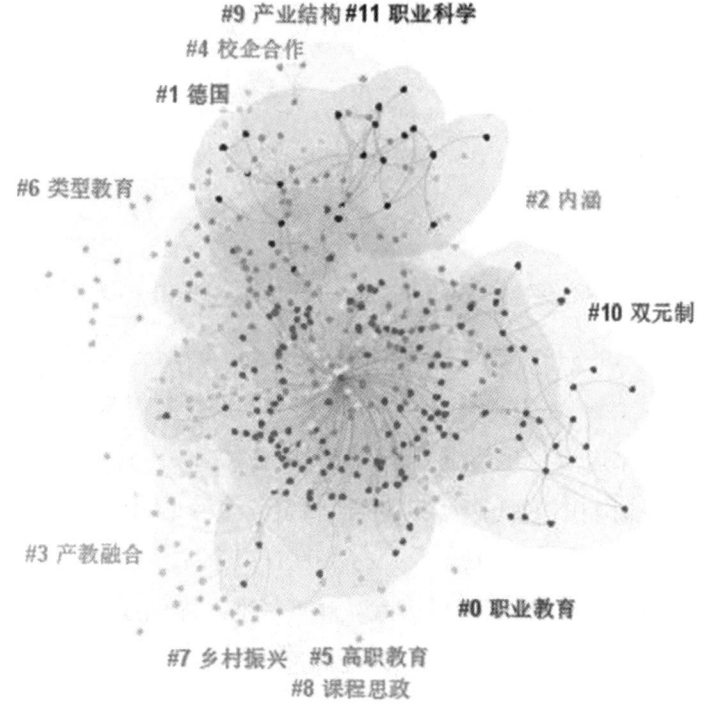

图12-3 职业教育原理研究关键词聚类知识图谱(1993—2022年)

### (四)关键词突现分析——阶段与趋势

为了从相关文献中揭示职业教育研究的趋势,运用CiteSpace软件中的突现检测功能,将"突现词"检测出来,进而获得职业教育研究高频关键词突现情况(见图12-4)。图12-4中加粗部分表示在一定时间段的高频关键词,同时表明这些"突现"的关键词在一定时间段具有一定的发展潜力和研究价值。

| 关键词 | 首次出现年份 | 突现强度 | 突现起始年份 | 突现结束年份 |
| --- | --- | --- | --- | --- |
| 能力本位 | 1995 | 4.98 | 1995 | 2010 |
| 职业学校 | 1996 | 5.28 | 1996 | 2007 |
| 启示 | 1999 | 6.24 | 1999 | 2014 |
| 美国 | 2000 | 7.71 | 2000 | 2012 |
| 中等职业 | 2000 | 5.31 | 2000 | 2009 |
| 对策 | 2002 | 6.81 | 2002 | 2014 |
| 发展 | 2002 | 6.66 | 2002 | 2010 |
| 高职教育 | 1999 | 11.49 | 2003 | 2012 |
| 澳大利亚 | 1997 | 9.04 | 2003 | 2011 |
| 工学结合 | 2005 | 10.6 | 2005 | 2012 |
| 问题 | 2005 | 7.67 | 2005 | 2015 |
| 课程改革 | 2006 | 5.24 | 2006 | 2009 |
| 课程 | 2006 | 5.24 | 2006 | 2009 |
| 经济增长 | 2010 | 4.44 | 2010 | 2013 |
| 校企合作 | 2000 | 11.11 | 2011 | 2018 |
| 路径 | 2013 | 5.17 | 2015 | 2020 |
| 互联网+ | 2015 | 4.7 | 2015 | 2018 |
| 精准扶贫 | 2016 | 14.82 | 2016 | 2019 |
| 工匠精神 | 2016 | 5.4 | 2016 | 2019 |
| 新时代 | 2017 | 6.88 | 2017 | 2020 |
| 产教融合 | 2014 | 23.76 | 2018 | 2022 |
| 人工智能 | 2017 | 4.69 | 2018 | 2022 |
| 乡村振兴 | 2018 | 26.25 | 2019 | 2022 |
| 类型教育 | 2019 | 8.7 | 2019 | 2022 |

**图12-4 职业教育原理研究高频关键词突现情况(1993—2022年)**

第一阶段(1993—2006年):多元初探期。此阶段研究内容较为广泛,涉及职业教育的各个领域。其一,通过借鉴别国的发展经验与课程体系,对当时职业教育发展带来启示。其二,深入产教融合,发展能力本位的职业教育和中等职业教育。此时期中等职业学校招生面临生源困境,从1999年起我国中等职业教育发展连续三年有所回落。

第二阶段(2007—2015年):结构调整期。随着高校的不断扩招,同时为应对企业和个体的双重发展需要,此阶段通过课程改革、工学结合、校企合作等方式,提高学生教育水平和就业竞争力。其中,深化校企合作是此时职业教育研究的重要内容,是双赢的举措。因此,校企合作中的利益分配机制等成为研究的热点。

第三阶段(2016年至今):创新发展期。应新时代发展要求,在乡村振兴和信息化的背景下,职业教育面临新的时代境遇。党的十九大提出实施乡村振兴战略,职业教育应能协同治理乡村教育,"使无业者有业,有业者乐业",职业教育与乡村振兴的关系成为研究的重要领域。

## 三、研究结论与未来展望

### (一)研究结论

通过以上相关文献的可视化分析,从关键词的共现分析、聚类分析、突现分析来捕捉、揭示近年来职业教育研究热点及总体发展情况,总结如下:

第一,研究聚焦产教融合问题,但深层次问题并未解决。在国家出台的一系列政策推动下,产教之间供需双向对接和融合进展迅速。为推进产教深度融合,研究者在区域职业教育改革创新、深化供给侧结构性改革、构建产教融合协同机制等方面进行了大量思考。无疑,这些研究成果是有价值的,但实践中仍然困难重重,因为职业院校的教育规律——真善美的价值取向、产业领域的经济规律——经济效益优先两者本身就不是"同道"的,如何使其"同道"自然需要深入地研究方可找到答案。同时,产教融合中的合作机制成为研究中的核心话题,研究者对校企合作中政府、学校、企业、社会各方的职责划分、战略协同、文化嵌入、共同治理等问题进行了探讨,但合作中的法律地位如何确定、"双主体"背景下校企合作模式机制如何运行仍是未来面临的难题。

第二,积极探索多元化办学格局,但对办学乱象视而不见。2014年印发的《国务院关于加快发展现代职业教育的决定》提出要发挥企业重要办学主体作用。随着市场在经济发展中的重要作用,已有研究也充分体现出职业教育发展服务国家重大战略的作用,提出要形成政府主导、行业指导、企业参与的办学机制。但在实践中,不但管理体制方面还存在着多主体管理沟通不畅、职责不明确等问题,职业教育多元化办学体制还有待继续探索与实践,而且众多打着多元办学旗帜而行私利者众,如职业院校招生中的"买生源"现象,初中学校对学生升学志愿的"越俎代庖"现象,企业利用校企合作把实训学生当作"廉价"劳动力现象,一些社会人员在职业学校与企业之间做"掮客"而赚取实习费、介绍费现象,职业学校以实训为名减少正规学习时长、过早地把学生推向企业实习、推向没有着落的社会实习现象,等等,几乎在一片"大好形势"下被淹没。

第三,关注对接乡村振兴战略,但相关支撑研究欠缺。乡村振兴战略是党的十九大提出的重要战略部署,规划了产业振兴、人才振兴、文化振兴、生态振兴、组织振兴五大任务,提出了产业兴旺、生态宜居、乡风文明、治理有效、生活富裕五大目标。显然,职业教育在乡村振兴中大有可为,亦即职业教育可以通过乡村人力资本的培养在乡村振兴中发挥产业振兴、人才振兴、文化振兴、生态振兴等重要作用。总之,虽然已有研究在功能上论证了职业教育与乡村振兴需要之间的逻辑关系,但是,这些功能的发挥需要的条件支持研究则显得相对欠缺,如职业院校办学自主权的进一步落实、职业教育评价标准的转变、乡村社区对实习实训的支持、学生及家长对乡村振兴工作的接受、乡村基础选人用人制度的创新等,这些问题通过研究给出方案后,实践之路才有方向指导。

### (二)未来展望

任何学校的学生总是要就业的,直接面向就业的职业教育本身就有自己的优势,但多年来却一直沦为教育中的"二等公民"!显然,面向未来,职业教育研究是大有可为的。

第一,巩固职业教育的本体性研究。职业教育是社会的产物,不可避免要受到政治、经济、文化等社会因素的影响,因此,关注社会经济、政治等因素对职业教育的影响,有助于探讨如何发挥职业教育的推力,以促进它们之间"和谐共进"的发展模式。同时,职业教育自身本体性的问题同样需要深化探究,它作为一种培养专门的职业技术人才的教育活动,要促进学习者获得一般意义上的人的发展,而且还要获得从事职业的技术技能的发展,成为高素质的"大国工匠",意味着职业教育未来仍需坚持"以人为本"的价值取向,研究应关注如何回归教育的本位、反映职业教育的职能,打造人人皆可成才、人人尽展其才的职业教育学校环境。

第二,探索职业教育的创新发展。从内部看,如何在职业技术教育体系中的课程建设、资源开发、理论教学、实践教学、双师型师资打造、职校生人格养成等要素上推进创新，以便更好地揭示其机理、发现其规律、创新其形式，使职业教育焕发新春需进一步探究。从外部看，如何运用外部手段促进职业教育研究创新，如利用信息技术创新职业教育研究，助推职业教育的深层次改革创新需进一步探究。面向正在发生的信息化浪潮，职业教育还需要积极顺应信息化的时代浪潮，利用互联网、大数据等新兴技术促进教育变革及教学模式建构，根据智能时代职业教育的岗位特征，提升职业人才的知识结构和专业技能。

第三，探讨职业教育的支撑体系。职业教育不仅对国民经济社会的发展起着举足轻重的作用，对学生的就业创业也具有直接性的支持意义。但为什么初中结束进行分流时，大部分学生都不愿意去职业高中学校，在高中升大学时为什么高分数的学生都去了重点大学，可见职业教育在学生及家长和社会方面仍然是"剃头匠的挑子——一头热"的现象。相比于非职业院校，职业院校毕业生的就业质量、职业发展前景，特别是实质性工资待遇处于普遍偏低的状况，这是职业教育支撑体系难以建立的主要阻碍。针对此状，有必要考察境外所谓职业教育的"优等生"（德国、日本、美国）的职业教育社会支撑体系以获得经验与启示。所以，面向未来，在党中央的调节分配、加大二次收入调节政策的支持下，全社会应共同努力建构职业教育的支撑体系，这同时也是职业教育研究的时代命题。

## 研究导航

为了深化你对本专题的学习、推进有关本专题的研究工作，你可以在问题中选取题目开展研究。

1. 职业学校学生学业支持的供给改善研究。
2. 以某校为对象调查研究双师型教师培养的实效性。
3. 以某校为对象调查研究校企合作的实效性。
4. 职业教育对接地方经济社会发展的机制研究。
5. 提高职业教育吸引力的配套政策研究。

# 专题13　本科生教育原理研究的综述与展望[①]

📖 阅读导航 ○┈┈┈┈

　　本专题是关于本科生教育研究的问题，在当代教育体系建构中，本科生教育是处于高中生教育与研究生教育的中间环节。它以大体量的高等教育层次、为社会提供一大批高级专门人才的功能铸就了它"举足轻重"的地位，本专题就是关于高校本科生教育原理的研究。为了掌握有关本科生教育基本理论的研究状态，本研究使用CiteSpace文献分析技术和传统的文献解读技术对有关研究成果进行系统分析，以便发现本科生教育原理研究在研究领域、热点问题、视角方法等方面的情况，为进一步的本科生教育原理及相关本科生教育的研究与实践提供启发、借鉴。

## 一、概念界定与分析技术

### (一)概念界定

　　本科生是指正在接受本科教育，将要获得本科学历、学士学位的学生，其具体含义是指涉及获得中等教育毕业证书或具有同等学力，在高等学校进行学习可获得学士学位(或第一级专业学位或其他同等学力证书)的大学生[②]。由于本科生教育是全日制普通高等学校教育的主体部分，是能够大批量培养专门人才的教育阶段，自古以来就受到高度重视。比如在现代高等教育产生以前，古代中国的太学、书院就是具有高等教育性质的教育，直接为社会培养高层次专门人才，以至于最高领导者直接关注。在欧洲中世纪之后，具有现代意义上的高等教育可以满足工业时代对大批量高等专门人才的需求。因此，各国以本科生为主体的高等教育蓬勃发展起来，乃至于一些大学比一些国家还早产生，比一些政党存在的时间还长。现代高校中的本科生教育的复杂性

---

① 本专题作者：唐智松(西南大学，教授，博士生导师)；解丁香(西南大学，博士研究生)。
② 顾明远主编.教育大辞典(增订合编本)[M].上海：上海教育出版社，1998:80.

主要体现在专业门类的多样性,为了确保培养质量,在管理上也提出了相应的要求。由于本科生教育在功能上对口国家经济社会高级专门技术岗位,在规模上具备无与伦比的优势,以及提供高质量的研究生生源等,使得如何办好本科生教育成为研究的重要话题,并取得了众多成果。

### (二)分析技术

研究为把握近来有关"本科生教育"研究态势,以"本科生教育"作为主题在中国知网数据库(CNKI)中进行高级检索,为保证文献质量,选择北大核心和CSSCI论文,检索到相关论文共计368篇文献,导入软件进行分析,运用CiteSpace进行处理,具体处理方式:一是通过对关键词共现图谱分析来捕捉本科生教育研究的热点;二是通过对关键词的聚类分析来梳理有关本科生教育研究的主要内容;三是通过对关键词的突现分析来预测本科生教育研究的未来发展趋势。通过上述数据分析,呈现我国近年来本科生教育研究现状。

## 二、文献透视的结果解读

### (一)文献数量的统计与分析

为把握本科生教育研究的整体情况,对样本文献数量进行分析,具体发文量的变化趋势如图13-1所示。

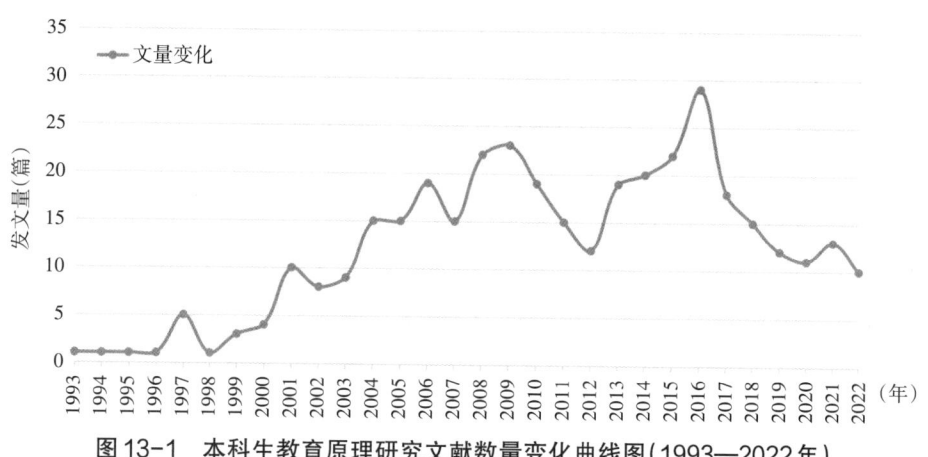

图13-1　本科生教育原理研究文献数量变化曲线图(1993—2022年)

总体来看,从1993年仅有的1篇,到2022年的10篇,可见关于本科生教育研究的文献量不多,2016年最高峰也不足30篇,总体呈现先增加后下降的趋势,具体可分为以下三个阶段。

第一阶段(1993—2003年):起步初探期。此阶段关于本科生教育研究的发文量虽有起伏,但整体呈上升趋势。已有文献主要是围绕对研究型大学本科生教育模式进行讨论,并积极借鉴美国、英国的教育经验。此外,为了提高本科生教育质量,教育部在《2003—2007年教育振兴行动计划》中明确提出实施"高等学校教学质量与教学改革工程"[①],并建立"五年一轮"的普通高等学校教学工作水平评价制度,这也引起学者们的广泛关注。

第二阶段(2004—2012年):深入发展期。此时期发文量增加,每年20篇左右。该阶段对研究型大学本科生教育发展质量的提高做进一步探讨,主要从"评价"这一指挥棒着手。此时期以科研为导向的研究生教育越来越受重视,优质教育资源也不断向其倾斜。但是,本科生教育质量的忽视与滑坡也会使研究生教育根基变得不稳定,影响研究生教育质量的提高。基于此,2011年起教育部要求全国所有参与"985工程"项目的高等院校要公开上一年度的本科教学质量报告,接受社会各界的监督与评价。

第三阶段(2013年至今):丰富发展期。此阶段本科生教育研究的发文量呈现下降的态势,2016年的发文量最大。进入21世纪,研究视野逐渐扩大,顺时代潮流发展,学者们对本科生的思想政治教育、跨学科教育、信息素养教育、创新创业教育等方面进行研究。此外,研究也开始关注本科各专业教育的发展状况,如对学前教育、药学、动物医学本科生教育的课程设置、管理模式、教学实践能力等进行研究,但研究数量都不多,系统性还不够强。

(二)关键词共现分析——主题与次序

对1993—2022年期间有关本科生教育研究的文献进行共现知识图谱的技术处理,获得了1993—2022年本科生教育研究文献的关键词共现知识图谱(见图13-2)。

---

① 国务院.国务院批转教育部2003—2007年教育振兴行动计划的通知[EB/OL].(2004-03-03)[2022-11-10].http://www.gov.cn/zhengce/content/2008-03/28/content_5687.htm.

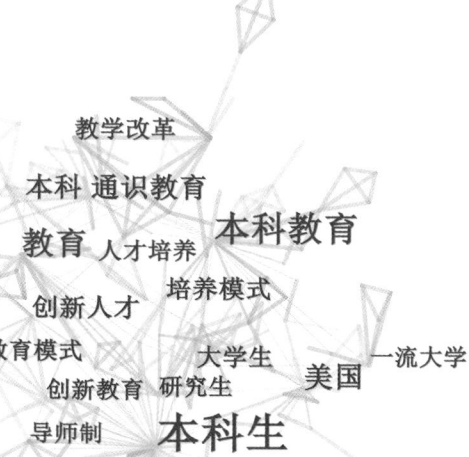

**图 13-2  本科生教育原理研究关键词共现知识图谱（1993—2022年）**

根据图13-2呈现的关键词共现知识图谱，可将关键词进行降序排列，依次为：本科生、本科教育、通识教育、创新人才等。通过关键词的聚集情况可见：一方面，关于本科生教育的研究对象中，以本科生与研究生、导师的关系展开研究，例如本硕衔接问题研究、本硕对比研究、本科生导师制研究等；另一方面，有关本科生教育的研究对本科生的培养方式、教育模式、教学内容等方面进行改革和创新。

随后统计1993—2022年期间有关本科生教育研究文献中关键词的出现频次（见表13-1）。因本专题研究的主题是"本科生教育"，其余涉及的高频关键词多为开展本科生教育的主体和媒介，如"本科生""创新人才""通识教育"等。此外，从关键词首次出现的年份可以看出当时学者们对本科生教育思想研究的关注点和聚焦点的转变，比如出现频率较高的关键词"本科生"和"本科生教育"，出现的年份较早，这也说明此方面研究议题较为经典，至今仍在开展。此外，创新人才、创新教育、创新能力等关键词的出现，虽然频率不高，可以窥探出已有在本科生培养方面的创新性意识。但是近十年来，并未有较新高频关键词的出现。可见21世纪以来，已有研究并无突出进展，缺乏本科生教育的"评价""质量""信息化"等关键词的出现。

表13-1 本科生教育原理研究关键词频次统计

| 序号 | 首次出现年份 | 关键词 | 频次 | 序号 | 首次出现年份 | 关键词 | 频次 |
| --- | --- | --- | --- | --- | --- | --- | --- |
| 1 | 1993 | 本科生 | 62 | 11 | 2008 | 培养模式 | 7 |
| 2 | 2000 | 本科教育 | 21 | 12 | 2000 | 培养目标 | 6 |
| 3 | 2000 | 美国 | 13 | 13 | 2009 | 人才培养 | 6 |
| 4 | 1997 | 教育 | 10 | 14 | 2008 | 研究生 | 5 |
| 5 | 2004 | 创新人才 | 10 | 15 | 2002 | 学科建设 | 5 |
| 6 | 1999 | 导师制 | 8 | 16 | 2012 | 创新能力 | 5 |
| 7 | 2009 | 通识教育 | 7 | 17 | 2003 | 创新教育 | 5 |
| 8 | 2002 | 本科 | 7 | 18 | 2013 | 创业教育 | 5 |
| 9 | 2001 | 改革 | 7 | 19 | 2002 | 教育实习 | 4 |
| 10 | 2006 | 大学生 | 7 | 20 | 2003 | 教学改革 | 4 |

(三)关键词聚类分析——结构与内容

为了把握1993—2022年本科生教育研究领域的发展与变化，运用CiteSpace技术进行关键词的聚类分析，了解本科生教育研究主题的演变情况。具体处理上是选择数据抽取对象Top10，共得到463个节点和644条连线，网络密度为0.006，模块值(Q值)为0.823，满足大于0.3的条件，说明划分出来的聚类结构是明显有效的。同时需要说明的是，图13-3中的标签显示出聚类号及其标识词，聚类号以#0、#1、#2依次排列(见图13-3)。

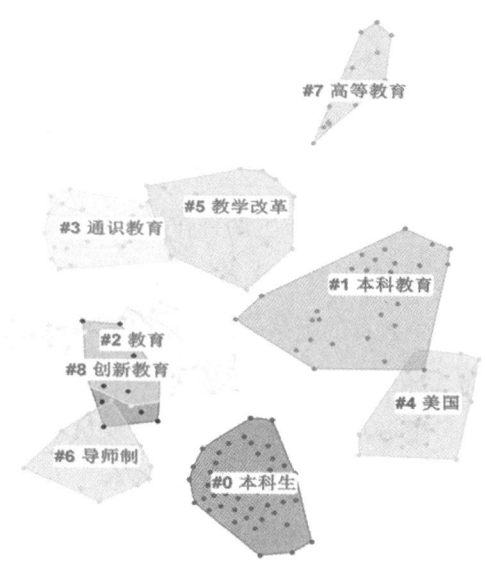

**图 13-3　本科生教育原理研究关键词聚类知识图谱(1993—2022年)**

通过分析图13-3所呈现的关键词聚类知识图谱可知,本科生教育的研究主要内容包括本科生、本科教育、教育、通识教育、美国、教学改革、导师制等内容。通过进一步解读上述关键词聚类情况,可以看出已有文献研究内容与研究热点较为相似。此外,从研究内容上看,研究主要在本科生教育中进行教学改革,可以体现为创新教育和通识教育。

(四)关键词突现分析——阶段与趋势

为了从相关文献中揭示本科生教育研究的趋势,运用CiteSpace软件中的突现检测功能,将"突现词"进行检测,但是由于文献数量不充足,关键词聚类不交叉的缘故,未能凸显出来。可见在本科生教育领域的关键词还有待深入研究,目前还不能预测该领域的发展潜力和未来研究方向所在。

## 三、研究结论与未来展望

(一)研究结论

通过以上相关文献的可视化分析,从关键词的共现分析、聚类分析、突现

分析来捕捉、揭示我国近年来本科生教育研究热点及总体发展情况,总结如下:

第一,研究主题较为广泛,但基本理论探讨不深。主要表现在:其一,倡导本科生导师制。已有研究表示,要发挥好高校教师育人主体的地位,就要解决好教学与教育管理脱节的现象。同时专职思政人员不能对学生进行专业学习的指导,只有"导师"能够同时发挥以上两种作用。因此,这就更需要导师对学生的学习生活进行全方位、针对性的指导,以促进学生的个性化发展。其二,关注研究生教育与本科生教育的衔接问题。研究生教育与本科生教育是高等教育一体两位的关系,但是大学评估和考核教师的标准主要看科研工作,而不是教学工作。这对本科生培养质量和研究生生源质量均会带来不利影响。上述研究内容得到广泛研究的现象说明本科生教育各个方面已经引起大家的关注,得到了理论层面的叩问,这为本科生教育的思想改善提供了理论支持。

第二,较多运用比较研究方法。已有研究多借鉴国外研究型大学发展的经验,比较分析美国、欧洲、澳洲等研究型大学本科教育的改革实践,揭示我国本科教育的现状,弥补我国高校本科生教育的不足。其中主要对美国本科生培养目标、管理制度和评价指标体系进行借鉴学习,从而对我国本科生教育改革带来启示。当然,从人类教育的共性角度看,借鉴他国本科生教育的重要经验无疑是具有重要价值的,但从高等教育赖以存在的社会政治、经济和文化背景支持的差异看,单纯地吸收甚至模仿他国的本科生教育显然是行不通的。因此,关于国际本科生教育可比性与不可比性的思考还较为欠缺。

第三,研究的问题意识较为突出。已有研究都普遍提出要正确认识本科教育在研究型大学中的基础性地位。这主要是源于高校扩招后,本科教育在办学过程中所占的分量和比重逐渐削弱的情况。高校将学生招收后,却较少将注意力放在本科生培养上,本科生教育力量相对薄弱。这也造成本科人才培养方案的总体设计与实际脱节的现象,引起本科教育质量的下降。近年来,"论文抄袭""水课""躺平"等词语频繁活跃于网络。基于此,学界普遍认为我国本科教育存在着通识教育不足、教育模式单一、教育方式刚性等问题,但是问题该如何解决,还待进一步探讨。以上都说明已有研究在本科生教育中存在强烈的问题意识,该问题导向是一种重要取向,是一种值得肯定的研究取向。

## (二)未来展望

"以本为本"是近年来高等教育改革的指南,也是高等教育的真谛所在。面对本科生教育中的众多问题,面对社会发展对本科教育的挑战,未来的本科生教育研究还任重而道远。

第一,增加研究的理论深度。近年来,在高等教育的各项"工程"推动下,高等院校本科生教育活动途径、教学方式是不断地花样翻新,各种研究主题也是精彩纷呈,呈现出"欣欣向荣"的景象。但深入审视这些本科生教育研究成果就会发现,目前本科生教育的研究内容虽然较为丰富,但还未形成系统的研究体系,研究深度亦存在不足。我国人才培养目标已从培养"一专多能"的社会主义现代化人才转向促进人的"全面发展"。因此,本科生教育要更加注重全面培养大学生的创新能力和终身学习能力。此外,在本科生教育与研究生教育并重这一办学理念的指导下,高校应当进一步明确"本科生教育是立校之本、研究生教育是强校之路"的办学方略。因此,未来应该基于时代要求,对已有研究继续深入探讨,聚焦重要问题,增加研究的理论深度,取得经得起时间检验的研究成果,破除当前研究成果众多却又纷纷成为"过眼云烟"的尴尬局面。

第二,突出研究的重点对象。高等院校本科生教育在不同时代有不同的使命,每个时代的本科生教育研究当然需要回应时代的呼唤,回答时代提出的重大问题与重点命题。比如,近年来随着高校入学人数的不断增加,高等教育工作亟待从规模扩张转向走质量提升的内涵发展之路,"高质量"成为高等教育工作重心。未来首先要强调本科教育质量在高等教育中的地位,高校需要在提高本科教育质量方面采取一系列有力措施。其次是加强本科生实践教学。目前高等教育以理论教学为主,实践教学为辅,重知识轻能力的做法严重制约了学生创新创业精神和动手能力的培养。加强实践教学对提高学生的综合素质,培养学生的创新精神与实际工作能力有着重要作用,这也是时代发展的应有之义。除此之外,还可以在教育公平视角下开展区域间、校际间的本科生教育研究,在就业现实挑战下开展本科生学业支持和职业生涯规划的研究,在信息化、全球化影响下开展本科生思想政治道德发展和价值观教育的研究。

第三，关注本科生的学习质量。现实情况表明，当下许多本科生都反映课程门类偏多、不断地转战教室场地，日常活动频繁，不断应付各种大思政课活动，一天都在忙，但就是没有时间认真读书，本科生的学习深度比前后学段的高中生、研究生都浅，呈现一种"匆忙而质量不高"的现象。因此，未来的本科生教育研究在国家"以人为本"思想指导下，应综合运用运筹学、系统科学、脑科学、生物科学等多学科视角研究本科生的学习质量，具体地关注本科生的深度学习质量，如本科生的学期课程门类到底多少合适，每周课外活动总时数多少为宜，不同专业和年级各自需要多少自主学习时间，深度学习的特征与操作技术，本科生课程学习的评价的科学性，教师本科生教学工作绩效考核科学性等。

第四，综合运用多种研究方法。本科生教育在教育对象的复杂性、专业类型的多样性、教育资源的差异性等众多因素影响下，增加了研究的困难。在具体的表现上，近年来有关本科生教育的研究方法中，较多采用思辨和比较的研究方法。但是如果能将理论研究的成果应用至实践当中，对以往研究进行比较评价也是一种改变。此外，采用跨学科的研究视角也能推动本科生教育研究进一步发展。例如，可以运用人口学、社会学、经济学领域的理论视角对本科生教育模式进行改进；可以通过大数据收集分析或者个案研究，揭示区域间、校际间本科生教育模式的异同；可以使定量研究与定性研究相结合、规模计算与案例分析相结合、统计分析与田野考察相结合、内容分析与行动考察相结合，综合运用多种方法和技术，科学地揭示本科生教育中的问题，高效地探索本科生教育内涵式发展路径，高质量地发展推动本科生教育发展。

### 研究导航

为了深化你对本专题的学习、推进有关本专题的研究工作，你可以在问题中选取题目开展研究。

1. 以某高校为对象研究本科生专业志趣的养成情况。
2. 以某高校为对象研究当代本科生学业负担的情况。
3. 剖析当代大学生学习手段信息化现象。
4. 当代本科生亚文化的新特点及引导研究。
5. 以新文科/新理科/新工科/新医科为对象探讨某专业的改进设计。

# 专题14　研究生教育原理研究的综述与展望①

📖阅读导航 ○‑‑‑‑‑‑‑‑‑‑‑

　　本专题就是关于研究生教育原理的研究。研究生教育包括硕士研究生和博士研究生两个学段，研究生教育中的"研究"二字足见其来头大小，显示其在教育体系中"高大上"的地位。为了掌握有关研究生教育基本理论研究的状态，本研究使用CiteSpace文献分析技术和传统的文献解读技术对已有研究成果进行系统分析，以便发现有关研究生教育研究在重要范畴、重点话题、热点问题、存在不足等方面的现状，为进一步开展研究生教育基本理论研究及相关实践改进提供参考意见。

## 一、概念界定与分析技术

### (一)概念界定

　　研究生教育作为高等教育体系的"塔尖"，显然是精英教育中的"精英"。当社会发展到本科生毕业主要是作为专业技术应用性人才、社会还需要从事高级专门的科学研究人才时，研究生教育就应运而生。其中硕士研究生教育率先脱颖而出，然后在硕士研究生教育逐渐巩固且应用性专业学位教育占据硕士研究生半壁江山时，博士研究生教育又被凸显出来。时至今日，研究生教育成为高等教育中的"翘楚"而备受关注。简而言之，研究生教育是培养研究型人才的教育，它的培养目标设计、课程设计、教学组织和结果评价都是以是否培养合格的研究型人才为标准。研究生教育一般分硕士生教育和博士生教育两级，亦有不分级者。硕士生招收对象为已取得学士学位或具有同等学力者；博士生招收对象为已取得硕士学位或具有同等学力者，亦可直接招收本科毕业生。在受教育过程中，学生须按规定修习有关的研究生课程，在导师指导下进行科学研究，并提交硕士(博士)学位论文；课程学习及论文达到要求者获

---

① 本专题作者：唐智松(西南大学,教授、博士生导师)；解丁香(西南大学,博士研究生)。

硕士(博士)学位[①]。研究生教育经过多年的发展已经形成了两个层次、多种类型的高层次专门教育。如按照培养层次分则可分为硕士研究生教育和博士研究生教育两类；如按照授予学位分则可分为学术学位研究生教育和专业学位研究生教育两类；如按照学习方式分则可分为全日制研究生教育和非全日制研究生教育。显然，作为教育象牙塔顶尖的研究生教育到底该怎么进行是值得深刻思考的问题。对此，学界从功能发挥的理想与实际、培养的理念与模式设计、课程的设置及教学体系、导师的资格与质量提升、学习过程考核及毕业条件、学位授予的条件与要求等方面进行了探讨。

### (二)分析技术

研究为把握近来有关"研究生教育"研究态势，以"研究生教育"作为主题在中国知网数据库(CNKI)中进行高级检索，为保证文献质量，选择北大核心和CSSCI论文，检索到相关论文共计2164篇文献导入软件，然后运用CiteSpace进行分析处理：一是通过对关键词共现图谱分析来捕捉研究生教育研究的热点；二是通过对关键词的聚类分析来梳理有关研究生教育研究的主要内容；三是通过对关键词的突现分析来预测研究生教育研究的未来发展趋势。通过上述三个方面的数据分析，呈现了近年来研究生教育基本理论层面的研究图景。

## 二、文献透视的结果解读

### (一)文献数量的统计与分析

为把握研究生教育研究的整体情况，对样本文献数量进行分析，具体发文量的变化趋势如图14-1所示。

---

[①] 顾明远.教育大辞典(增订合编本)[M].上海：上海教育出版社，1998：1858.

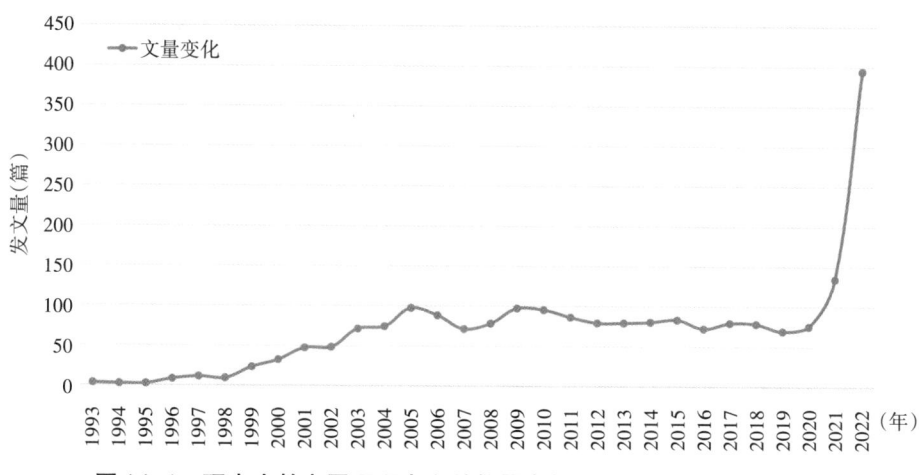

**图14-1 研究生教育原理研究文献数量变化曲线图(1993—2022年)**

总体来看,从1993年仅有3篇,到2022年的394篇,其数量是稳中有升。我国关于研究生教育研究的文献量总体呈现先增加后下降再剧增的趋势,具体可分为三个阶段。

第一阶段(1993—2005年):快速发展期。此时期发文量增长速度较快,是研究生教育的探索初期。世纪交接之际,高等教育通过提供高水平人才以促进社会经济的发展。1993年颁布的《中国教育改革和发展纲要》中提出鼓励优秀在职人员采用多种形式攻读硕士、博士学位,研究生教育也由此在师生比及教育资源配置等方面获得了长足的进展。正是在国家政策的指导下,我国研究生教育逐步恢复,并很快进入快速发展阶段。

第二阶段(2006—2019年):深入发展期。此时期发文量变化趋势不大,是开展研究生教育研究的关键时期。这一时期,国家开始逐步调整学术型学位和专业型学位的比例,研究生教育的规模由此急剧扩大。国家还出台了相关配套政策推动专业学位研究生教育的发展,如教育部于2009年下发的《关于做好全日制硕士专业学位研究生培养工作的若干意见》要求确保全日制硕士专业学位研究生的培养质量。[1]

第三阶段(2020年至今):持续发展期。此阶段有关研究生教育的文献量

---

[1] 教育部.教育部关于做好全日制硕士专业学位研究生培养工作的若干意见[EB/OL].(2009-03-19) [2022-11-22].http://www.moe.gov.cn/srcsite/A22/moe_826/200903/t20090319_82629.html.

呈现急剧上升的态势,研究热度突增。在该时期,研究生教育开始面临时代挑战,如产业结构变化以及劳动力结构变化。进而在新时代背景下,为实现教育高质量发展,学界对研究生教育研究的主题进行探索。此外,2020年9月,国务院学位委员会通过了《专业学位研究生教育发展方案(2020—2025)》,因此该阶段也有研究对研究生教育发展进行总结研究,对研究生教育创新发展之路进行探索,以期研究生教育实现内涵式发展。

(二)关键词共现分析——主题与次序

对1993—2022年期间研究生教育研究的文献进行共现知识图谱的技术处理,获得了1993—2022年研究生教育研究文献的关键词共现知识图谱(见图14-2)。

图14-2　研究生教育原理研究关键词共现知识图谱(1993—2022年)

根据图14-2呈现的关键词共现知识图谱,可将关键词进行降序排列,依次为:专业学位、研究生、美国、培养模式、教育质量等。通过分析图14-2中关键词的聚集情况,可以看出:一方面,关于研究生教育的研究中,为提高人才培养的质量,研究生教育的学位制度、培养模式和学科建设是研究的热点;另一方面,在研究生教育研究中,美国、日本、英国等关键词突现出来,可见国际化研究较多。

随后统计1993—2022年期间有关研究生教育研究文献中关键词的出现频次(见表14-1)。"专业学位"这一关键词出现的频次最高较为意外,首次出现时间为1999年,这主要是在政策引导下形成研究热点。1996年,国务院学位委员会通过的《专业学位设置审批暂行办法》对专业学位的设置、审批流程作了明确规定。2002年下发的《关于加强和改进专业学位教育工作的若干意见》初步建立起具有中国特色的专业学位教育制度后,对学位研究生教育的研究更是进一步得到加强。此外,在其余涉及高频关键词中可以看到研究生培养"质量"问题逐渐凸显,出现教育质量、培养质量、质量保障等关键词。值得注意的是,近十年并未有关键词出现在表中,说明关于"研究生教育"的文献所反映的研究领域暂未形成新的热点。

表14-1 研究生教育原理研究关键词频次统计表

| 序号 | 首次出现年份 | 关键词 | 频次 | 序号 | 首次出现年份 | 关键词 | 频次 |
| --- | --- | --- | --- | --- | --- | --- | --- |
| 1 | 1999 | 专业学位 | 154 | 11 | 2004 | 日本 | 25 |
| 2 | 2002 | 研究生 | 119 | 12 | 2005 | 人才培养 | 23 |
| 3 | 2002 | 美国 | 46 | 13 | 1996 | 学位制度 | 22 |
| 4 | 2001 | 培养模式 | 43 | 14 | 2007 | 对策 | 21 |
| 5 | 2004 | 教育质量 | 40 | 15 | 1993 | 研究生院 | 19 |
| 6 | 2009 | 质量保障 | 30 | 16 | 2007 | 问题 | 18 |
| 7 | 2000 | 中国 | 26 | 17 | 1998 | 学科建设 | 17 |
| 8 | 1999 | 培养质量 | 25 | 18 | 2003 | 改革 | 16 |
| 9 | 2003 | 国际化 | 25 | 19 | 2013 | 综合改革 | 15 |
| 10 | 2003 | 教育 | 25 | 20 | 2005 | 质量 | 14 |

(三)关键词聚类分析——结构与内容

为了把握1993—2022年研究生教育研究领域的发展与变化,运用CiteSpace技术进行关键词的聚类分析。具体处理在软件设置上,选择数据抽取对象Top12,共得到682个节点和783条连线,网络密度为0.0034,模块值(Q值)为0.7356,满足大于0.3的条件,说明划分出来的聚类结构是明显有效的。同时需要说明的是,图14-3中的标签显示出聚类号及其标识词,聚类号以#0、#1、#2依次排列(见图14-3)。

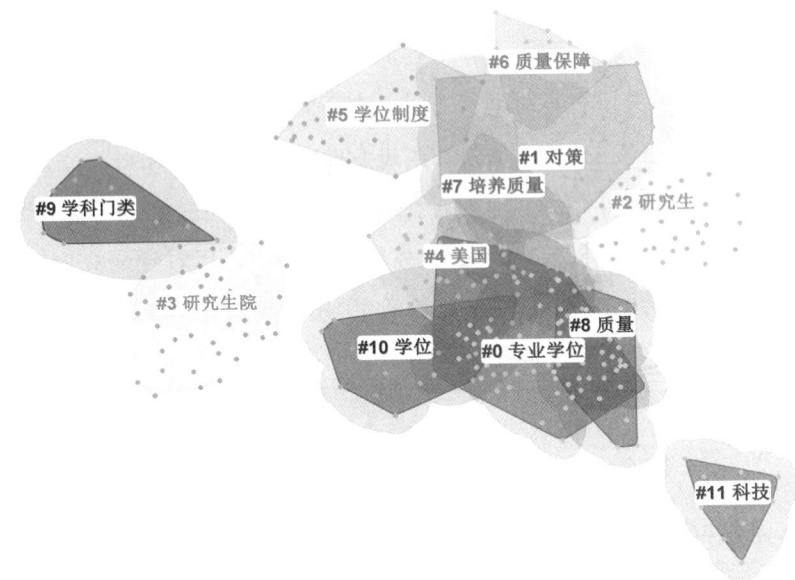

**图14-3　研究生教育原理研究关键词聚类知识图谱(1993—2022年)**

通过分析图14-3所呈现的关键词聚类知识图谱可知,研究生教育的研究主要内容与研究热点相似,出现专业学位、对策、研究生、研究生院、美国和学位制度等关键词。通过解读上述关键词聚类情况,可见:其一,"学位与研究生教育"的研究是主要研究内容,专业学位已经成为我国主要学位类型之一,已有研究对学位研究生教育的质量给予密切关注,并开展比较研究。其二,从研究对象层次看,研究内容主要涉及研究生、研究生院,与研究生关系较为密切的"导师"的研究不多。但实际上,导师在提高研究生教育质量中最为关键,对研究生的学术科研起指导作用,对研究生的为人处世起示范作用,此方面研究应当得到重视。

### (四)关键词突现分析——阶段与趋势

为了从相关文献中揭示研究生教育研究的趋势,可运用CiteSpace软件中的突现检测功能,将"突现词"检测出来,进而获得研究生教育研究高频关键词突现情况(见图14-4)。图14-4中加粗部分表示在一定时间段的高频关键词,同时表明这些"突现"的关键词在一定时间段具有一定的发展潜力和研究价值。

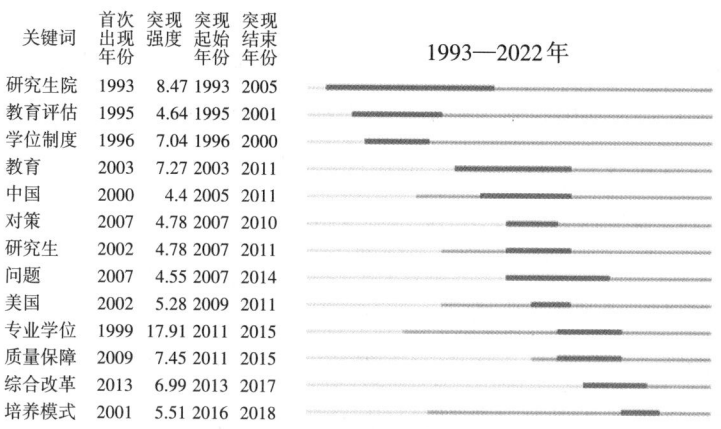

**图14-4 研究生教育原理研究高频关键词突现情况(1993—2022年)**

第一阶段(1993—2005年):全面变革期。1993年颁布的《中国教育改革和发展纲要》明确了我国教育改革和发展中的大政方针,这为新时期我国研究生教育的改革和发展指明了方向。2002年公布的《中国学位与研究生教育发展战略报告》揭示出我国学位与研究生教育发展的前景,为研究生教育开辟了新的领域。因此,此阶段"教育评估"与"学位制度"是极具价值的研究。

第二阶段(2006—2015年):提质增长期。此时期对研究生培养的问题进行研究。规模扩张与培养质量问题相伴而生,此时研究生培养问题进一步细化到培养制度、培养模式与研究生个性发展、创新能力发展不相适应的问题,并伴有培养单位及研究生出现学术不端的问题。因此,本阶段对研究生教育的偏差及问题进行研究解决,涉及研究生教育管理、研究生国际化培养、研究生教育师资队伍建设等内容。

第三阶段(2016—2022年):理论深入期。为应对培养制度不健全、培养内容不科学的问题,学者们致力于对研究生教育进行综合改革,探索以掌握基本理论和科学研究为导向的培养模式。同时还针对上一阶段的问题,不少学者建议要严格执行培养制度,提出加强学位论文审查和学位授予管理等举措。

## 三、研究结论与未来展望

### (一)研究结论

通过以上相关文献的可视化分析,从关键词的共现分析、聚类分析、突现分析来捕捉、揭示我国近年来研究生教育研究热点及总体发展情况。

第一,研究的领域较为全面,但存在厚此薄彼问题。从解读所搜集到的文献情况表明,近年来关于研究生教育的研究涉及研究生教育的各个方面,涵盖制度政策、功能价值、培养模式、师资队伍、实验设备、学位授予管理等方面。值得关注的是,随着我国研究生教育规模的迅速扩大,研究生教育质量问题引起了学界的重视,特别是学术研究水平、学术创新问题。于是加强学术道德建设、加强学术规范建设、强化违规惩戒力度、导师的师德师风建设、强化学位论文评审力度等成为研究的重要内容。此外,我国高校研究生教育发展在区域间、校际间存在的不平衡、不充分的现象也得到了研究者的关注。当然,对各领域研究的重视程度、研究成果的质量水平存在差距,其中对研究生的身心健康、学术志向、学术道德、亚文化生活等关注不够。

第二,研究主题与时俱进,但追逐时髦现象明显。从关键词的共现图谱、频次表现,关键词的聚类分析、突现情况等几个方面的信息看,我国近年来研究生教育的研究主题呈现与时俱进的表现。21世纪以前,研究主要致力于体制机制的改革与研究生教育的培养。世纪之交围绕"211工程"和"985工程"建设,开展研究生教育改革研究。新时代以来,在"双一流"大学建设的推动下,进行研究生教育发展研究以及新文科、新理科、新工科、新医科改革下的研究生教育培养研究等。以上不断跟进的研究情况表明,我国开展的研究生教育研究在持续性回答时代之问。当然,在研究热点与时俱进的背后就是追赶时髦,其中的弊端就是难以对重要问题进行持续地、有深度地、有创造性地研究。

第三,国际化趋势得到增强,但忽视双向输出。我国研究生教育与发达国家教育相比,在培养质量和研究生教学水平上仍存在差距,注重研究生教育培养质量国际地位的提高是必须面对的重大研究课题,于是积极学习发达国家研究生教育经验也成为研究的重要热点。当然,也可以看到,已有研究已经在积极学习先进的培养经验,研究视角逐渐开放多元。不过,研究中简单套用的情形也是显然的,比如人力资本、危机管理、战略管理、办学标准质量视角下的研究生教育培养等。但是,由于我国与西方社会政治及经济制度的根本不同,那么这些以西方经济社会为背景支撑的研究成果在我国的适应性如何,还缺乏深思。同时,我国优秀的、成功的教育经验向国际社会的输出、引介不足,还没有发出中国的声音、彰显中国的智慧、分享中国的经验。

### (二)未来展望

研究生教育是教育体系结构中金字塔的"塔尖",担负培养拔尖创新人才的重任,直接支撑着科教兴国、人才强国、"科学技术是第一生产力"等战略和论断,在各种挑战层出不穷的情况下,研究生教育大有可为。

第一,重视研究生教育研究的系统性。目前已有研究对一些热点问题关注过多,而对一些本质问题,特别是对研究生教育的价值、功能、目的等方面的关注不够,呈现出研究内容上不平衡、研究体系不协调的状况,使研究缺乏系统性、全面性的梳理,导致没有政策引导就没有新的研究趋势的产生。研究生教育应该是一个整体性的系统和过程,只有形成多层次、多角度、系统性的研究,时常进行反思,才能从根本上促进研究生教育发展与进步。总之,未来研究生教育需要在培养体制、教学模式、实践教学、管理制度、导师队伍、培养关键环节、学位论文质量管理等方面给予具有理论依据支撑的实践方案,从总体上完善研究生教育的研究体系。

第二,研究研究生教育高质量发展策略。高质量的研究生教育是一个综合性任务,需要考虑多个方面因素。从外部影响的角度来看,需要建立起研究生教育高质量发展的标准和评估体系,探讨支持研究生教育高质量发展所需的政策和环境,以及深入探讨如何设计和实施与高质量研究生教育相关的教学活动等问题。此外,内在素养也是一个关键考虑因素,即需要思考如何培养出具备特定素质的研究生,这是各国研究生教育共同关切的话题。目前,各国对培养高质量研究生的方法和研究生的品质进行了深入研究。例如,西方国家基于其特定的资本主义政治和经济体制以及文化心理,发展了创新人才培养模式,注重培养研究生的关键能力。因此,在我国社会主义政治和经济制度下,在中华民族优秀传统文化的影响下,需要研究如何培养具有家国情怀、理想、本领和担当的研究生,使他们能够履行国家复兴的伟大使命。

第三,探索提升研究生自主培养问题。长期以来,我国研究生等高层次人才的自主培养水平相对较低,并由此对基础教育的活动导向、对中国教育的重要认可、对坚持"四个自信"、对培养"四有"新时代新人等造成了多方面的消极影响,成了我国研究生教育的短板、痛点。因此,响应中共中央二十大关于提高人才自主培养水平的号召,一方面需要聚焦研究生教育中的关键环节,如招生中学生的研究潜力鉴定,选拔过程中的公平公正,师生的双向选择和调整,导师个人的责任心和指导水平考核,指导教师团队的质量建设,课程与教学的质量考核,开题和答辩的质量保证,学位论文质量的第三方评估,研究院教育质量的奖惩等;另一方面需要严格研究生教育质量考核的奖励和惩罚,特别是针对导师的师德师风败坏、指导责任心不到位、培养关键环节走过场、学位论文把关不严,研究生个人失德犯规、学术品行不端等,要交由第三方依法依规公平公正地处理,坚决刹住这些歪风邪气。最终,在具体操作层面,还需通过研究交出答卷。

第四,探讨拔尖创新人才培养问题。一方面,从历史看,拔尖创新人才是一个国家发达的动力源泉,是一个国家立于不败之地的支柱。因此,重视拔尖创新人才培养,倡导尊重知识、尊重人才成为国家文明的标志。另一方面,从当下看,一些重要信息表明,我国在近40余项世界级顶尖科学技术中所占的份额不多,在许多领域存在"卡脖子"的问题,为此,造就拔尖创新人才成为必需、亟须。到底该如何培育拔尖创新人才?这个是近年来我国学者一直在努力回答的问题,虽然从回答"钱学森之问"开始已经获得了一些答案内容,但问题远远没有得到解决,如,拔尖创新人才的人格特质有哪些,拔尖创新人才的创造特质是什么,拔尖创新人才成长的家庭环境和社会环境是什么,拔尖创新人才的学校学习模式有哪些,拔尖创新人才学业的评价标准是什么,拔尖创新人才的成长规律是什么,这些崭新的一系列问题,只有通过研究予以回答。

## 研究导航

为了深化你对本专题的学习、推进有关本专题的研究工作,你可以在问题中选取题目开展研究。

1. 当代研究生教育中师生关系的效能评价。
2. 影响研究生自主培养质量的因素及调适研究。
3. 影响高质量研究生培养的障碍与克服对策研究。
4. 文科、理科、工科高质量研究生培养模式研究。
5. 拔尖创新研究生人才培养的机制建构研究。

# 专题15　成人教育原理研究的综述与展望[①]

📖 阅读导航 ○----------

　　本专题是关于成人教育原理的研究。在我国,成人教育与继续教育两个概念经常等同使用,两个概念中的成人、继续二字反映出对象的特殊性——"在职"的定位。在终身教育或学习化社会中,成人或继续教育当然是必要的。为了掌握有关成人教育基本理论研究的状态,本研究使用 CiteSpace 文献分析技术和传统的文献解读技术对已有研究成果进行系统分析,以便发现成人教育研究在研究范畴内容、视角方法、热点问题、忽视对象等方面的现状,为进一步开展成人教育基本理论研究及相关实践改进提供启发。

## 一、概念界定与分析技术

### (一)概念界定

　　虽然"活到老、学到老"是家喻户晓的谚语,成人教育或继续教育的观念早已萌芽,但真正实施有组织的成人或继续教育也是近现代的事情。也就是说,对在校生进行教育是"天经地义"的事情,但对已经离开传统学校、已经在社会从业的人员进行成人教育或继续教育则是一定历史阶段的产物,亦即是在人类知识总量增长缓慢、学校所学能够应付后来一生时自然就无需在职教育,当在人类知识快速增长、学校所学难以应付在职需要时,成人教育或继续教育就顺理成章地被提出来了。近年来,随着"继续教育"一词的高频使用,"成人教育"逐渐式微,但本研究搜集的有关研究成果主要是前期使用成人教育概念下的,所以本专题中的相关地方还是使用了成人教育这个概念。从概念上讲,传统教育学术语中理解的成人教育主要是指对已经走上生产或工作岗位的从业人员进行的教育活动[②],是学历教育的延伸和发展,它与今天的继续教育概念

---

[①] 本专题作者:唐智松(西南大学,教授,博士生导师);解丁香(西南大学,博士研究生)。
[②] 顾明远.教育大辞典(增订合编本)[M].上海:上海教育出版社,1998:169.

在对象指称上是相同的。通过成人或继续教育,不但有助于提供补偿教育的机会,也有助于提供延续性的教育机会;不但有助于增长受教育者的智能,特别是专门的职业技术,也有助于增进受教育者的情意,特别是专门的人际能力。因此,近70年来,世界各国开始重视成人或继续教育,通过颁布政策推动成人/继续教育的发展。在此背景下,关于成人或继续教育的研究纷纷出现,这些研究成果的对象虽然主要是离开学校的成人,但其领域仍然涉及本质属性、功能价值、途径方式、组织管理、测量评价及学科建设等诸多方面。

### (二)分析技术

研究为把握近来有关"成人教育"研究态势,以"成人教育"作为主题在中国知网数据库(CNKI)中进行高级检索。为保证文献质量,选择北大核心和CSSCI论文,剔除无关文献(投稿须知、工作报告、会议论文等)后,将检索到相关论文共计2137篇文献导入软件,然后运用CiteSpace进行技术处理:一是通过对关键词图谱分析来捕捉成人教育研究的热点;二是通过对关键词的聚类分析来梳理有关成人教育研究的主要内容;三是通过对关键词的突现分析来预测成人教育研究的未来发展趋势。通过上述三个方面的数据分析,呈现我国近年来成人教育研究图景。

## 二、文献透视的结果解读

### (一)文献数量的统计与分析

为把握成人教育研究的整体情况,对样本文献数量进行分析,具体发文量的变化趋势(见图15-1)。

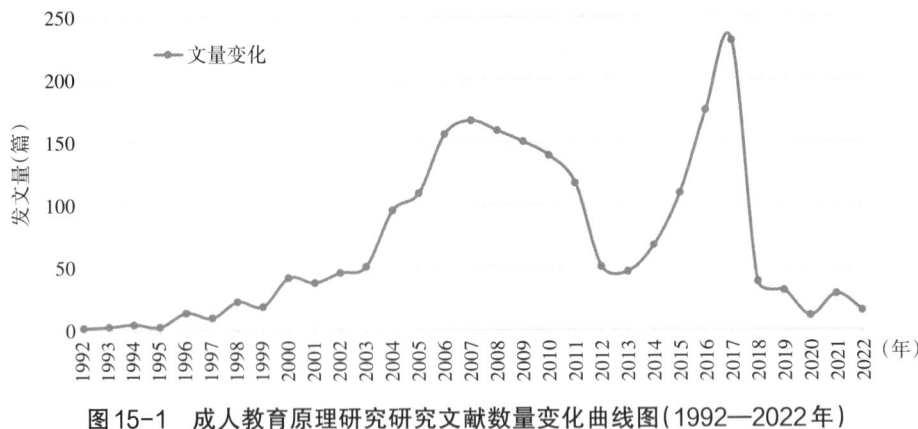

图 15-1　成人教育原理研究研究文献数量变化曲线图(1992—2022年)

总体来看,从1992年仅有1篇,到2022年的15篇,其数量呈现波动式增长和下降的趋势,具体可分为三个阶段。

第一阶段(1992—2003年):平稳发展期。此时期关于成人教育研究的发文量起伏不大,发文量较为稳定。1992年颁布《学科分类与代码》将"成人教育学"作为二级学科列入国家标准,标志着独立学科地位的获得。此时期文献开始对成人教育进行概念界定,将其作为一种向终身教育发展的新型教育制度。在此阶段,有关成人教育的研究主要是对其本质、属性、作用等进行探讨。

第二阶段(2004—2017年):快速发展期。21世纪以来,伴随经济和科技的发展,使得成人教育在世界范围内受到重视,此时期发文量增幅较大。研究主体主要包含对成人教育、继续教育、终身教育的概念探讨,对发达国家成人教育的经验介绍、对我国成人教育学科发展的思考等。

第三阶段(2018—2022年):冷淡发展期。此阶段成人教育研究的发文量呈现下降态势,成人教育面临新的时代危机和挑战。首先是"成人教育"的概念危机。"成人教育"的概念先于"继续教育"出现,但后期"成人教育"与"继续教育"的概念开始出现混淆。2004年,《中国的就业状况和政策》中提到要"大力发展职业教育、成人教育和其他继续教育"。[1]此后,继续教育的概念更加活跃,而成人教育被包含其中,这使得二者的使用较为模糊。其次是成人教育学

---

[1] 国务院.中国的就业状况和政策[EB/OL].(2005-05-27)[2022-11-22].http://www.gov.cn/zhengce/2005-05/27/content_2615728.htm.

科建设困境。伴随新的时代背景的转变,成人教育还面临着基础理论研究薄弱、缺乏学科特色、研究方法滞后等问题。

## (二)关键词共现分析——主题与次序

对1992—2022年间成人教育研究的文献进行共现知识图谱的技术处理,获得了1992—2022年成人教育研究文献的关键词共现知识图谱(见图15-2)。

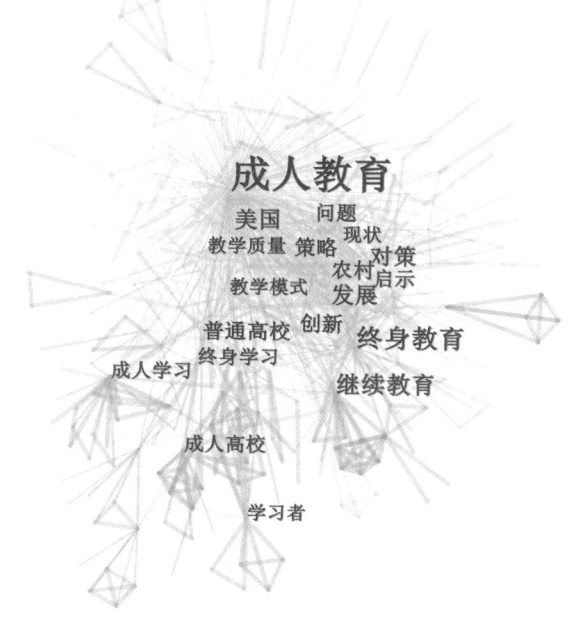

**图15-2 成人教育原理研究关键词共现知识图谱(1992—2022年)**

根据图15-2呈现的关键词共现知识图谱,可将关键词进行降序排列,依次为:成人教育、终身教育、对策、美国、继续教育等。通过分析图15-2中关键词的聚集情况,可以看出:一方面,关于成人教育的研究中,教育质量、教育模式、农村等关键词周围环绕着现状、问题、启示、创新等关键词。可见成人教育的现实困境较为严峻,亟待化解和突破。另一方面,"继续教育"与"终身教育"是成人教育密切相关的关键词,这也说明对成人教育的研究往往同时伴随着此两个方面的研究。

随后统计1992—2022年间有关成人教育研究文献中关键词的出现频次(见表15-1)。本次研究主题是"成人教育",可以看到"终身教育"是第二高频词汇。一直以来,终身教育思想引导成人教育变革,成人教育践行着终身教育理念。其次,从关键词首次出现的年份可以看出当时学者们对成人教育思想研究的关注点和聚焦点的转变。比如出现频率较高的关键词"对策""发展""问题"说明成人教育面临的困境和挑战是研究热点。此外,"美国"这一关键词的出现,也说明已有研究积极借鉴了美国的成人教育经验,从中得到启示以推进我国的成人教育改革和发展。但是,表中并未出现"信息化""网络"或"评价"等关键词,可见研究的时代性和系统性有待加强,需要在大数据背景下对我国成人教育进行改革与创新。

表15-1 成人教育原理研究关键词频次统计表

| 序号 | 首次出现年份 | 关键词 | 频次 | 序号 | 首次出现年份 | 关键词 | 频次 |
| --- | --- | --- | --- | --- | --- | --- | --- |
| 1 | 1996 | 成人教育 | 1241 | 11 | 2006 | 教学模式 | 30 |
| 2 | 1998 | 终身教育 | 87 | 12 | 2001 | 启示 | 29 |
| 3 | 2002 | 对策 | 46 | 13 | 2008 | 策略 | 29 |
| 4 | 1999 | 美国 | 40 | 14 | 2004 | 创新 | 28 |
| 5 | 1994 | 继续教育 | 38 | 15 | 1996 | 改革 | 21 |
| 6 | 1998 | 普通高校 | 38 | 16 | 2005 | 和谐社会 | 21 |
| 7 | 2001 | 发展 | 38 | 17 | 2009 | 转型 | 21 |
| 8 | 2001 | 农村 | 35 | 18 | 2006 | 学科建设 | 19 |
| 9 | 2005 | 问题 | 33 | 19 | 2006 | 高校 | 18 |
| 10 | 2002 | 终身学习 | 31 | 20 | 1994 | 成人学习 | 17 |

(三)关键词聚类分析——结构与内容

为了把握1992—2022年成人教育研究领域的发展与变化,运用CiteSpace技术进行处理,即在软件设置上,选择数据抽取对象Top12,共得到804个节点和1202条连线,网络密度为0.0037,模块值(Q值)为0.6631,满足大于0.3的条件,说明划分出来的聚类结构是明显有效的(见图15-3)。同时需要说明的是,图15-3中的标签显示出聚类号及其标识词,聚类号以#0、#1、#2依次排列。

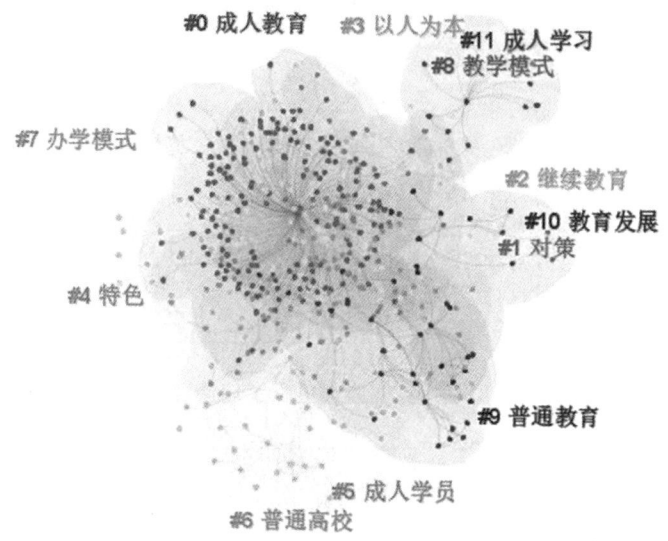

**图 15-3　成人教育原理研究关键词聚类知识图谱（1992—2022 年）**

通过分析图 15-3 所呈现的关键词聚类知识图谱可知，成人教育、对策、继续教育、以人为本、特色、成人学员、普通高校、办学模式、教学模式、普通教育、教育发展、成人学习构成了成人教育研究的主体框架。通过进一步解读上述关键词聚类情况，可以看出：其一，关键词共现与关键词聚类的结构相似，可见已有研究内容都是追着研究热点。即在终身教育背景下、成人学习心理的影响下，对成人教育发展问题进行探讨。其二，从研究内容上看，成人教育办学模式的困境与转型是当前一大挑战，背后总是与成人自身的时间成本和价值观有关。此外，有关成人教育价值观念、教学层次、形式与模式的研究还有待丰富。其三，从研究方向上看，创新、对策、以人为本是未来研究方向。即重视对问题的破解，在以人为本理念下持续创新成人教育改革路径。

### （四）关键词突现分析——阶段与趋势

为了从相关文献中揭示成人教育研究的趋势，运用 CiteSpace 软件中的突现检测功能，将"突现词"检测出来，进而获得成人教育研究高频关键词突现情况（见图 15-4）。在图 15-4 中，加粗部分表示在一定时间段的高频关键词，同时表明这些"突现"的关键词在一定时间段具有一定的发展潜力和研究价值。

| 关键词 | 首次出现年份 | 突现强度 | 突现起始年份 | 突现结束年份 | 1992—2022年 |
|---|---|---|---|---|---|
| 成人学习 | 1994 | 6.15 | 1994 | 2004 | |
| 成人高校 | 1996 | 5.69 | 1996 | 2004 | |
| 成人学员 | 1999 | 6.33 | 1999 | 2004 | |
| 终身学习 | 2002 | 7.22 | 2002 | 2006 | |
| 和谐社会 | 2005 | 6.27 | 2005 | 2008 | |
| 对策 | 2002 | 5.81 | 2007 | 2010 | |
| 问题 | 2005 | 5.42 | 2008 | 2011 | |
| 教学模式 | 2006 | 4.5 | 2008 | 2010 | |
| 策略 | 2008 | 4.51 | 2009 | 2016 | |
| 学科建设 | 2006 | 6.02 | 2014 | 2019 | |

图15-4 成人教育原理研究高频关键词突现情况（1992—2022年）

第一阶段（1992—2004年）：教育规模发展期。恢复高考制度后，由于高校招生数量非常有限，同时又有近10年的高等教育荒芜时期，通过学校之外的成人教育来弥补学历教育、学位教育的不足，弥补职业技术的不足就成为当时的"时尚"。在此成人教育实践的推动下，相应的成人教育研究开始出现。该阶段主要是在学习型社会和终身教育的理念引领下，在知识经济的时代背景下，对成人教育的办学模式、管理体制、教学内容进行了较为全面的系列研究。

第二阶段（2005—2010年）：教育质量提升期。2000年左右高校扩招后，成人教育面临生源减少等问题需要转型升级发展。同时，在和谐社会等理念的指导下，成人教育研究为实现教育公平，提高教育质量，将研究热点转向变革与创新。例如，学者们开始关注农村成人教育的问题、师资队伍建设的问题。此外，开始实施学分制管理模式、集团化办学、"学分银行"、导师制、选课制等措施，提高办学质量。因此，该阶段是成人教育发展的繁荣时期。

第三阶段（2011年至今）：终身教育持续贯彻期。在国家推进建构终身教育体系、建设学习化社会，实现人口资源大国向人力资源强国发展的战略驱动下，终身学习成为研究的理论主导。其一是在国家的指导作用下，对职业教育与成人教育的内在逻辑关系进行研究，希望利用职业教育和成人教育的结合丰富终身教育的含义、落实终身教育国策。其二是此时期老年教育开始出现在成人教育研究的内容中，促进社会和谐。其三是深入对成人教育学科建设的思考，紧随时代潮流，把握正确变革方向。此外，在信息技术的成人教育广泛运用下，借鉴国外的做法，一些传统的成人教育机构更名为开放大学，以更加现代化、信息化、全民化的"教育立交桥"形式推进继续教育的转型升级发展。

## 三、研究结论与未来展望

### （一）研究结论

通过以上相关文献的可视化分析，从关键词的共现分析、聚类分析、突现分析来捕捉、揭示我国近年来成人教育研究热点及总体发展情况，总结如下：

第一，研究内容逐渐丰富，但受重视程度不一。虽然有关成人教育的研究成果在数量上不及诸如基础教育、高等教育及职业教育方面，但从研究内容的分布看，近年来学界对成人教育的研究面较为广泛，涉及成人教育领域中大多数问题，如成人教育的定义、属性、特点、功能、理论依据等。同时也对成人教育存在的问题及对策、我国老年教育的发展历程、美国成人教育经验研究等方面的问题进行了讨论。此外，在创建学习型社会和教育公平理念的指导下，成人教育研究还关注偏远地区成人教育的问题，以新型职业农民为教育研究对象，积极响应教育精准扶贫的号召。不过还是需要看到研究中，有些方面没有得到应有的重视，如成人教育的本质规律揭示、成人教育的情意态度引导、成人教育的师生关系建设、成人教育交往的有效性，等等。

第二，研究水平逐步提高，但仍然处于弱势地位。我国的成人教育相对于基础教育、高等教育及职业教育的发展而言，起步较晚。在改革开放之前，基本的社会性知识主要通过社会运动进行宣传。改革开放之后，采用了广播电视大学、函授教育和成人自学考试等方式进行推广，尽管在规模和质效方面取得了一些进展，但整体上仍处于初级阶段。直到近年来，将网络技术广泛运用于成人教育当中，并且以开放大学教育的名义取代了传统广播电视大学教育。所以，在研究成果上也形成了对应性的特点。即研究从最初对怎么应对成人学习的问题，如何办好成人高校的研究（如课程内容、教学形式、师资队伍等探讨），发展到今天"以人为本"的价值取向，在终身教育理念指导下，提高成人教育质量，处理好成人教育与职业教育、继续教育的关系，构建和谐社会。但是，在成人教育的研究成果发表问题上,既有研究成果本身整体上水平不高的问题,也有成人教育刊物建设不足的严重问题,如成人教育类刊物地位偏低,由此反过来又影响成人教育研究质量的提高。

第三,采用国际比较方法,但单向性输入明显。对于已经迈入现代化的西方发达国家而言,他们的研究起步较早、时间较早。我国由于受历史、政治、经济水平等多种因素的影响,成人或继续教育起步晚、底子薄,再加上人口基数大、文化水平偏低等因素的综合影响,在如何更快、更好地发展成人或继续教育上自然就得注意学习、吸收、借鉴发达国家的经验。于是在研究成果上反映出国际先进理念和创新实践模式在我国成人或继续教育学的历史演进中的重要影响,如美国"注重实效"的成人教育就被当做学习的对象,对我国成人教育如何发展提供了重要启示。但是,我国在借鉴国外优秀研究成果时,也要注意开展大量本土实践的总结,如中国传统的工匠文化,现代产业中培养了一大批产业工人,涌现出了一大批大国工匠,其中蕴含的中国工匠精神等,都是成功的经验、有效的做法,自然值得向外推介、与世界分享。

### (二)未来展望

终身教育观念的深入人心、学习化社会的建设、人力资源的持续开发等决定了成人继续教育研究未来可期。

第一,增强成人教育研究的本土性。新时代实现中国式现代化的时代号角已经吹响,在人口规模众多、人口总体素质不够高、经济社会发展水平欠发达等条件下,如何办好人民满意的教育,推动成人教育的高质量发展,是需要研究创新才能够解决的时代研究课题。而已有研究较多在国家政策背景之下开展,在理论基础上都是"不约而同"地运用法国保罗·郎格朗的终身教育理论,美国舒尔茨的人力资本理论,在借鉴对象上都是以日本、德国等国为例,在分析框架上比较多地套用借鉴美国等国家的成人教育理论框架,故目前还并未建构出适宜中国本土的且具有普适性的理论成果。因此,未来我国成人教育研究应顺应时代发展趋势,结合产业变化特征,加强本土化研究,在研究中探索具有中国特色的成人教育研究的理论与范式。

第二,研究成人教育实践的实效性。为什么成人教育呈现国家社会层面热,而成人教育者自己冷的"两端分化"现象？可能是专家学者心目中美好的成人教育与成人教育参与者实际获得的效益之间存在较大的差距,亦即成人教育的实效性不高。可见,未来的成人教育研究必须关注实效性的问题,对此我们认为有以下两方面值得注意:一是成人教育应真正触及学习者的需要,即成人教育既需要提高其职业技能的效能,还要给予其精神致富的动力,尤其是要触动学习者个体的"精神世界",不但要解决物质上的"扶智"与"扶贫",还要解决精神上的"扶志"与"成人"。二是成人教育需创新教学方式,如采取"教学做合一"的模式,把乡村的成人教育与乡村生产的直播带货结合起来,做到"活学活用""即学即用",以成人教育改进生产方式、改善生活质量,让成人教育学习者感受到"立竿见影"的效果。总之,成人教育要走进成人的生活世界、心理世界,触动成人的心灵,方可推动成人教育的持续发展。

第三,加强成人教育的基础理论研究。近年来在成人教育领域发表的论文逐年减少,研究热度逐渐下降,但成人教育领域无论是理论问题还是实践问题都还有待研究,尤其是要加强基础理论研究。针对目前成人教育中的众多问题,是不是我们在基本的理论层面还没有给出较好的答案,如成人教育本质的特殊性及其要求是什么,目前对成人教育的价值和功能的认识是否存在偏差,生产方式和生活习惯对成人产生的影响及其教育要求是什么,信息技术和科技革命对成人教育的挑战与应对是什么,为何成人教育政策难以落地而且执行乏力,目前成人教育在功效上改善成人的生产与生活的效能到底如何,等等。对这些问题,既要运用定量研究的方法,运用系统科学的思维,用事实说话,给出准确的答案;又要运用质性研究方法,从人类学、经济学、社会学、政治学、伦理学、哲学等给予方向性的答案。如此具有雄厚理论支撑的成人教育实践才能够行稳致远。

第四,丰富成人教育的研究方法。科学的研究方法与技术是揭示研究对象特征、问题的重要手段,成人教育研究同样面临着研究方法、技术的科学利用问题。一是要继续使用质性研究方法。虽然已有众多研究成果侧重于质性研究,但是对成人教育诸多问题仅提供了方向性建议,缺乏在具体情景当中的指导。然而,这不意味着要否定质性研究的价值。相反,未来研究还需要继续使用,并且提高质性研究的水平,特别是在看到成人教育的社会复杂性时,站在多学科综合视角、运用系统科学的思维,坚持中国式现代化的方向,揭示中国式成人教育的基本规律。二是借用定量研究的方法技术优势,运用教育经济学的原理,对成人中那些处于贫困阶段、需要教育脱贫、遏制返贫者而言,需要运用数理统计的方法技术、系统工程的智慧,结合成人的生存方式、生活情境,揭示成人教育的成本与收益比,以事实证明成人教育的效能。

## 研究导航

为了深化你对本专题的学习、推进有关本专题的研究工作,你可以在问题中选取题目开展研究。

1. 农村社区成人教育的困境及解决研究。
2. 成人继续教育的"立交桥"设计。
3. 以校点为中心的片区教育一体化研究。
4. 人口老龄化背景下老年大学教育作用的再审视。
5. 以某地为对象调查研究成人教育的实效性。

# 专题16 民族教育原理研究的综述与展望[①]

📖 阅读导航 ○⋯⋯⋯⋯

本专题是关于民族教育原理问题的研究。民族教育具有综合性,前面各学段教育研究成果的文献综述研究显然不足以涵盖民族教育的"代表性",故立此专题以论之。为了掌握民族教育原理研究的状态,本研究使用CiteSpace文献分析技术和传统的文献解读技术对已有研究成果进行系统分析,以便为读者提供已有关于民族教育研究工作的进展,厘清有关在民族教育的定位、属性、价值、功能、内容、组织等方面研究的结论;同时在总结的基础上提出未来研究的参考建议。

## 一、概念界定与分析技术

### (一)概念界定

中华民族是由汉族和其他55个少数民族共同构成的大家庭,由于其他55个民族在人口总数上仅占全国的8%左右,故统称为少数民族。在我国,民族教育作为中国少数民族教育的简称,特指除汉族以外的其他55个民族的教育,它以少数民族为教育对象、在教育内容上着重少数民族文化、在教学语言上兼顾少数民族语和汉语,培养受教育者国家认同和民族认同相统一。同时它也是对在一个多民族国家中人口居于少数的民族的成员实施的复合民族教育,因而也是多元文化教育。虽然我国少数民族教育在总体规模上的比例较低,但其教育系统构成的多样性、复杂性等同于其他类型、层次的教育,其中同样涉及一些基本的领域,如民族教育的政策法规、各学段的民族教育、民族教育的课程建设、民族地区的教材建设、民族教育的师资队伍建设、民族教育的考核评价,以及民族学校中的学生管理、特色校园文化建设、地方课程和校本课程的开发等,是真正意义上的"麻雀虽小五脏俱全"。不仅如此,民族教育显

---

[①] 本专题作者:唐一山(西南大学,博士研究生);高六一(西南大学,硕士研究生)。

然具有重要的多方面意义,如通过具有民族特色的双语教学,发挥着延续民族语言、文化、心理,弘扬民族优秀传统文化的作用;通过民族特色内容的校本课程、地方课程教学,发挥着增进民族区域特色认识,激发家国情怀的作用;通过现代人文、科技在民族学校的融入,发挥着拓展民族儿童及社会的视野,推进民族地区现代化的作用;通过民族地区学校的国家普通话教育,发挥着促进认识中华民族大家庭、激发热爱中华民族情感的作用。上述作用的汇聚有利于增进民族团结、加强国家凝聚力、筑牢中华民族共同体意识的目标实现。因此,长期以来,学者们高度重视民族教育问题的理论研究,并且取得较为丰硕的研究成果。

### (二)分析技术

为保证文献质量,真实反映研究状况,在中国知网数据库(CNKI)中,以"民族教育"为主题进行检索,选择SCI来源刊、CSSCI期刊和核心期刊三种文献来源,不限定年限进行检索。统计发现,样本文献的时间段为1992—2022年,检索得到文献记录3211条,再去除无效文献之后,获得有效文献共3187篇,把这些文献导入软件,运用CiteSpace进行处理:一是通过对关键词图谱分析来捕捉民族教育研究的热点;二是通过对关键词的聚类分析来梳理有关民族教育研究的主要内容;三是通过对关键词的突现分析来预测民族教育研究的未来发展趋势。

## 二、文献透视的结果解读

### (一)文献数量的统计与分析

为从整体上把握我国"民族教育"的研究情况,对样本文献数量进行分析,1992—2022年我国"民族教育"研究相关期刊文献数量年限分布如下(见图16-1)。

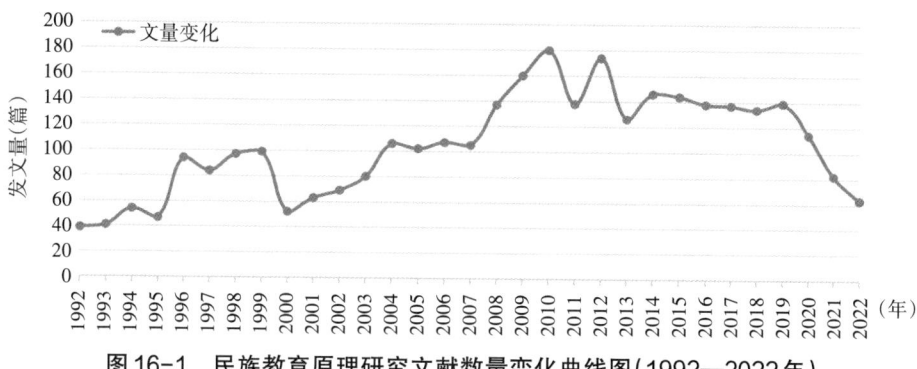

**图16-1 民族教育原理研究文献数量变化曲线图（1992—2022年）**

观察图16-1可发现，发文最多的是2010年，达183篇；发文最少的是1992年，仅39篇。我国民族教育研究文献在核心期刊发文量在1992—2010年呈现波动上升的趋势，于2010年达到最高峰，这一年文章发表量达到最大值183篇。2010年至今呈现波动下降的趋势，2022年发文量达到70篇。总体来看，民族教育研究走过了"先热后冷"的路程。1992年10月，国家教委、国家民委印发的《关于加强民族教育工作若干问题的意见》指出"民族教育是我国整个教育事业的重要组成部分，也是民族工作的重要内容"[1]，成为这一时期指导民族教育工作的重要文件。2002年，《关于深化改革加快发展民族教育的决定》中总结了我国民族教育工作的丰富经验，明确了今后工作的目标任务和基本原则。随着民族教育进入跨越式发展阶段，民族教育研究也进入活跃期，文献数量进入高速增长期。2010年发布的《国家中长期教育改革和发展规划纲要（2010—2020年）》对民族教育事业的发展做了科学规划，之后相关研究呈现下降趋势，其原因在于自党的十八大提出铸牢中华民族共同体和加强民族团结教育以来，我国强调民族之间的共同性而非差异性，将多元文化的民族认同导向多民族统一的国家认同上来，由此形成了新的研究热点。总体上看，由于受研究者群体有限、实证研究难度大、研究起步较晚等众多因素的影响，当前民族教育研究虽成就不小，但研究空间还有待深入拓展。

---

[1] 国家教委、国家民委.关于加强民族教育工作若干问题的意见[EB/OL].(1992-10-20)[2022-11-21].https://www.neac.gov.cn/seac/xxgk/200406/1079365.shtml.

## (二)关键词共现分析——主题与次序

对1992—2022年间有关民族教育研究的文献进行关键词共现处理,得到民族教育研究关键词共现知识图谱(见图16-2)。

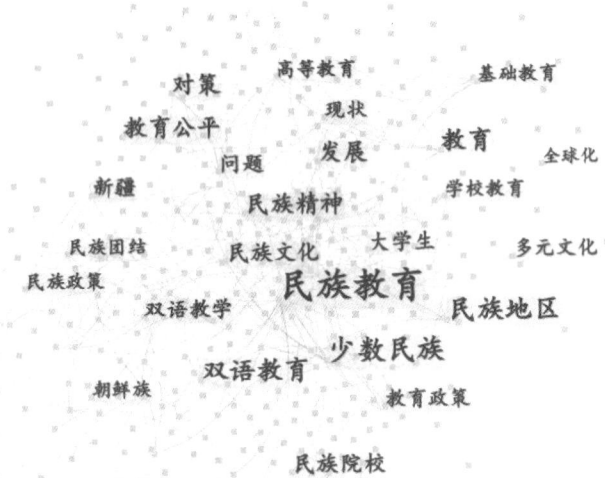

图16-2 民族教育原理研究关键词共现知识图谱(1992—2022年)

图16-2中网络节点的中心性——民族教育是反映该节点核心程度的重要指标,衡量该节点与其他节点——少数民族、民族文化、双语教育等之间联系的密切程度。圆环中心部分的关键词与散落在环附近的关键词存在类属关系,即表示该部分与其他关键词存在紧密联系。根据图16-2呈现的关键词共现知识图谱,可以发现,民族教育、少数民族、民族地区、双语教育等内容成为民族教育研究者关注的重要部分。

随后统计1992—2022年期间有关民族教育等研究文献中关键词的出现频次(见表16-1)。

因本专题研究的主题是民族教育,因此"民族教育"关键词出现较高的频次是在研究预期之内的。其余涉及的高频关键词为民族教育的实现载体,如"少数民族""民族地区"和"双语教育"。此外,从关键词首次出现的年份可以看出当时学者们对民族教育研究的关注点和聚焦点的转变,比如关键词"民精神""民族文化"和"多元文化",出现的年份均为2003年左右,出现的频次较高,受到了研究者较多的关注与讨论。可见在民族教育领域中,民族传统文化与民族认同是已有研究的焦点。

表16-1　民族教育原理研究关键词频次及其中介中心性统计表

| 序号 | 频次 | 中心性 | 关键词 | 出现年份 | 序号 | 频次 | 中心性 | 关键词 | 出现年份 |
| --- | --- | --- | --- | --- | --- | --- | --- | --- | --- |
| 1 | 590 | 0.65 | 民族教育 | 1992 | 11 | 39 | 0.04 | 双语教学 | 1995 |
| 2 | 163 | 0.09 | 少数民族 | 1997 | 12 | 39 | 0.02 | 民族院校 | 1998 |
| 3 | 133 | 0.12 | 民族地区 | 1996 | 13 | 38 | 0.01 | 问题 | 1999 |
| 4 | 89 | 0.05 | 双语教育 | 1992 | 14 | 34 | 0.02 | 多元文化 | 2002 |
| 5 | 83 | 0.06 | 教育 | 1998 | 15 | 34 | 0.01 | 现状 | 2002 |
| 6 | 58 | 0.04 | 对策 | 1998 | 16 | 33 | 0.01 | 新疆 | 2001 |
| 7 | 57 | 0.01 | 民族精神 | 2003 | 17 | 33 | 0.01 | 大学生 | 2005 |
| 8 | 53 | 0.02 | 教育公平 | 2006 | 18 | 29 | 0.01 | 教育政策 | 2004 |
| 9 | 49 | 0.02 | 发展 | 1998 | 19 | 24 | 0.01 | 学校教育 | 2002 |
| 10 | 44 | 0.02 | 民族文化 | 2003 | 20 | 21 | 0.00 | 义务教育 | 1995 |

(三)关键词聚类分析——结构与内容

为了把握1992—2022年民族教育研究领域的发展与变化,对相关研究的主要内容运用CiteSpace技术进行了关键词的聚类分析,在软件设置上,选择数据抽取对象Top12,共得到489个节点和831条连线,网络密度为0.007,模块值(Q值)为0.6498,满足大于0.3的条件,说明划分出来的聚类结构是明显有效的。平均轮廓值为0.8588>0.7,表明该聚类分析具有较高的信度(见图16-3)。图16-3中的标签显示出聚类号及其标识词,聚类号以#0、#1、#2依次排列。

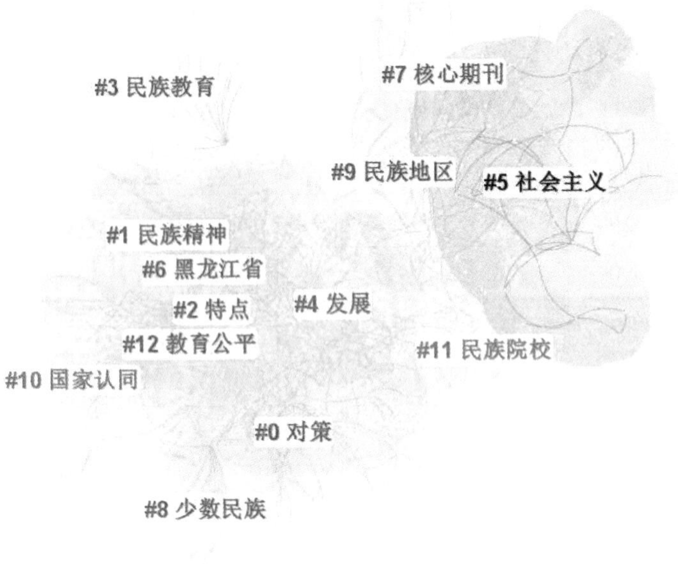

#3 民族教育　　　　#7 核心期刊

　　　　　　　　#9 民族地区　　#5 社会主义

#1 民族精神
　　#6 黑龙江省
　　#2 特点　　#4 发展
　　#12 教育公平
#10 国家认同　　　　　　　#11 民族院校

　　　　　#0 对策

　　　#8 少数民族

**图 16-3　民族教育原理研究关键词聚类知识图谱（1992—2022 年）**

通过分析图 16-3 所呈现的关键词聚类知识图谱可知，民族教育研究的主要内容包括民族精神、特点、民族教育、发展、社会主义、民族院校、国家认同等方面。通过进一步解读上述关键词聚类情况，可以看出：一是从研究对象上看，已有研究以民族文化认同、民族精神、双语教学为研究主体，重视对民族传统文化的继承与发展。二是从研究内容上看，研究内容涉及入学率、政策优惠和地域差异等方面，说明已有研究关注民族地区教育发展落后的问题，积极关照处于偏远民族地区不利处境的教育环境，致力促进少数民族教育公平发展。三是从研究层次上看，主要包括义务教育和高等教育方面，缺少对民族教育的学前教育、职业教育以及终身教育方面的相关研究。

### （四）关键词突现分析——阶段与趋势

为了从相关文献中揭示民族教育研究的趋势，运用 CiteSpace 软件中的突现检测功能，进而获得民族教育研究高频关键词突现情况（见图16-4）。图16-4中加粗部分表示在一定时间段的高频关键词，同时表明这些"突现"的关键词在一定时间段具有一定的发展潜力和研究价值。

| 关键词 | 首次出现年份 | 突现强度 | 突现起始年份 | 突现结束年份 |
|---|---|---|---|---|
| 入学率 | 1992 | 7.53 | 1992 | 1998 |
| 社会主义 | 1994 | 8.3 | 1994 | 1998 |
| 民族平等 | 1994 | 5.32 | 1994 | 1998 |
| 双语教学 | 1995 | 4.57 | 1995 | 1999 |
| 黑龙江省 | 1996 | 6.5 | 1996 | 2002 |
| 教育立法 | 1997 | 5.45 | 1997 | 2005 |
| 发展 | 1998 | 11.68 | 1998 | 2007 |
| 教育 | 1998 | 7.24 | 1999 | 2011 |
| 改革 | 1999 | 5.92 | 1999 | 2004 |
| 贵州 | 2000 | 4.6 | 2000 | 2004 |
| 现状 | 2002 | 5.29 | 2002 | 2006 |
| 对策 | 1998 | 5.05 | 2002 | 2012 |
| 民族精神 | 2003 | 12.89 | 2003 | 2011 |
| 大学生 | 2005 | 11.02 | 2005 | 2011 |
| 特点 | 2005 | 4.73 | 2005 | 2011 |
| 新疆 | 2001 | 5.36 | 2006 | 2012 |
| 启示 | 2007 | 6.01 | 2007 | 2011 |
| 学校教育 | 2002 | 6.86 | 2008 | 2015 |
| 教育公平 | 2006 | 5.91 | 2009 | 2014 |
| 朝鲜族 | 1997 | 4.88 | 2010 | 2014 |
| 文化传承 | 2011 | 5.05 | 2011 | 2014 |
| 双语教育 | 1992 | 6.36 | 2012 | 2019 |
| 核心期刊 | 2014 | 6.23 | 2017 | 2022 |
| 知识图谱 | 2017 | 5.21 | 2017 | 2022 |
| 民族地区 | 1996 | 6.99 | 2020 | 2022 |

图 16-4　民族教育原理研究高频关键词突现情况（1992—2022 年）

第一阶段（1992—1998 年）：民族教育工作发展期。国家教委办公厅在 1992 年发布了《关于加强民族散杂居地区少数民族教育工作的意见》，提出"在多民族杂居地区，要教育师生相互尊重民族风俗习惯，树立各民族平等、团结、互助的社会主义民族关系观念"。1993 年，国家民委发布《关于加快所属民族学院改革和发展步伐的若干意见》，提出并强调有利于民族地区的社会主义建设服务、有利于贯彻党的教育方针、有利于充分调动各民族师生员工的积极性的"三个有利于"。[①]因此，此时期"入学率""民族平等""社会主义"等词语频繁出现。

---

[①] 国家民委.关于加快所属民族学院改革和发展步伐的若干意见[EB/OL].(1993-07-09)[2022-11-21].https://www.neac.gov.cn/seac/xxgk/200406/1079366.shtml.

第二阶段(1999—2011年):民族教育快速发展期。2002年,国务院发布的《关于深化改革加快发展民族教育的决定》,提出了"民族教育跨越式发展"的思想。民族教育进入跨越式发展阶段。2006年,"少数民族高层次骨干人才计划"正式实施,这一创新举措为少数民族学生接受研究生教育开辟了新通道。2010年发布的《国家中长期教育改革和发展规划纲要》(2010—2020年)专门对民族教育事业的发展做了科学规划,技术革新促进了教育信息化、数字化。因此,"改革""发展""对策""大学生"成为这一阶段民族教育的研究热点。

第三阶段(2012—2022年):民族教育质量提高期。2012年颁布的《教育信息化十年发展规划(2011—2020年)》指出重点支持民族地区的学校教育信息化的发展。2015年国务院印发《关于加快发展民族教育的决定》,通过跨区域调配教育资源、降低少数民族学生入学门槛等措施,民族教育质量得到显著提升。2020年初,教育部出台政策要求培训民族地区、贫困地区教师国家通用语言文字应用能力,以此提升少数民族教师的普通话水平和普通话教学能力,助力脱贫攻坚。故近年的突现词主要为"知识图谱""双语教育""文化传承""核心期刊"等。

## 三、研究结论与未来展望

### (一)研究结论

通过以上相关文献的可视化分析,从关键词的共现分析、聚类分析、突现分析来捕捉、揭示我国近年来民族教育研究热点及总体发展情况,总结如下:

第一,民族教育研究处于稳定状态,但水平有待提高。从总体上看来,近年来我国的民族教育研究成果在发展趋势上持续保持向上增长的局面。可以认为,一方面正是在国家层面的推动下,使得关于民族教育政策的出台、调整、完善成为民族教育研究的重要课题;另一方面,在民族教育政策推动下,民族教育实践的研究也成为民族教育研究的重要议题。由此,催生了理论与实践多个层面的民族教育研究成果。总体而言,有关民族教育的研究成果以田野考察、案例研究居多,研究多停留在对表面现象的记忆、描述居多,深层次的考究、机理性的探析类研究成果不多,拉低了研究成果质量。

第二,民族教育研究主题较为广泛,但对实践的理论提升不够。从研究成果的文献内容分布看,近年来我国民族教育的研究热点主要集中在民族教育、双语教育、少数民族、教育公平、民族教育对策、入学率、社会主义、民族平等以及民族精神等方面。这种研究主题较为集中的现象表明了我国民族教育研究群体集体关注民族教育的重大问题,集中力量攻克民族教育中的热点难点问题,有利于民族教育理论与实践的发展。但是,必须看到当下我国民族教育的实践远远走在理论研究的前面,如"学前学普"、双语教学的改革、内地民族班教育的提升、面向民族地区的教育培训等实践如火如荼地开展,但在相关研究成果中还没有得到较好的体现。

第三,民族教育的内涵得到丰富,但主旋律实践路径关注不够。从早期、中期、近期不同阶段的民族教育研究成果文献情况看,我国的民族教育研究中的民族教育的概念,从最初的简单地被视为少数民族或民族地区的教育逐步丰富成为对中华民族整体的民族教育,由强调民族文化认同上升到民族认同和民族团结认同并举。可见,民族教育的概念随着我国社会发展以及政策调整而发生变化,其内涵不断丰富和完善。这种民族教育概念含义的不断丰富既反映了民族教育研究中与时俱进的精神风貌,也反映了我国民族工作不断创新的格局,同时更有利于民族教育工作的推进,从而发挥教育作用以促进民族地区经济社会发展。当然,也要看到有关研究中对这些新时代民族教育的主旋律的实践路径关注不够,由此使得相关研究成果停留在"纸上谈兵"状态,不利于推进民族团结教育、不利于提升民族共同体意识。

### (二)未来展望

多元民族的存在是世界民族大家庭存在的基础,各民族教育是五彩缤纷的世界教育中的瑰丽花朵,在"民族的才是世界的"理念下,未来民族教育研究还需继续有所作为。

第一,完善民族教育研究的范畴。民族教育研究的主题虽然较为广泛,但存在主题内容分布不均的现象。民族教育研究主要涉及民族教育政策、双语教育、民族文化等倾向于民族精神和民族文化的教育,而对少数民族的职业教育、成人教育、学前教育、女童教育的研究则相对较少,说明民族教育研究的主题在过去存在不均的现象。同时,民族教育研究的区域主要集中在西南和西北地区,缺少对中东部地区少数民族教育的研究。未来民族教育的研究应更加系统广泛,结合民族教育发展的现实状况和时代背景,加强民族教育基本理论和民族教育实践中的突出问题等薄弱环节研究,完善民族教育学科体系,以促进民族教育研究的均衡和可持续发展。

第二,拓宽民族教育研究的视野。我国民族教育研究大多从教育学、民族学和社会学领域来进行研究,这虽然能够为我国复杂的民族教育改革和发展提供多方的智力支持,但未来研究要获得进一步发展还需要从多视角、多领域、多学科入手。因为民族教育是整个人类教育的一个缩影,构成系统的要素、要素功能、要素关系,特别是传统价值观念与现代普世认知之间的差异等,带来了民族教育研究的复杂性、艰巨性,这自然需要从多学科视角去全方位揭示其机理,方可思谋其对策。在研究方法上也存在拓展视角的任务,即过去研究中偏重于田野考察、案例分析、定性研究,虽然获得了丰富的具体认识,但概括程度不够、整体性反映不足的缺陷十分明显。所以面向未来的民族教育研究既需要保持定性研究类型的传统,也需要引入实证研究的范式,把实证研究和理论研究结合起来,从而提高民族教育研究的科学性。

第三,关注民族教育重点难点问题。在肯定民族教育研究取得丰硕成就的同时,还需要看到民族教育研究中还有许多值得关注的重大问题、难点问题。其中,前者如筑牢中华民族共同体意识的含义与路径,在民族教育中"推广普通话"的理论支撑与实践路径,民族语言作为第二语言教育的科学性论证,民族教育的共识度达成问题等,都是需要回答的重大时代之问。后者如民族地区的教育资源均衡与开发问题、地方课程和校本课程的开发问题,民族学校的师资队伍建设问题,民族地区学生的学业成绩评价问题,民族地区的办学评价问题,民族教育的家庭及社会支持的改善问题等,也是亟待回答的当代问题。当然,还要看到造成这些问题的原因的复杂性,如自然环境、地理交通、文化心理、历史治理、民族交往等诸多因素的综合影响,当下解决既有社会主义优越制度的有力支持,也有不易克服的自然环境交通障碍,因而更加需要通过研究给出智慧的解决方案。

第四，彰显民族教育研究中国智慧。首先是研究好中国自己的民族教育问题，从宏观层面看，如何通过民族教育铸牢中华民族共同体意识、加强民族团结教育、促进民族地区多元文化和谐发展等问题需进一步深入探究，而这些问题的研究需要政策调整、法规完善、资源配置、师资建设、课程建设、教材再次开发、教学创新等系列工作的支持。从微观层面看，通过全面建设小康社会、实现乡村振兴战略背景下的西部及中部民族地区教育中的诸如教育资源的贫乏与开发、优质教育资源的失衡与均衡、师资规模的不足与剩余并存、学校规模萎缩和校点消失难以遏制、民族地区教育与经济社会发展的匹配、少数民族儿童身心特征的特殊性及其教育要求等问题有待探索。同时，当代世界加速发展、新技术革命及其运用、政治经济格局风云变幻、人类道德精神复杂多变、现代化和全球化进程广泛影响下的民族教育及其研究的挑战问题，自然也需要关注、探讨，以此形成与世界民族教育研究在普遍性、普适性上的对话。

## 研究导航

为了深化你对本专题的学习、推进有关本专题的研究工作，你可以在问题中选取题目开展研究。

1. 山地、草原、高寒地带民族地区儿童身心发展的特殊性及要求研究。
2. 论国家通用语言教育与民族语言课程的关系。
3. 以某民族地区为对象调查研究师资质量建设的实效性。
4. 当代多民族地区教育共识的达成度研究。
5. 以某校为对象调查筑牢中华民族共同体意识教育的实效性。

# 下篇 重大教育问题研究的综述与展望

# 专题17　教育机会均等研究的综述与展望[①]

📖阅读导航 ○----------

本专题是关于教育机会均等问题的研究。毫无疑问,我们每个人都希望享受到均等的教育机会,教育机会均等因而成为教育中最大"公约数",对此予以关注和研究成为教育研究的题中之义。本研究使用CiteSpace文献分析技术和传统的文献解读技术对已有教育机会均等问题的研究成果进行系统分析,以便为读者提供已有关于教育机会均等的研究进展;同时,从进一步推动教育机会均等在含义上的重要进步和实践上的有力推进,提出了未来研究还需要思考、回答的议题,以便为读者进一步研究提供借鉴。

## 一、概念界定与分析技术

### (一)概念界定

教育机会均等是指"给公民和儿童以同等受教育的机会。要求用科学的方法、选拔、招录学生,取消一切不平等的教育规章制度"[②],即消除性别差异、不同宗教信仰、不同种族、不同社会地位(政治、经济、文化)对个人(儿童)教育机会的限制;同时包括对教育处境不利者提供补偿教育的机会,促进教育起点的公平。反过来说,现实教育在上述领域确实存在不同程度的不公。自詹姆斯·科尔曼(James Coleman)1966年发表著名的《教育机会均等》(又称《科尔曼报告》)以来,学者们进行了大量的教育机会均等问题的研究,对教育机会均等的含义形成了众多认识。在实践层面,主要涉及如下几个方面:一是儿童享受入学就读机会的均等,特别是义务教育的机会公平问题;二是教育过程的资源享受机会均等,有学者特别强调该环节最容易被忽视;三是获得教育的学业成就机会均等;四是为教育处境不利者提供补偿教育的机会均等。此外就是呼吁国际教育的平等问题,一般认为存在发达国家对欠缺发达国家在教育上"薅

---

[①] 本专题作者:张献伟(西南大学,博士研究生)。
[②] 顾明远.教育大辞典(增订合编本)[M].上海:上海教育出版社,1998:753.

羊毛"的形象。人们之所以重视教育机会均等问题，因为它确实有多方面的价值，如教育机会均等是反对教育特权、教育排斥或教育歧视的，倡导为个人平等地提供公共教育资源，促进教育涉及者在起点、过程等方面的平等。当然，尽管人们普遍希望能够享受均等的教育机会，但由于众多复杂因素的影响而难以如愿，于是人们更加渴望教育机会均等。已有研究通常从上述基本理念入手，将其运用于学前教育、基础教育和高等教育等各级各类之中，运用于不同区域、家庭、学校的儿童及教师等各种层次对象上，形成了较为丰富的教育机会均等研究成果。

### (二)分析技术

在中国知网数据库(CNKI)中，以"教育机会均等"为主题进行检索，对检索结果进行人工筛选与整理，剔除期刊会议征稿、报纸、笔谈、无作者信息及其他不相关条目等无效数据后，最终得到有效样本文献405篇。然后将上述文献导入软件，运用CiteSpace进行处理：一是通过对关键词共现图谱分析来捕捉教育机会均等研究的热点；二是通过对关键词的聚类分析来梳理有关教育机会均等研究的主要内容；三是通过对关键词的突现分析来预测教育机会均等研究的未来发展趋势。通过上述三个方面的数据分析，呈现我国近年来教育机会均等研究图景。

## 二、文献透视的结果解读

### (一)文献数量的统计与分析

为把握教育机会均等研究的整体情况，对样本文献数量进行分析，具体发文量的变化趋势如图17-1所示。

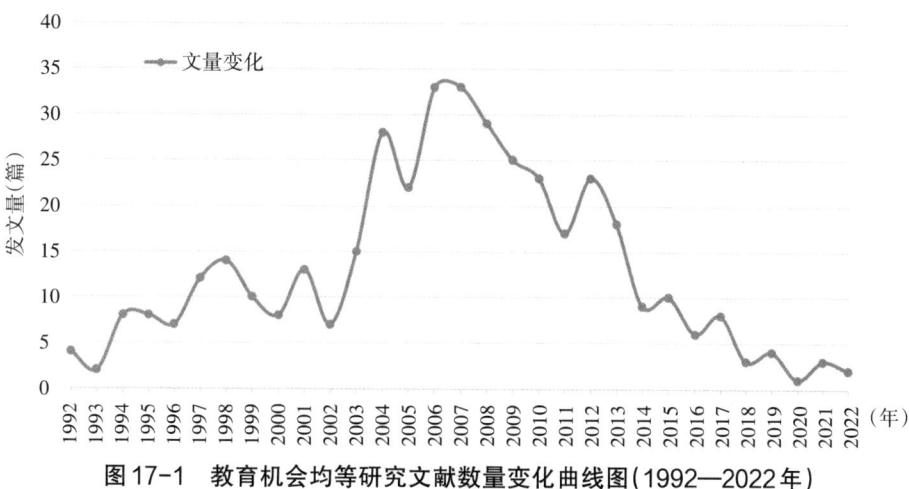

**图 17-1　教育机会均等研究文献数量变化曲线图（1992—2022 年）**

　　总体来看，教育机会均等研究文献数量经历了先增多后减少的过程，这表明教育机会均等问题得到了一定程度的解决。2004 年，国家正式启动西部地区"两基"攻坚计划，中央安排资金 100 亿元实施西部地区农村寄宿制学校建设工程。2005 年底，温家宝在北京召开的联合国教科文组织第五届全民教育高层会议上宣布："在农村全面免除义务教育阶段的学杂费。"在推进教育公平进程中，除了"西部农村教育"这个关键词外，还有一个里程碑：全国人大对颁布了整整 20 年的《中华人民共和国义务教育法》进行修订，首次明确义务教育免收学杂费，以法律形式保障义务教育经费投入，促进义务教育均衡发展。在促进教育公平方面，新修订的《中华人民共和国义务教育法》把教育均衡列为各级人民政府的一项重要责任，明确提出："国务院和县级以上地方人民政府应当合理配置教育资源，促进义务教育均衡发展，改善薄弱学校的办学条件"。法律规定，县级以上人民政府及其教育行政部门应当促进学校均衡发展，缩小学校之间办学条件的差距，不得将学校分为重点学校和非重点学校。学校不得分设重点班和非重点班。法律还规定，县级人民政府教育行政部门应当均衡配置本行政区域内学校师资力量，组织校长、教师的培训和流动，加强对薄弱学校的建设。同时明确，国家组织和鼓励经济发达地区支援经济欠发达地区实施义务教育，2022 年召开的党的二十大在报告中继续郑重申明促进教育公平。上述教育机会均等研究先增多后减少的现象说明，虽然目前教育机会均等还存在一些不足,但从总体上看,我国在推进教育公平方面做出了较大努力,而且是取得了良好效果。

### (二)关键词共现分析——主题与次序

对1992—2022年期间有关教育机会均等研究的文献进行共现知识图谱的技术处理,获得了1992—2022年教育机会均等研究文献的关键词共现知识图谱(见图17-2)。

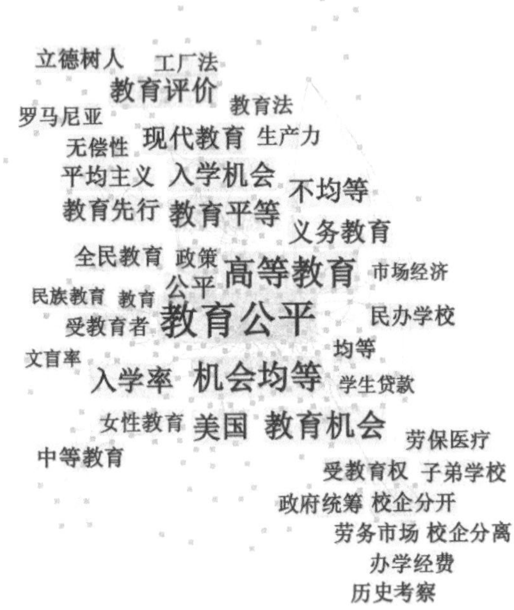

图17-2 教育机会均等研究关键词共现知识图谱(1992—2022年)

从图17-2中,可以发现,高等教育、民族教育、女性教育、义务教育、受教育者、受教育权、入学教育等成为教育机会均等研究者们关注的重要内容。

随后统计1992—2022年期间有关教育机会均等研究文献中关键词的出现频次(见表17-1)。因本次研究的主题是"教育公平""机会均等",这一对关键词出现的频次较高并不意外。1999年,教育部发布了《面向21世纪教育振兴行动计划》,其中对普通高等学校的扩招工作提出了具体要求。随后,在2000年,"高等教育"作为教育机会均等研究的关键议题之一,开始在中国的教育研究领域中被广泛关注和讨论。

表 17-1  教育机会均等研究关键词频次统计表

| 序号 | 首次出现年份 | 关键词 | 频次 | 序号 | 首次出现年份 | 关键词 | 频次 |
| --- | --- | --- | --- | --- | --- | --- | --- |
| 1 | 1994 | 教育公平 | 77 | 14 | 1994 | 不均等 | 7 |
| 2 | 2000 | 高等教育 | 32 | 15 | 2001 | 教育 | 6 |
| 3 | 2000 | 机会均等 | 27 | 16 | 2005 | 和谐社会 | 6 |
| 4 | 2003 | 教育机会 | 21 | 17 | 2003 | 农村教育 | 5 |
| 5 | 2001 | 美国 | 16 | 18 | 2004 | 政策 | 5 |
| 6 | 1999 | 教育平等 | 14 | 19 | 1994 | 学生贷款 | 5 |
| 7 | 2022 | 教育评价 | 14 | 20 | 2004 | 民族教育 | 4 |
| 8 | 1995 | 入学机会 | 10 | 21 | 2004 | 学费 | 4 |
| 9 | 2004 | 公平 | 10 | 22 | 2003 | 弱势群体 | 4 |
| 10 | 1995 | 义务教育 | 9 | 23 | 2006 | 社会分层 | 4 |
| 11 | 2004 | 均等 | 9 | 24 | 1993 | 受教育权 | 4 |
| 12 | 2022 | 立德树人 | 7 | 25 | 1994 | 现代教育 | 4 |
| 13 | 1995 | 入学率 | 7 | 26 | 1992 | 全民教育 | 4 |

1995年,《中华人民共和国教育法》颁布施行,规定实行九年制义务教育制度,各级人民政府采取各种措施保障适龄儿童、少年就学;乡、民族乡、镇的人民政府根据自愿、量力的原则,可以在本行政区域内集资办学,用于实施义务教育学校的危房改造和修缮、新建校舍,不得挪作他用。故而,1995年,入学率、义务教育、入学机会开始出现在相关研究中。2003年,中国政府响应联合国教科文组织《普及网络空间及促进并使用多种语言的建议书》中"应特别考虑公共机构、教育机构、弱势群体和残疾人的需要","弱势群体"的教育问题开始出现在相关研究中。

### (三)关键词聚类分析——结构与内容

为把握1992—2022年教育机会均等研究领域的发展与变化,运用CiteSpace工具对相关研究的主要内容进行关键词的聚类分析。在软件设置上,选择数据抽取对象Top12,共得到805个节点和1242条连线,网络密度为0.0038,模块值(Q值)为0.6226,满足大于0.3的条件,说明划分出来的聚类结构是明显有效的。同时需要说明的是,图中的标签显示出聚类号及其标识词,聚类号以#0、#1、#2依次排列(见图17-3)。通过分析图17-3所呈现的关键词聚类知识图谱可知,教育公平、高等教育、入学率、教育评价、平等、教育机会、民办学校、不均等构成了教育机会均等研究的主体框架。

图17-3　教育机会均等研究关键词聚类知识图谱(1992—2022年)

### (四)关键词突现分析——阶段与趋势

为了从相关文献中揭示教育机会均等研究的趋势,运用CiteSpace软件中的突现检测功能,将伽马值设置为0.5可使"突现词"显现出来,进而获得教育机会均等研究高频关键词突现情况(见图17-4)。图17-4中加粗部分表示在一定时间段的高频关键词,同时表明这些"突现"的关键词在一定时间段具有一定的发展潜力和研究价值。

1990年联合国教科文组织召开了"世界全民教育大会",大会通过了《世界全民教育宣言》。全民教育的目标是满足所有人基本的学习需要,为社会进步贡献出每一个人的价值,同时,全民教育也致力于传递和丰富共同的文化和道德价值观,它是面对全球大量失学儿童,成人文盲比例高,教育质量低下和教育不平等现象而提出的。此后,1992—2001年,该词成为研究热词。

| 关键词 | 首次出现年份 | 突现强度 | 突现起始年份 | 突现结束年份 | 1992—2022年 |
|---|---|---|---|---|---|
| 全民教育 | 1992 | 1.82 | 1992 | 2001 | |
| 现代教育 | 1992 | 1.98 | 1994 | 2000 | |
| 入学率 | 1992 | 3.47 | 1995 | 2001 | |
| 教育平等 | 1992 | 3.01 | 1999 | 2004 | |
| 机会均等 | 1992 | 1.99 | 2000 | 2002 | |
| 学费 | 1992 | 2.09 | 2004 | 2006 | |
| 公平 | 1992 | 2.01 | 2004 | 2011 | |
| 教育机会 | 1992 | 3.08 | 2005 | 2006 | |
| 和谐社会 | 1992 | 2.5 | 2005 | 2009 | |
| 高等教育 | 1992 | 4.45 | 2006 | 2010 | |
| 入学机会 | 1992 | 2.43 | 2010 | 2013 | |
| 美国 | 1992 | 2.31 | 2012 | 2017 | |
| 教育公平 | 1992 | 2.15 | 2013 | 2014 | |
| 家庭背景 | 1992 | 1.9 | 2016 | 2020 | |

图17-4　教育机会均等研究高频关键词突现情况（1992—2022年）

2005年，党中央提出将"和谐社会"作为执政的战略任务。而教育公平是社会公平的基础和核心环节，因而也是和谐社会的基石。在教育公平中又以义务教育公平最为关键。故而，"和谐社会"经常出现在相关研究中。2016年之后，受到习近平总书记有关"家风"系列论述影响，家庭背景（家风、家庭教育）也得到关注。

## 三、研究结论与未来展望

### （一）研究结论

通过以上相关文献的可视化分析，从关键词的共现分析、聚类分析、突现分析来捕捉、揭示近年来教育机会均等研究热点及总体发展情况，总结如下：

第一，教育机会均等的含义和范畴逐步完善，但教育过程公平仍受忽视。教育机会均等研究中分类的专门知识不断积累和丰富。国外关于教育机会均等问题研究的代表性学者托尔斯顿·胡森、詹姆斯·科尔曼，以及功能主义流派、冲突主义流派、新教育社会学派、新右派、联合国教科文组织、经合组织等流派和组织对此问题持有不同的观点。教育机会均等概念的动态特征决定了不同历史时期教育机会均等理论与实践的历史特征。教育机会均等的概念经历了"入学机会均等—学业成就机会均等"的过程。总体来说,教育机会均等从关注群体性的起点均等到关注个体学业成就的相对教育机会均等,在一定程度上肯定了其前提条件必须要实现起点与过程的平等。由入学这种形式公平到关注教育结果的实质公平,一方面反映了教育机会均等始终与教育改革紧密联系在一起;另一方面反映了教育机会均等的实践始终是与社会需求和历史发展相一致。不过也要看到,在对教育机会均等的众多因素关注中,教育过程的公平仍然是相对"冷清"的领域,这可能与过程公平研究的可控性、研究难度有关系。

第二,关注教育机会均等中的家庭及社区因素,但操作性研究成果不突出。《科尔曼报告》将学生的成就归结于不同的家庭背景影响,颠覆了学校为每个学生提供平等机会的认知,自此从非学校因素出发,对影响教育机会均等的因素进行了探寻,实现了由学校教育到以家庭背景为中心的诸多因素分析。自20世纪70年代开始,以家庭背景为中心的教育机会均等研究层出不穷。影响教育机会均等因素的重心转移,一方面展示了对教育机会均等研究的视野进一步开阔;另一方面为推进教育民主化实践提供了可资参考的理论依据。从学校的不可侵犯到以家庭背景为中心扩散而来的多重维度,教育机会均等不断在家庭、社会、学校之间寻找平衡。总的来说,随着国家对教育事业的重视、教育民主化进程的加快、家长观念的转变,种族、性别等其他因素对教育机会均等的影响呈现减弱趋势,有些因素甚至不再对教育机会均等构成影响。因此,教育机会均等的研究也需要调整。不过也要看到上述研究成果中关于家庭教育、社会教育的机会均等问题虽有路径、方向上的探讨,但落实到家庭教育和社会教育的教育资本的供给改善、学业支持的供给侧改革等还是相对薄弱。

第三,教育机会均等研究方法趋向多样化,但影响机理的揭示仍然不够。显然,教育机会均等的影响因素、影响后果的表现等问题极其复杂,早期描述性的定性研究方法虽然具有开拓性意义,但无法揭示教育机会均等中的过程性影响因素及其结果,于是侧重于定量研究的方法在教育机会均等研究中的运用就受到较为一致的推崇。当然,无论是定性研究还是定量研究都有其局限性,于是人们又借助案例研究、田野考察、作品分析等方法技术,总体上看,教育机会均等的研究带来了研究方法和手段的多元化。综观有关教育机会均等的研究,构建回归模型是当下较为流行的主要研究方法。进一步看,这些研究从不同的角度和方面论述了影响教育机会均等的因素,但这些探究得来的因素是否真的具有科学性,对研究方法的考评是其关键因素。由构建回归模型到量化、质性研究相结合,教育机会均等研究方法呈现多样化的态势。需要指出的是,总体上看,由于影响教育机会均等因素的多样性、复杂性,影响的交织性等原因,对教育机会均等的机理揭示相对比较困难,相应的研究成果也相对偏少。

### (二)未来展望

展望未来,只要你自己还要学习,只要你家还有孩子在接受教育,只要你关心身边教育者的公平待遇问题,你就会关心教育机会均等问题,所以对于这一主题未来还需要继续深入研究。

第一,重视教育过程中教育机会均等盲区的研究。虽然已有研究揭示了教育机会均等包括入学就读机会、教育过程机会、学业成功机会及补充教育等维度,并在入学就读机会方面开展了大量研究,但教育过程的机会均等仍然难以落到实处,学业成功机会均等的研究及支持系统也难以落到实处。其中,就教育过程的机会均等而言,正如众所周知的"教育过程的不公平更容易被忽视"所反映,这确实是一个隐性问题,对此当然需要研究,亦即未来研究一方面要系统地、全方位地、多视角地、多维度地揭示教育过程中的种种不公平现象;同时,通过提升教育者的教育机会均等理念和实践技能、提高学习者保护自己机会均等权利的意识与能力、改善家长及其社会保护学习者教育机会均等的意识和途径等努力,来提升教育过程的机会均等,从而普遍性地提高教育机会均等的水平。

第二,重视适应个体平等教育机会均等新发展。从教育机会均等本身的发展来看,其内涵在不断更新。自科尔曼之后,教育机会均等已不再局限于学生的入学机会均等,它已从学校外延伸到学校内部过程以及学校产出方面平等,但在不同的时代背景下,教育机会均等的内涵也在不断变化中,继而影响着教育机会均等的因素探究。随着教育民主化进程的不断加快,教育机会均等不仅仅局限于人人能够平等地接受到相同的教育,作为一个相对概念,教育机会均等不是仅为学生提供相同的教育服务资源,而是平等适合,它可以让社会机构与人们的价值观契合得更加紧密,向每个人提供机会,让我们成为最好的自己,去追求优质的生活。因此,时至今日,教育机会均等内涵的转变使得政府、学校、社会更加关注个体间的平等,以适合个体的方式定义平等。

第三,强化学校内外部联系以减少不平等的协同变革。自20世纪80年代以来,世界范围的教育改革一浪高过一浪,为不同国家、地区和不同文化背景的人们相互学习、交流提供了广泛的机会,同时也引发了人们对于教育改革中隐含的共性问题进行思考。随着教育机会均等实践的推进,学校作为教育的主要载体,其补偿作用越来越大,美国学者海纳曼等对世界上29个国家学生学业成就的影响因素进行了研究,发现学校和教师质量对学生的学业成绩影响最大。但是,由于学校中存在着众多互不关联、片段性、不完整且肤浅的现象,在推进教育改革的进程中,应以学校为中心,关注学校内部和外部的联系。在学校内部,需关注整个教师队伍和教育领导者共同的创造性和主体意识;在学校外部,必须与组织外部建立起密切和系统的相互关系,而且这种关系必须是连续的、不间断的,共同推进教育系统内外协同发展,以减少由社会带来的不平等。

第四,从多学科融合视角深化教育机会均等的研究。从20世纪60年代末开始,许多学者从不同视角为教育机会均等的研究提供了理论依据,为推进教育民主化实践作出了重要的贡献。但教育机会均等是一个涉及教育学、经济学、政治哲学、法学等多学科的议题,不应只从单一学科视角出发,教育机会均等问题的研究要从多学科角度出发,加速人们对教育机会均等的实然、应然状态认识。在社会学学科领域中,自《科尔曼报告》问世以来,教育机会均等开始成为教育社会学的重要议题,并产生了诸如经济再生产、文化再生产、身份文化理论等经典理论。教育机会均等的社会学研究主要集中在社会分层对学业成就的影响研究,其中布迪厄、伯恩斯坦等人从文化、语言等层面分析了社会分层与教育获得之间的关系,证实了教育机会受制于个人所处的阶层地位等。

此外，在经济学、法学学科领域内，分别从资源配置与教育成本以及法律保障等不同角度不断充盈着教育机会均等的研究。教育机会均等问题并不是单一学科的问题，而是涉及多学科、多场域纵横交错、交叉重叠的研究。因此，对于教育机会均等的研究还可以教育学科为核心辐射开来，从多学科视角出发，全面、系统、科学地审视当下存在的教育不均衡问题，继而为教育机会均等的理论与实践提供可资参考的依据。

## 研究导航

为了深化你对本专题的学习、推进有关本专题的研究工作，你可以在问题中选取题目开展研究。

1. 以中小学教学活动为例揭示教育过程的公平性。
2. 以高等院校学习机会为例揭示教育过程的公平性。
3. 评析教育机会适应个体实质均等论。
4. 请你设计优质的区县教育资源均衡路径。
5. "质量更高"视角下的高校学生课外活动评估。

# 专题18  学生学业评价研究的综述与展望[①]

📖 阅读导航 ○------

本专题是关于学生学业评价问题的研究。经历者都知道,考试分数是学业评价的重要参考标准,代表学业成绩的考试分数是多少,是我们每个做过学生的人赖以生存的"命根子"！岂有不重视之理！因此,本研究使用CiteSpace文献分析技术和传统的文献解读技术对已有关于学生学业评价问题的研究成果进行系统分析,以便为读者提供已有关于学生学业成绩及相关的教师、学校等单位质效评价的研究进展;同时,从学业评价研究的视角融合、方法综合、主题专业化等方面提出了未来研究还需要思考、回答的议题,以便为读者进一步研究提供参考意见。

## 一、概念界定与分析技术

### (一)概念界定

学业评价是教育评价领域中最基础、最重要的一个组成部分,它是指以国家的教育教学目标为依据,运用恰当的、有效的工具和途径,系统地收集学生在各门学科教学和自学的影响下认知行为上的变化信息和证据,并对学生的知识和能力水平进行价值判断的过程。与之相近的概念有"学绩测验""课业考评""学生评价"等。学校通过对学生学业成绩的评价,检查教学的完成情况,从检查中获得反馈信息,并以此来指导和调节教学过程和学习过程。考试是对学生学业成绩进行阶段检查的主要方式,包括学期考试、学年考试和毕业考试。考试是对一个阶段教学的效果进行全面、系统的检查,并对学生某一阶段的学习结果进行总结性评价。学生学业成绩的影响因素可以分为学生个体、教师及学校三个层面。学生学业成绩的影响因素有很多,除了努力以外,还有方法、心理、理解、环境等原因。对学习困难的学生,由于不能达到老师的要求,过高的期望会导致其失望,或是其他问题。当然,在实践层面看,学业成绩评价最普遍的现象是以学科课程学习为主的、笔试为基本方式的课程考试。

---

[①] 本专题作者:张献伟(西南大学,博士研究生)。

这种模式的学业评价的弊端是显而易见的,如偏重于智能而忽视情意态度、偏重于知识层面而忽略实践技能、偏重于低端的识记理解而忽视高级的综合评价等。此外,由于教育是人类有极强目的性的活动,对于活动的质效怎么样,自然是必须给予高度关注,于是以学生的学习成绩以及学业、事业发展为着力点开展学业成绩测量,还结合对教育活动单位中的师资队伍、学校组织,乃至区县教育行政等为对象进行评价;方法上采用结果总结性与过程指导性、目标达成性与人才选拔性、终结评判性与诊断发展性等测量及评价方法、技术,由此取得了较为丰富的以学生学业成绩为主的教育质量评价研究成果。

### (二)分析技术

在中国知网数据库(CNKI)中,以"学生学业评价"为主题进行检索,对检索结果进行人工筛选与整理,剔除期刊会议征稿、报纸、笔谈、无作者信息及其他不相关条目等无效数据后,最终得到有效样本文献378篇。将上述文献导入CiteSpace软件进行处理与分析:一是通过对关键词图谱分析来捕捉学生学业评价研究的热点;二是通过对关键词的聚类分析来梳理有关学生学业评价研究的主要内容;三是通过对关键词的突现分析来预测学生学业评价研究的未来发展趋势。通过上述三个方面的数据分析,呈现我国近年来学生学业评价研究图景。

## 二、文献透视的结果解读

### (一)文献数量的统计与分析

对"学生学业评价"研究的期刊文献进行整理与分析,获得该主题的文献数量分布情况如图18-1所示。

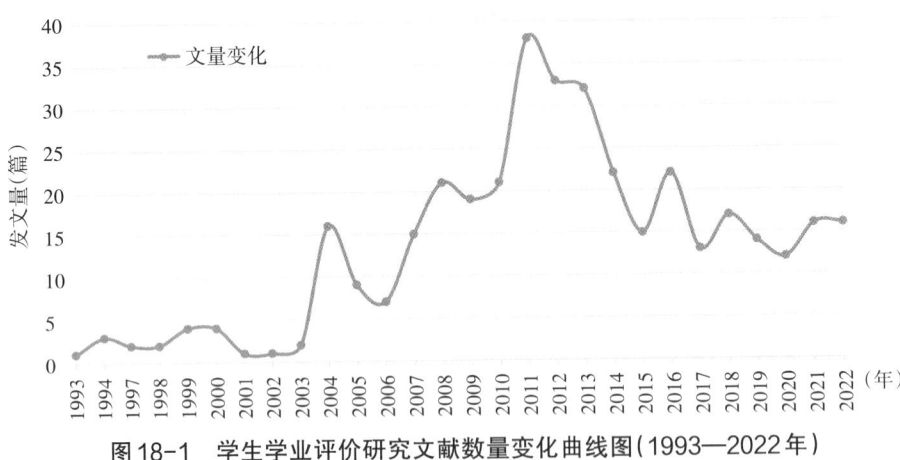

图 18-1　学生学业评价研究文献数量变化曲线图（1993—2022年）

通过对样本文献发文数量进行统计分析可以发现,该数据库中关于学习者的研究最早出现在1993年,在此后的近20年间,伴随国家对教育重视程度的提高,学生学业评价研究相关期刊文献的整体数量变化曲线呈现出明显的上升趋势,相关研究成果在教育学、心理学的顶级刊物上发表,关注学生学业成绩较多。2010年,国务院审议并通过《国家中长期教育改革和发展规划纲要（2010—2020年）》,这一政策的出台直接推动学生学业评价相关研究在2011年达到年度研究成果数量的峰值（38篇）。2011年以后,学生学业评价研究文献数量逐渐回落,这一发展态势亦是从侧面提示后续研究者需进一步提升该领域研究的纵深性。

(二)关键词共现分析——主题与次序

向Citespace软件中输入1993—2022年期间学生学业评价研究的文献进行关键词共现分析,获得了1993—2022年学生学业评价研究文献的关键词共现知识图谱(见图18-2)。

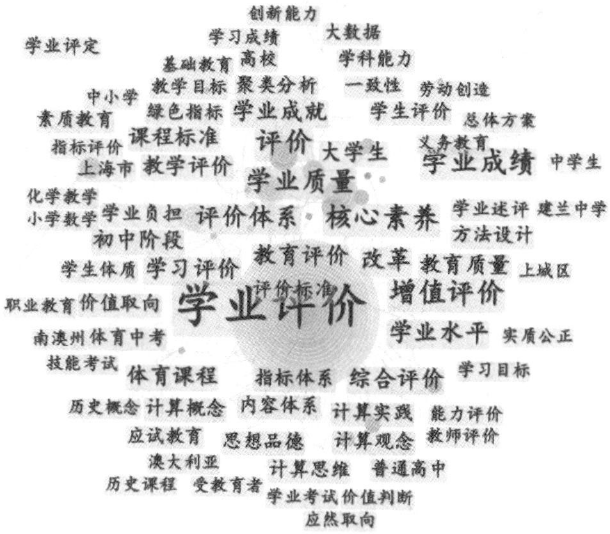

图 18-2　学生学业评价研究关键词共现知识图谱(1993—2022年)

从图 18-2 中,可以发现,学业评价、学习成绩、评价体系、核心素养、增值评价、学业质量、学业水平等为学生学业评价研究领域的热点所在。为进一步把握该研究领域的热点主题,在整合相近关键词的基础上对关键词共现频次及其中心性进行分析(摘选排名前10位,见表18-1)。

表 18-1　学生学业评价研究关键词频次及其中介中心性统计表

| 排序 | 频次排序 | | 排序 | 中介中心性排序 | |
|---|---|---|---|---|---|
| | 关键词 | 频次 | | 关键词 | 中介中心性 |
| 1 | 学业评价 | 154 | 1 | 学业评价 | 0.08 |
| 2 | 学业成绩 | 46 | 2 | 学业成绩 | 0.08 |
| 3 | 学业质量 | 28 | 3 | 评价体系 | 0.07 |
| 4 | 核心素养 | 25 | 4 | 增值评价 | 0.07 |
| 5 | 学业成就 | 19 | 5 | 学业质量 | 0.07 |
| 6 | 课程标准 | 13 | 6 | 核心素养 | 0.06 |
| 7 | 大学生 | 8 | 7 | 课程标准 | 0.05 |
| 8 | 基础教育 | 7 | 8 | 改革 | 0.04 |
| 9 | 教育评价 | 7 | 9 | 教育评价 | 0.03 |
| 10 | 增值评价 | 6 | 10 | 综合评价 | 0.03 |

将学生学业评价研究的关键词进行降序排列可知,除"学业评价"这一检索主题词外,"学业成绩""学业质量""核心素养"三个关键词的出现频次位居前三,明显高于其他关键词的出现频次,其后依次为"学业成就""课程标准""大学生""基础教育""教育评价""增值评价"。将学生学业评价研究的关键词的中心性进行降序排列,依次为"学业评价""学业成绩""评价体系""增值评价""学业质量""核心素养""课程标准""改革""教育评价"和"综合评价"。结合表18-1和图18-2分析可知,学生学业评价研究涉及教育的阶段和类别主要包括基础教育、义务教育、职业教育、应试教育、素质教育等;评价的对象,不仅存在于中小学生、大学生等学生层面,同样存在于课程与教学层面;评价内容基本上包括核心素养、学业成绩、思想品德、体育、计算思维、创新能力等方面;同时,从综合评价、增值评价、价值取向、价值判断、应然取向等热点词可以看到学生学业评价的价值取向问题一直是该领域的研究热点之一。

(二)关键词聚类分析——结构与内容

为了把握1993—2022年学生学业评价研究领域的发展与变化,运用CiteSpace进行处理,共得到805个节点和1242条连线,网络密度为0.0038,模块值(Q值)为0.6226,满足大于0.3的条件,说明划分出来的聚类结构是明显有效的。同时需要说明的是,图中的标签显示出聚类号及其标识词,聚类号以#0、#1、#2依次排列(见图18-3)。

图18-3 学生学业评价研究关键词聚类知识图谱(1993—2022年)

通过分析图18-3所呈现的关键词聚类知识图谱可知,学业评价、学业成绩、学业质量、评价体系、综合评价、学业水平、核心素养、学业评定等,成为聚类核心词,构成了学生学业评价研究的主体框架。同时,结合对相关文献具体内容的阅读可知,课程标准、教师评价、情境、质性文本分析工具等聚类词在一定程度上反映了学业评价形式和功能的变化与发展。如从课程标准、教师评价等词可以窥见学业评价中诊断模式的发展;从情境、翻转课堂等词可以窥见学业评价从情境无涉到情境关联的发展;从质性文本分析工具等词可以窥见学业评价从量化测评到质性描述的发展;从核心素养、综合评价等词可以窥见学生学业评价从单一性学生学业成绩评价转向多元性学业评价的发展。

### (三)关键词突现分析——阶段与趋势

为了从相关文献中揭示学生学业成绩研究的趋势,运用CiteSpace软件中的突现检测功能,将伽马值设置为0.4可使"突现词"检测出来,进而获得学生学业成绩研究高频关键词突现情况(见图18-4)。图18-4中加粗部分表示在一定时间段的高频关键词,同时表明这些"突现"的关键词在一定时间段具有一定的发展潜力和研究价值。

从图18-4可以看出,学业成就、学习成绩、基础教育是学生学业评价研究领域被最早关注的研究核心内容,但在21世纪之前并未表现出明显的突现强度。最早表现出突现强度的研究主题词为"学生评价",在2007年到2009年表现出相当的研究热度。此后,学业成就、学习成绩、课程标准、基础教育、评价体系等学生学业评价研究领域的经典主题再次掀起研究热潮,热度一度持续到2015年前后。2014年,教育部在印发的《关于全面深化课程改革,落实立德树人根本任务的意见》中首次提出了"核心素养"的概念,历经近两年的教育实践,"核心素养"成为了学生学业评价研究中的内容,在2016年到2019年间表现出相当的研究热度。伴随研究认识的深入,以学生核心素养发展水平评定教师教学效能的教师评价方法,即增值评价,在2019年开始成为学业评价领域的研究焦点,到目前仍然表现出相当的研究热度与发展潜力。

| 关键词 | 首次出现年份 | 突现强度 | 突现起始年份 | 突现结束年份 | 1997—2023年 |
|---|---|---|---|---|---|
| 评价 | 2003 | 2.67 | 2003 | 2010 | |
| 学生评价 | 2007 | 1.9 | 2007 | 2009 | |
| 学业成就 | 1997 | 3.22 | 2009 | 2014 | |
| 学业成绩 | 1998 | 2.08 | 2009 | 2011 | |
| 课程标准 | 2007 | 3.8 | 2010 | 2012 | |
| 基础教育 | 2000 | 3.2 | 2012 | 2013 | |
| 评价体系 | 2012 | 2.84 | 2012 | 2015 | |
| 学业质量 | 2012 | 2.23 | 2012 | 2018 | |
| 核心素养 | 2016 | 4.89 | 2016 | 2019 | |
| 增值评价 | 2019 | 2.86 | 2019 | 2023 | |

图18-4 学生学业评价研究高频关键词突现情况（1997—2023年）

## 三、研究结论与未来展望

### （一）研究结论

通过以上相关文献的可视化分析，从关键词的共现分析、聚类分析、突现分析来捕捉、揭示近年来学业成绩研究热点及总体发展情况，总结如下：

第一，学生学业成绩评价的内涵有所丰富，但仍然忽略情感态度。对学业质量评价内涵的不同解释直接影响了学业质量评价的有效性，因此，学业质量评价内涵的研究成为学业质量评价研究的基础，不同的研究者有不同的阐释，主要有过程说、目的说和综合说。持过程说的研究者认为，学业质量评价是一个动态的过程；持目的说的研究者则认为学业质量评价追求的是某种目的；持综合说的学者则认为学业质量评价是一个综合的过程。同时，可能是受升学教育思潮等因素的影响，学业成绩的研究成果中对学生在情感、态度、价值观念等维度的制度化测评关注不够。

第二，学业质量评价标准的研制成为热点，但却忽略其制度化。从我国积极参与世界中学生的PISA（国际学生评估项目）测验等举措来看，其有利于重视学生学业成绩质量的国际化、标准化问题。在此背景影响下，建构、开发有关学业成绩测验的评价标准自然也是应有之义。因此，有学者在分析国际学业质量标准发展趋势并结合我国教育实际的基础上，探讨我国学业质量标准研制的建议思考。此外，能够研制众多的测试学生学业成绩的标准是值得肯定的,但这些测评标准如何通过教育实践成为制度而发挥作用,从而实实在在地推进学业评价的改革、引导学生核心素养发展则显得力量不足。

第三,关注学生学业质量评价的结果,但改进利用显得不足。学业质量评价对于学生、教师、学校、教育行政部门、家长、教育本身而言,都有其不同的价值,学界对学业质量评价价值的研究已经比较深入和全面。如上所述,从我国积极参与世界中学生的PISA测验以及在此背景下的质量标准、评价标准等工具的开发上,学业质量评价的结果开始得到越来越多的关注。毫无疑问,这种学业质量评价结果的广泛运用,在总结性层面起到了"精准"表述学业结果的作用,在指导性上有着"全景"现实需要进一步学习的范畴等多方面的意义,成为研究的热点也是应有之义。不可否认的是,如何利用学业质量评价的结果来改进未来的教育教学关注、指导学生的进一步发展,则似乎被遗忘了,几乎所有的测评都是结束就结束了,所以学生面对自己的分数经常发问:"我到底错在哪里?"这个提问也无人解答。

### (二)未来展望

教育活动的目的性特质使得不可能对于教育活动"静待花开""只问耕耘、不问收获",必须通过实施各种学业水平的测试、评价,所以,面向未来的学业水平评价研究工作仍然是大有用武之地。

第一,实施研究价值取向的优化整合。学业质量评价涉及内容庞杂,其研究需要不断拓展和创新研究价值取向,并实现研究价值取向之间的多元互补与深度融合。其一,结果取向与过程取向并重;其二,增值取向与绝对取向并存;其三,主观维度与客观维度并行。同时,要全面而深入地认识一个复杂的问题,必须要将其放在多种视角下进行思考。已有研究存在视角比较狭窄的问题,仅仅从教育学的角度来解读和分析学业质量评价,缺乏相关视角如心理学、管理学、社会学等多学科视角的观照。研究视角的局限使得学业质量评价研究难有突破,也较少提出多样化的策略来应对学业质量评价实践中出现的困难和不足。

第二,重视学业成绩研究的综合方法。任何一种研究方法都有局限性,综合运用多种研究方法能提高学业质量评价研究的成效。宏观上来说,学业质量评价研究要遵循历史方法与逻辑方法相统一的原则和从具体上升到抽象的原则,总结学业质量评价的先进经验并将其上升为理论认识,将零散的认识转化为系统的成果,走出直观、虚空、泛化的误区,不断深化对学业质量评价的认识,改进学业质量评价研究的实践。微观上来看,学业质量评价应注重定量研究与定性研究的结合、个案研究与整体研究的整合。客观的学业质量评价需要数据的支持,定量研究必不可少。但是学业质量评价涉及学生、教师及校长,有很多因素不能进行量化,表明定性研究也是全面认识学业质量评价所必需的方法之一。同时,对具有特色和代表性的个案进行研究是对整体研究的补充,能够为整体研究提供更详实而生动的资料。

第三,拓展与深化学业成绩的研究内容。比较布鲁姆(Bloom)、克拉斯霍尔(Krathwohl)、基布勒(Kiber)等学者的教育目标评价框架可以看出,当下学业成绩评价显然还是比较"狭隘"的,亦即片面地重视智力层面的评价,而且注重从低阶的识记、理解转向高阶的综合、评价的追求,但情意、态度、技能、体能、体力测验在除专业考试之外都未纳入测验的范畴。同时,虽然学者对学业质量评价的内涵、价值、标准、存在的问题及其改进策略进行了较为系统的分析,但研究广度与研究深度仍有待加强。具体来说:一是学业质量评价概念的界定继续深入和细化;二是加强学业质量评价内容构成的研究,修正与完善学业质量评价指标体系;三是更加注重学业质量评价的区域化研究;四是合理分析与高效利用学业质量评价结果策略的研究应继续深入;五是学业质量评价模式研究的创新。

第四,推动学业成绩研究主体的专业化。不同的研究主体有不同的立场、背景、研究目的和研究方法,对学业质量评价的研究也会有不同视角和解释。主位研究是研究主体基于自身立场和价值取向,按照自身对学业质量评价的认识、主观感受、经历等开展研究的方法;客位研究是研究者站在外来者的立场上,对学业质量评价现状、影响因素、存在问题、解决措施等进行分析的方法。纵观学业质量评价研究的已有成果,更多的是从研究者的视角解释来审视学业质量评价的概念、现状、存在的问题和解决措施等,重视的是客位研究而轻视了主位研究。如此一来,可能造成研究者对学业质量评价的片面认识。因此,客位研究与主位研究应相互结合,实现研究主体的多样化。

## 研究导航

为了深化你对本专题的学习、推进有关本专题的研究工作,你可以在问题中选取题目开展研究。

1. 目前中小学生学业成绩测量的偏妥与矫治。
2. 目前高校本科生/研究生学业成绩测量的偏妥与矫治。
3. 指向全面发展教育的初中生学业成绩测量创新。
4. 基于标准分思想的高考分数计算改进研究。
5. 指向创新人才培养的学业成绩测量创新研究。

# 专题19 乡村教育发展研究的综述与展望①

📖 阅读导航 ○‥‥‥‥‥

本专题是关于乡村教育问题的研究。毋庸置疑,乡村教育作为教育高质量发展的短板,在生源枯竭等因素综合作用下已经到了"最危险"的时候,岂有再不关注、重视之理!为了把握乡村教育研究的状态,本研究使用CiteSpace文献分析技术和传统文献解读技术对已有有关研究成果进行系统分析,以便为读者提供有关乡村教育在政策法规、师资建设、校舍布点、学业支持,以及作用发挥与乡村振兴关系等问题上的进展;同时,从乡村教育助力乡村振兴战略、遏制返贫、阻断贫困代际传递等角度出发,提出高质量发展观下的乡村教育发展问题,深化乡村教育的议题。

## 一、概念界定与分析技术

### (一)概念界定

依据国家有关政策文件规定,"乡村教育"包括校点在镇、乡及村的中心校、小学及教学点。乡村教育由来已久,自古以来世界各地就有针对蒙童的乡村教育,在对儿童启蒙的同时,也发挥辅助乡村教化、治理的综合作用,因此受到各方的认同,如中国神龛上会写着"天地君亲师"。当然,限于当时生产力水平等因素的影响,这种乡村教育还处于形式化——非制度化的"自组织"状态。进入工业时代以来,社会对义务教育的需求、师范院校的建制及其对乡村教师需求的支持,乡村教育由此进入了制度化的新阶段。进入工业时代后城市学校的发展速度远远快于乡村学校,而且二者的距离不断拉大,再加之"推拉理论"下的乡村人口流动,世界各国的乡村学校陷入越来越式微的状态,于是乡村教育研究又成为研究的热点。乡村教育研究涉及众多领域,如乡村学校的政策法规完善、校点布局调整、师资队伍建设、教育资源开发、教学工作改革、

---

① 本专题作者:唐智松(西南大学,教授,博士生导师);解丁香(西南大学,博士研究生)。

学生教育完善、考核评价创新,以及诸如人口、经济等影响因素分析等研究。显然,乡村教育的研究还是未能挽救乡村教育的"颓势"。近年来,在国家的有关政策中高度重视乡村教育的问题,如公费师范生政策、中小学教师"国培计划"、"乡村教师支持计划"、面向中西部欠发达地区的"优师计划"、新时代的"强师计划"等。笔者认为,站在乡村振兴不可能没有乡村教育振兴的格局下,接下来自然有问题需要进一步思考:是不是该放在中国式现代化的高度重新设计乡村教育体系,是不是该站在高质量发展的视角引领乡村教育的发展,是不是该根据人口及经济社会的新情况探讨乡村教育的现代治理等。

### (二)分析技术

研究为把握近来有关"乡村教育"研究态势,以"乡村教育"为主题在中国知网数据库(CNKI)中进行高级检索。为保证文献质量,选择北大核心和CSSCI论文,剔除无关文献(投稿须知、工作报告、会议论文等)后,将检索到相关论文共计2064篇文献导入软件,运用CiteSpace进行处理:一是通过对关键词共现图谱分析来捕捉乡村教育研究的热点;二是通过对关键词的聚类分析来梳理有关乡村教育研究的主要内容;三是通过对关键词的突现分析来预测乡村教育研究的未来发展趋势。通过上述三个方面的数据分析,呈现我国近年来乡村教育研究图景。

## 二、文献透视的结果解读

### (一)文献数量的统计与分析

为把握乡村教育研究的整体情况,对样本文献数量进行分析,具体发文量的变化趋势如图19-1所示。

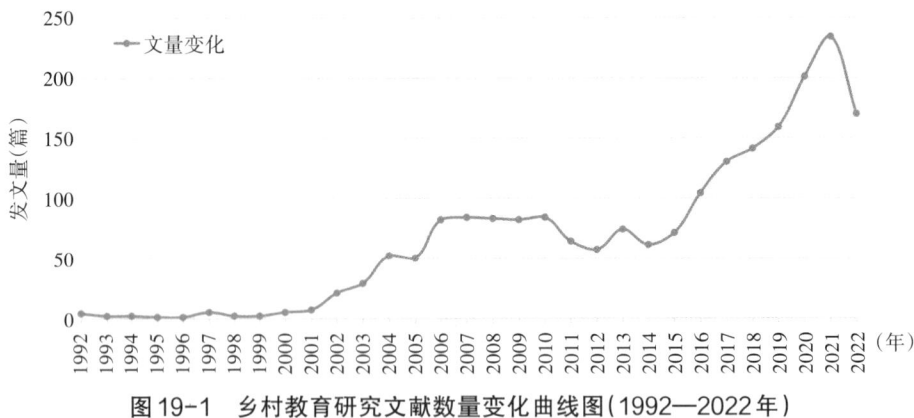

图 19-1　乡村教育研究文献数量变化曲线图(1992—2022年)

总体来看,从 1992 年仅有 9 篇,到 2022 年的 170 篇,其数量呈现持续上升的趋势。

第一阶段(1992—2001年):起步萌芽期。此时期发文量起伏不大,相关文献仅有 55 篇。此时期教育处在优先发展的战略地位,人们相信教育发展会带动经济增长,有关乡村教育的人力资源开发问题研究也开始引起学者们的关注。还有研究深入梁漱溟、晏阳初的乡村教育理论汲取经验。

第二阶段(2002—2013年):平稳发展期。此阶段文献数量开始有了增长,对乡村教育进行了较为全面的研究。2003 年发布的《关于进一步加强农村教育工作的决定》强调农村教育在全面建设小康社会中具有基础性、先导性、全局性的重要作用。在这些因素影响下,学者们的视野更加开阔,研究主题围绕乡村教育较为薄弱且突出的问题。乡村学校布局调整、课程改革、乡村教师流动、教育公平等问题都得到广泛关注。

第三阶段(2014—2022年):快速增长期。此阶段文献数量增长迅速,其中 446 篇有关乡村教师,360 篇有关乡村学校。出现这种现象的原因与 2015 年国务院出台的《乡村教师支持计划(2015—2020年)》有关。党的十九大报告提出要推动城乡义务教育一体化发展,高度重视农村义务教育[①]。因此,为缩小城乡义务教育差距,文献对乡村小规模学校如何增效提质、乡村教师专业发展如何提高、乡村教育如何助力乡村振兴等问题展开深入讨论。

---

① 习近平.决胜全面建成小康社会夺取新时代中国特色社会主义伟大胜利[N].人民日报,2017-10-28(001).

## (二)关键词共现分析——主题与次序

对1992—2022年期间乡村教育研究的文献进行共现知识图谱的技术处理,获得了1992—2022年乡村教育研究文献的关键词共现知识图谱(见图19-2)。

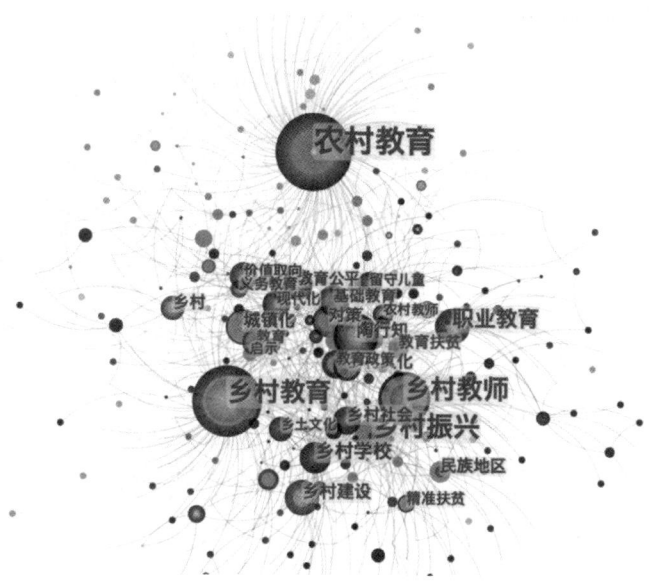

**图19-2　乡村教育研究关键词共现知识图谱(1992—2022年)**

图19-2中网络节点的中心性是反映该节点核心程度的重要指标,衡量该节点(乡村教育或农村教育)与其他节点(乡村教师、乡村学校、城镇化、乡村文化等)之间联系的密切程度。圆形中心部分的关键词与散落在圆形附近的关键词存在类属关系,即表示该部分与其他关键词存在紧密联系。根据图19-2呈现的关键词共现知识图谱,将关键词进行降序排列,依次为:农村教育、乡村教育、乡村教师、乡村振兴和乡村学校等。

通过分析图19-2中关键词的聚集情况,可以看出:一方面,有关乡村教育的研究热点主要集中在乡村振兴、乡村教师及乡村学校三个方面,尤其是在2018年《乡村振兴战略规划(2018—2022年)》印发之后,不少研究都是在新时代乡村振兴的视野下开展;另一方面,有关乡村教育的研究主题较为广泛,中微观层面的关键词较少。如教育扶贫、乡村文化、教育公平、价值取向等关键词都表明研究热点较为宏观。

随后统计1992—2022年期间有关乡村教育研究文献中关键词的出现频次（见表19-1）。可以看到，其一，"农村教育"与"乡村教育"频率都较高，这与本次研究主题有关，多数文献将这两个关键词替换使用。其二，从关键词首次出现的年份可以看出当时学者们对乡村教育思想研究的关注点和聚焦点的转变。比如出现频率较高的关键词"乡村教师"和"乡村学校"，说明此方面问题一直以来都是乡村教育面临的困境和挑战。值得注意的是，2017年出现的"乡村振兴"这一关键词频次较高，这也体现了国家宏观指导的重要性。其三，表中并未出现"乡村儿童""信息化"与"教育质量"等关键词，可见研究的时代性和系统性还有待加强，还需要考虑除教师外的教育主体、互联网对乡村教育的影响。

表19-1　乡村教育发展研究关键词频次统计表

| 序号 | 年份 | 关键词 | 频次 | 序号 | 年份 | 关键词 | 频次 |
| --- | --- | --- | --- | --- | --- | --- | --- |
| 1 | 1997 | 农村教育 | 707 | 11 | 2003 | 对策 | 26 |
| 2 | 1993 | 乡村教育 | 292 | 12 | 2002 | 乡村社会 | 26 |
| 3 | 2017 | 乡村振兴 | 291 | 13 | 2016 | 民族地区 | 25 |
| 4 | 2006 | 乡村教师 | 203 | 14 | 2000 | 乡村 | 23 |
| 5 | 2003 | 职业教育 | 88 | 15 | 2005 | 义务教育 | 23 |
| 6 | 1992 | 乡村学校 | 66 | 16 | 2008 | 教育公平 | 22 |
| 7 | 2003 | 城镇化 | 37 | 17 | 2006 | 价值取向 | 21 |
| 8 | 1992 | 陶行知 | 36 | 18 | 2010 | 乡土文化 | 20 |
| 9 | 1994 | 乡村建设 | 33 | 19 | 2018 | 教育扶贫 | 20 |
| 10 | 2005 | 乡村文化 | 32 | 20 | 2003 | 基础教育 | 20 |

### （三）关键词聚类分析——结构与内容

为了把握1992—2022年乡村教育研究领域的发展与变化，运用CiteSpace技术进行关键词的聚类分析来发现该研究领域内多年来出现的热词，了解相关研究主题的演变情况。具体在软件设置上，选择数据抽取对象Top10，共得到757个节点和1279条连线，网络密度为0.0045，模块值（Q值）为0.6436，满足大于0.3的条件，说明划分出来的聚类结构是明显有效的（见图19-3），图19-3中的标签显示出聚类号及其标识词，聚类号以#0、#1、#2依次排列。

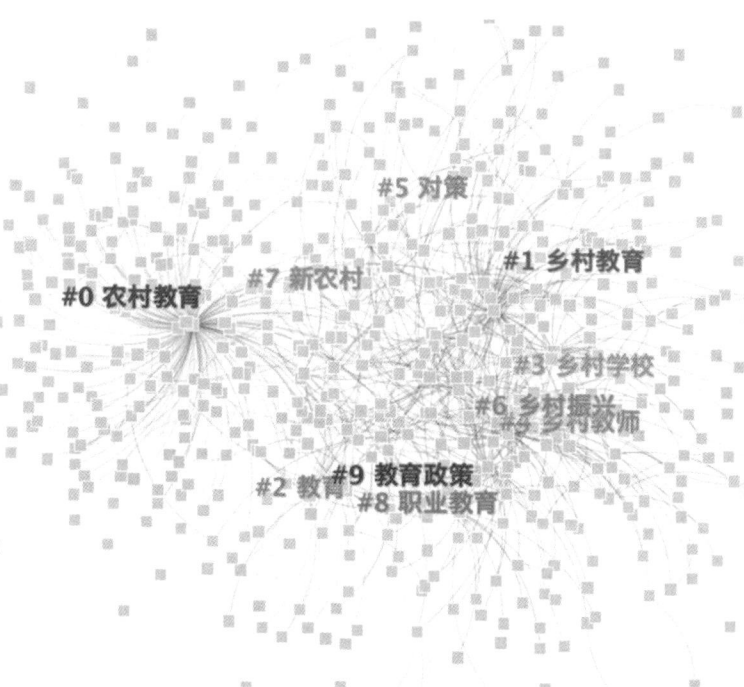

**图19-3　乡村教育研究关键词聚类知识图谱（1992—2022年）**

通过分析图19-3所呈现的关键词聚类知识图谱可知，农村教育、乡村教育、乡村学校、乡村教师、对策、乡村振兴、新农村、职业教育、教育政策构成了乡村教育研究的主题框架。通过进一步解读上述关键词聚类情况，可以看出：其一，关键词共现与关键词聚类的结构相似，可见已有研究内容与研究热点一致性较高。如对乡村教师乡土情怀、专业发展的研究、对乡村学校发展模式、布局调整的研究；其二，从研究内容上看，除了较为经典的研究话题外，对"陶行知"的研究也成为了主要研究内容。不少学者对陶行知的乡村教育思想进行梳理，如对陶行知的生活教育、乡村师范教育、平民教育等观念进行汲取；其三，从研究方向上看，研究除了对经典命题进行理论阐述外，也开始关注实践困境，开始对乡土文化、职业教育、教学质量进行了研究。

### （四）关键词突现分析——阶段与趋势

为了从相关文献中揭示乡村教育研究的趋势，运用CiteSpace软件中的突现检测功能，将"突现词"检测出来，进而获得乡村教育研究高频关键词突现情况(见图19-4)。图19-4中加粗部分表示在一定时间段的高频关键词,同时表明这些"突现"的关键词在一定时间段具有一定的发展潜力和研究价值。

| 关键词 | 首次出现年份 | 突现强度 | 突现起始年份 | 突现结束年份 |
|---|---|---|---|---|
| 教育 | 1992 | 4.57 | 2000 | 2011 |
| 农村教育 | 1992 | 71.03 | 2003 | 2013 |
| 基础教育 | 1992 | 5.37 | 2003 | 2010 |
| 农民素质 | 1992 | 4.66 | 2005 | 2008 |
| 新农村 | 1992 | 6.78 | 2006 | 2008 |
| 教育改革 | 1992 | 4.57 | 2006 | 2013 |
| 农村经济 | 1992 | 3.98 | 2006 | 2014 |
| 对策 | 1992 | 6.79 | 2007 | 2008 |
| 启示 | 1992 | 6.4 | 2008 | 2012 |
| 留守儿童 | 1992 | 4.27 | 2011 | 2017 |
| 乡村文化 | 1992 | 3.93 | 2011 | 2016 |
| 城镇化 | 1992 | 9.24 | 2013 | 2017 |
| 民国时期 | 1992 | 5.58 | 2015 | 2017 |
| 乡村教育 | 1992 | 4.46 | 2015 | 2016 |
| 乡村教师 | 1992 | 26.87 | 2016 | 2020 |
| 精准扶贫 | 1992 | 6.36 | 2018 | 2020 |
| 教育扶贫 | 1992 | 5.63 | 2018 | 2022 |
| 乡村振兴 | 1992 | 93.5 | 2019 | 2022 |
| 新时代 | 1992 | 4.31 | 2019 | 2020 |
| 民族地区 | 1992 | 6.21 | 2020 | 2022 |

图19-4 乡村教育研究高频关键词突现情况(1992—2022年)

第一阶段(1992—2010年):全面探索期。该阶段是在新世纪经济发展对乡村教育发展带来的影响下,讨论农村基础教育课程改革、经费投入、师资匮乏等问题。此外,为避免农村文化的凋敝,如何在经济、文化、法制方面建设新农村,如何提高农民素质、培养新型农民也是此阶段研究的重点内容。

第二阶段(2011—2017年):持续探索期。随着城镇化进程的加快,乡村文化的传承和发展、乡村学校的布局调整、乡村教育自身现代化之路如何定向是本阶段需要回答的问题,学者们对以上问题也进行了初步的理论探索。此外,研究开始关注到"留守儿童"的处境,关注其文化认同、情感支持、身体健康等方面的发展,向家庭、学校、社区提供可能的策略。

第三阶段(2018—2022年):深入发展期。此时期在国家政策的指导作用下,在乡村振兴的背景下,对教育与乡村发展的问题展开深入研讨。多数文献对教育扶贫作用和功能进行探讨,研究也从国家、学校、教师层面对教育扶贫的实施路径进行阐述,以"智志"双扶的方式支持乡村振兴。未来,教育扶贫要发挥多元主体的作用,从普惠性的扶贫转向关注特定对象的精准式扶贫。同时乡村教师也要进一步优化资源配置,提高教育质量,促进城乡教育均衡化发展。

## 三、研究结论与未来展望

### (一)研究结论

通过以上相关文献的可视化分析,从关键词的共现分析、聚类分析、突现分析来捕捉、揭示我国近年来乡村教育研究热点及总体发展情况,总结如下:

其一,研究内容较为丰富,但仍然有所忽略的方面。有关乡村教育的研究成果近年来数量不断增加,已有研究面较广。在宏观层面,关注到教育扶贫、教育公平、教育改革等重要命题;在中观层面,关注到乡村学校、师资队伍建设和乡村建设面临的困境;在微观层面,关注到留守儿童发展、民族地区乡村人才培养等薄弱问题。就以上内容来看,在中宏观层面开展的研究较多。同时,也要看到,有关乡村教育的研究成果中,对乡村学校寄宿制中的问题、乡村学生的校园文化生活、乡村孩子的课程与校园文化适应性、乡村孩子的发展环境和认知规律等基础性的问题关注不够。可能正是因为基础性的问题没有研究好、解决好,才导致教育者设计的"好教育"并不受乡村孩子欢迎,也难以收到如期的良好效果。

其二,研究视角丰富多样,但田野考察对象不均衡。不少文献借助其他学科视角对乡村教师、乡村学生、乡村学校等对象进行研究,如从生态学视角下对乡村教师专业成长困境进行突破、对教师职业倦怠进行社会学归因、运用人类学方法进行乡村学校个案的田野调查等。研究视角愈加广阔,认识问题就愈加全面,同时研究的系统性与创新性也会得到提高。在乡村教育的多样化研究方法中,近年来非常肯定的是田野考察的使用、行动研究的引入,这对深化乡村教育的研究、真实地揭示乡村教育的实质,自然是非常好。但是也要看到,这种田野考察研究偏重于学生层面,而对乡村教师的业余生活、家庭生活、社会活动、学校与社区的互动、教师与社区的交往等缺少田野考察的深度揭示。

其三,研究视域逐渐集中,追逐热点现象较为流行。近几年发文量较高的已有文献,研究内容多与乡村振兴有关。一方面对乡村教师、乡村学校在乡村振兴中的应为与可为进行理论探讨,如教师新乡贤的角色定位、乡村学校布局调整的乡村振兴意义;另一方面,在乡村振兴背景下,通过乡村基础教育、职业教育、教育现代化如何培养人才进行理论审视。可见,已有研究就乡村教育支持乡村振兴的关系达成共识。实现乡村振兴,最根本的因素还是在于人才,这也凸显了教育的重要作用。不过,已有乡村教育研究对热点问题的关注中显现了对核心问题的持续关注,如乡村教育的核心就是教师的内在素质和教学水平,如果持续地建设好了一支有情怀、水平高的乡村教师队伍,目前乡村教育中的种种问题都可以迎刃而解。所以,在不排除热点问题研究外,乡村教育的关键性问题值得持续地关注、探讨。

### (二)未来展望

从理想角度看,实现乡村振兴战略不可能没有乡村教育的振兴,社会多元空间需要乡村存续以支撑,乡村文化的独特性价值要求延续乡村社会。从现实角度看,乡村学校的凋敝、乡村居民教育成本的提高需要探讨相应的"起死回生"办法。为此,乡村教育的未来研究还有许多问题等待研究。

第一,夯实乡村教育发展的理论基础。乡村教育是存在还是消亡,首先是需要在理论层面给出回答,此即要求开展相应的乡村教育基础理论研究。因此,未来的乡村教育中首先是回答好诸如以下的重大问题:乡村教育所支持的乡村社会在社会总体布局中的意义和地位是什么,乡村文明在人类文明中的价值与地位是什么,乡村学校在乡村振兴的作用和地位是什么,乡村学校对乡村居民小康社会生活的支持有哪些,乡村学校对乡村孩子发展的积极因素是什么,乡村学校之于城市学校的价值何在等,以及境外乡村教育发展的历史经验有哪些,世界各国乡村小规模学校发展中跳出陷阱的做法有哪些,等等。通过研究,明白了这些大道理,推动乡村学校发展的动力自然就有了。

第二,聚焦乡村教育的重点难点问题。当下以乡村学校凋敝为表象的乡村教育状况,其实里面包括着众多需要研究回答的重点、难点问题,如新时代下乡村学校的组织治理问题,其中涉及坚持和加强党的领导、提升校长在地化教育领导力、提高师生民主参与水平等问题;又如教育公平观下乡村学校资源的配置、校点布局的调整、多样化师资均衡路径的完善、网络资源的校本化利用、教育教学过程的公平与质量等问题;再如更高质量观下乡村学校评价问题,涉及以学生发展为主、兼顾教师和学校持续发展的全面评价,质量评价标准适应乡村教育的特色评价等问题;最后如乡镇学校助力乡村振兴的问题,涉及对乡村学校功能的认识、乡村教育体系的整合塑造、人员编制与岗位分流和考核、社区和学校的支持等问题。其中,核心是如何提高乡村学校的吸引力、留住学生。

第三,开展乡村教育政策有效性评估。近年来国家颁布了系列有关乡村教育的政策文件,如《教育部直属师范大学师范生免费教育实施办法》《中小学教师国家级培训计划》《乡村振兴战略》《乡村教师支持计划(2015—2020)》《乡村小规模学校和乡镇寄宿制学校建设的指导意见》《中西部欠发达地区优秀教师定向培养计划》《新时代基础教育强师计划》等。众所周知,政策执行中由于上下各方利益的驱动、执行条件的局限、人为因素的不力等,都会出现政策执行偏差现象,从而影响政策的实际效能。因此,未来研究需要持续地关注、研究、评价乡村教育政策的效能问题,并进而为乡村教育政策的完善、创新提供咨询意见。总之,有关乡村教育的政策是基本平台,只要乡村教育政策科学、落实到位,自然就留得住乡村教师,乡村教师队伍建设的问题自然就解决了。

第四,持续性关注乡村教师队伍建设。良好的乡村教育政策奠定了乡村教师队伍建设的基础,但接下来还需要进一步研究有关乡村教师队伍建设中的问题:态度的"下得去"——为什么教师不愿意到乡村学校任教、如何才能够调动他们到乡村学校任教的积极性;情感的"留得住"——乡村教师流失的状态特征有哪些、原因有哪些,如何才能够让乡村教师愿意留任;本领的"教得好"——教师教不好的表现是什么、原因有哪些,如何提高乡村教师的教育、教学质量;闲暇的"有生活"——乡村教师面临着什么样的文化生活、影响如何、如何解决;未来的"能发展"——乡村教师在个人发展、孩子发展上面临着哪些困境,如何通过倾斜的政策给予发展支持。总之,必须针对乡村教师队伍建设中的每个具体问题逐一进行研究,给出能够变为政策的答案,乡村教师岗位才有吸引力,才能够留得住乡村教师,从而才能够确保、提升乡村教育质量。

**研究导航**

为了深化你对本专题的学习、推进有关本专题的研究工作,你可以在问题中选取题目开展研究。

1. 当代乡村儿童发展环境改善/认知规律研究。
2. 乡村学校师资队伍建设中的问题与对策研究。
3. 乡村学校特色课程开发路径与支持条件研究。
4. 网络教育资源的乡村学校校本化利用研究。
5. 高质量发展观下乡村学校教育评价创新研究。

# 专题20　创新人才培养研究的综述与展望[①]

📖 阅读导航 ○----------

本专题是关于创新人才培养问题的研究。创新人才在历史发展中独到的作用和当下世界面临的挑战,使得培养创新人才成为近年来人才培养的"最强音"!为了掌握创新人才培养研究的状态,本研究使用CiteSpace文献分析技术和传统的文献解读技术对已有有关研究成果进行系统分析,以便为读者提供有关创新人才培养的基本图景。同时,在对已有创新人才培养研究成果的基础上,为了后继者更好地探索创新人才的培养,又提出了若干参考性的建议。

## 一、概念界定与分析技术

### (一)概念界定

历史地看,在人类知识总量较少、翻倍增长的速度极慢的农业时代,由于知识更新的周期较长,因而文明及其教育则强调坚守、继承;当工业时代来临,并出现所谓的"知识爆炸"时,科技出现迅猛发展、知识总量的迅速增加和各种挑战层出不穷时,知识更新周期极大地缩短,因而文明及教育则在继承与创新并举中强调创新。由此,培养创新人才的教育,即"创新教育"就成为教育中的重要议题。不同学者对创新教育有不同理解。我们认为,创新教育是创新型教师在创新性环境中,通过对学生的创新精神、创新能力、创新人格的教育,以培养创新型人才的过程。这就意味着创新教育首先是需要创新性的环境,即教师、学校、社区乃至社会共同打造利于培养创新人才的条件;其次是需要创新型的教师,没有创新特质及创新教学风格的教师是难以组织创新人才的培育活动的;最后是需要明晰创新教育的任务、目标就是培育学生的创新精神、创新能力和创新人格。再把创新教育放在各级各类的教育活动上来,就会发现众多的创新教育实践活动出来了,如基础教育阶段的创新精神和创新人格

---

[①] 本专题作者:张献伟(西南大学,博士研究生)。

的培养,高等教育阶段的创新能力和创新人格的培养;创新型学生的特质及创新素质的结构与培养,创新型教师的特质及选拔和使用,创新型教育环境的打造等,还有当前高校众多的、各种各样的冲着培养创新人才的"×××实验班"遍地开花现象等,正是围绕这些议题、现象,学者们进行了较多的探索,取得一些卓有见识的研究成果。由于创新人才在社会发展中具有不可替代的关键性作用,而到底如何培养创新型人才又是一个难度较大的理论与实践问题,因此,在不断地回味"钱学森之问"中,创新人才的培养问题被一次次地反复提上议事日程,引发了持续性的关注与研究。

### (二)分析技术

在中国知网数据库(CNKI)中,以"创新人才培养"为主题进行检索,对检索结果进行人工筛选与整理,剔除期刊会议征稿、报纸、笔谈、无作者信息及其他不相关条目等无效数据后,最终得到有效样本文献1373篇。将上述文献导入CiteSpace软件进行处理与分析:一是通过对关键词图谱分析来捕捉创新人才培养研究的热点;二是通过对关键词的聚类分析来梳理有关创新人才培养研究的主要内容;三是通过对关键词的突现分析来预测创新人才培养研究的未来发展趋势。通过上述三个方面的数据分析,呈现近年来创新人才培养研究图景。

## 二、文献透视的结果解读

### (一)文献数量的统计与分析

对"创新人才培养"研究的期刊文献进行整理与分析,获得该主题的文献数量分布情况如图20-1所示。

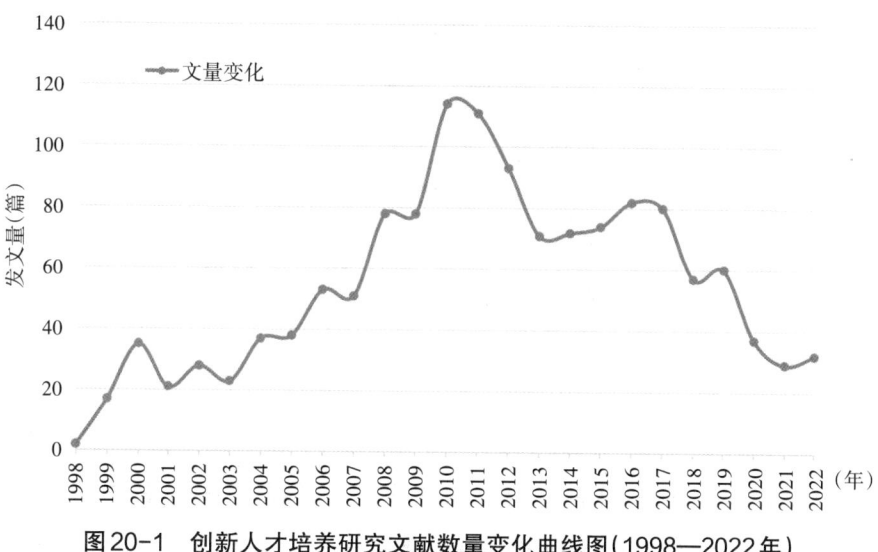

图20-1　创新人才培养研究文献数量变化曲线图（1998—2022年）

2000年，江泽民同志在《关于教育问题的谈话》中强调，创新的关键在人才，人才的成长靠教育。2010年，国务院通过的《国家中长期教育改革和发展规划纲要（2010—2020年）》提出创新教育教学方法，探索多种培养方式，形成各类人才辈出、拔尖创新人才不断涌现的局面，并提出了若干具体要求。2016年，科技部办公厅、中央组织部办公厅印发的《关于做好2016年创新人才推进计划暨国家"万人计划"科技创新领军人才、科技创业领军人才推荐选拔的通知》，再次掀起教育领域对创新人才培养的关注。由此形成了创新人才培养研究在2000年、2010年、2016年的三次研究高峰。

（二）关键词共现分析——主题与次序

对1998—2022年期间关于创新人才培养研究的文献进行共现知识图谱的技术处理，获得了1998—2022年创新人才培养研究文献的关键词共现知识图谱（见图20-2）。

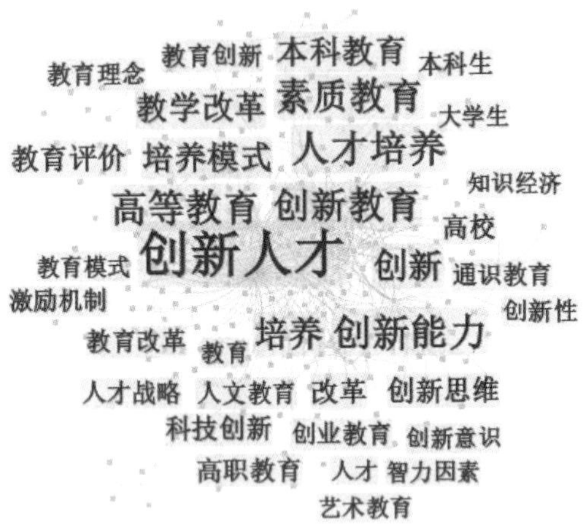

**图20-2　创新人才教育研究关键词共现知识图谱(1998—2022年)**

从图20-2中,可以发现,创新人才教育研究的热点,主要集中在大学生、本科生、高职教育、高校领域。其内容抓手有人文教育、艺术教育、通识教育、创业教育、素质教育等,具体体现主要有教育理念、培养模式、创新思维、创新意识、创新能力等方面。

随后统计1998—2022年期间有关创新人才教育研究文献中关键词的出现频次(见表20-1)。因本次研究的主题是"创新人才培养",故而"创新人才""培养""创新教育"和"人才培养"这些关键词出现的频次较高并不意外。由于相关政策影响,2000年以后开始出现大量有关素质教育的表述。相关政策有1999年印发的《关于深化教育改革全面推进素质教育的决定》,2001年印发的《关于基础教育改革与发展的决定》。

通过在教育部官方网站进行文件检索,"创新精神"和"实践能力"是经常出现在一起的两个概念。1999年的《关于贯彻落实全面推进素质教育决定进一步加快中初等学校校办产业发展的若干意见》(已失效)较早出现了"创新能力",2000年《关于印发〈高等学校骨干教师资助计划〉及其实施管理办法的通知》和《关于印发〈教育部关于加强高职高专教育人才培养工作的意见〉的通知》(已废止)两个文件也都提到了"创新能力"。或受此影响,相关研究在2000年之后开始较多出现创新能力。教育部相关文件中,较早出现"工程教育"也是2007年之后,之前多是"远程教育工程"等。《教育部关于成立全国工程教育专业认证专家委员会的通知》(2007年)和《教育部办公厅关于成立全国工程教育专业认证监督与仲裁委员会的通知》(2007年)的发布，尤其是《教育部关于进一步深化本科教学改革全面提高教学质量的若干意见》(2007年)的发布，再次提到了"工程教育认证"以及"创新人才"培养。

表20-1　创新人才培养研究关键词频次统计表

| 序号 | 首次出现年份 | 关键词 | 频次 | 序号 | 首次出现年份 | 关键词 | 频次 |
| --- | --- | --- | --- | --- | --- | --- | --- |
| 1 | 2000 | 创新人才 | 144 | 17 | 2003 | 教育理念 | 6 |
| 2 | 2000 | 培养 | 32 | 18 | 2001 | 高校 | 6 |
| 3 | 2000 | 创新教育 | 32 | 19 | 2007 | 工程教育 | 5 |
| 4 | 2000 | 人才培养 | 27 | 20 | 2007 | 创新思维 | 5 |
| 5 | 2000 | 素质教育 | 25 | 21 | 2010 | 教育模式 | 5 |
| 6 | 2001 | 高等教育 | 20 | 22 | 2003 | 培养体系 | 4 |
| 7 | 2000 | 创新能力 | 18 | 23 | 2000 | 人才 | 4 |
| 8 | 2000 | 创新 | 16 | 24 | 2001 | 创新意识 | 4 |
| 9 | 2002 | 培养模式 | 14 | 25 | 2002 | 大学生 | 4 |
| 10 | 2001 | 教学改革 | 9 | 26 | 2004 | 清华大学 | 4 |
| 11 | 2003 | 本科教育 | 8 | 27 | 2000 | 教育技术 | 4 |
| 12 | 2002 | 教育创新 | 7 | 28 | 2010 | 教育部 | 4 |
| 13 | 2007 | 通识教育 | 6 | 29 | 2000 | 科技创新 | 4 |
| 14 | 2000 | 教育 | 6 | 30 | 2010 | 国际化 | 4 |
| 15 | 2001 | 人文教育 | 6 | 31 | 2003 | 创业教育 | 4 |
| 16 | 2000 | 改革 | 6 | 32 | 2010 | 研讨会 | 4 |

（三）关键词聚类分析——结构与内容

为了把握1998—2022年创新人才教育研究领域的发展与变化，运用CiteSpace技术进行关键词的聚类分析，具体处理是在软件设置上选择数据抽取对象Top12，共得到个节427点和733条连线，网络密度为0.0081，模块值（Q值）为0.68，满足大于0.3的条件，说明划分出来的聚类结构是明显有效的。同时需要说明的是,图中的标签显示出聚类号及其标识词,聚类号以#0、#1、#2依次排列(见图20-3)。

**图20-3　创新人才培养研究关键词聚类知识图谱(1998—2022年)**

通过分析图20-3所呈现的关键词聚类知识图谱可知,创新人才、人才培养、创新能力、培养、高等教育、创新教育、培养模式、人才战略、素质教育、教育评价构成了创新人教育研究的主体框架。

### (四)关键词突现分析——阶段与趋势

为了从相关文献中揭示创新人才教育研究的趋势,运用CiteSpace软件中的突现检测功能,进而获得创新人才教育研究高频关键词突现情况(见图20-4)。图20-4中加粗部分表示在一定时间段的高频关键词,同时表明这些"突现"的关键词在一定时间段具有一定的发展潜力和研究价值。

| 关键词 | 首次出现年份 | 突现强度 | 突现起始年份 | 突现结束年份 | 1999—2022年 |
|---|---|---|---|---|---|
| 创新教育 | 1999 | 7.16 | 2000 | 2005 | |
| 素质教育 | 1999 | 7.14 | 2000 | 2004 | |
| 培养 | 1999 | 2.66 | 2001 | 2005 | |
| 教学改革 | 1999 | 1.86 | 2001 | 2002 | |
| 高校 | 1999 | 1.75 | 2001 | 2008 | |
| 高等教育 | 1999 | 3.24 | 2003 | 2004 | |
| 创新 | 1999 | 2.43 | 2006 | 2010 | |
| 人文教育 | 1999 | 1.68 | 2006 | 2009 | |
| 创新能力 | 1999 | 2.35 | 2007 | 2008 | |
| 创新思维 | 1999 | 1.72 | 2007 | 2013 | |
| 通识教育 | 1999 | 1.62 | 2007 | 2015 | |
| 教育部 | 1999 | 2.2 | 2010 | 2012 | |
| 研讨会 | 1999. | 1.7 | 2010 | 2011 | |
| 本科教育 | 1999 | 2.46 | 2013 | 2022 | |
| 工程教育 | 1999 | 1.72 | 2014 | 2015 | |

**图20-4　创新人才教育研究高频关键词突现情况（1999—2022年）**

从图20-4可以看出，2013年至今，本科教育一直是创新人才培养的重要抓手。其原因或许是受2012年颁布的《教育部关于全面提高高等教育质量的若干意见》影响。因为该文件指出提出实施基础学科拔尖学生培养试验计划，探索拔尖创新人才培养模式；实施卓越工程师、卓越农林人才、卓越法律人才等教育培养计划，探索与有关部门、科研院所、行业企业联合培养人才模式；实施卓越医生教育培养计划，探索适应国家医疗体制改革需要的临床医学人才培养模式；实施卓越教师教育培养计划，探索中小学特别是农村中小学骨干教师培养模式。2012年的《教育部等部门关于进一步加强高校实践育人工作的若干意见》中也指出，实践育人依然是高校人才培养中的薄弱环节，与培养拔尖创新人才的要求还有差距，提出注重学思结合，注重知行统一，注重因材施教，以强化实践教学有关要求为重点，以创新实践育人方法途径为基础，以加强实践育人基地建设为依托，以加大实践育人经费投入为保障，积极调动整合社会各方面资源，形成实践育人合力，着力构建长效机制，努力推动高校实践育人工作取得新成效、开创新局面。

## 三、研究结论与未来展望

### (一)研究结论

通过以上相关文献的可视化分析,从关键词的共现分析、聚类分析、突现分析来捕捉、揭示近年来创新人才培养研究热点及总体发展情况,总结如下:

第一,研究主题领域较为广泛,但关键环节凸显不够。通过对创新人才教育研究的关键词进行共现分析发现,论文发表期刊涉及教育学、教育理论与教育管理、基础科学、经济与管理学等领域,被引频次较高的作者涉及教育学、心理学、机械工程、化学、物理学、材料学、热能工程、语言学等多个领域,通过聚类分析发现,我国创新人才教育研究的热点主题主要涉及创新人才的培养制度、培养模式、教学体系和培养标准等方面。从总体上看,有关创新人才教育的研究热点涵盖范围十分广泛。当然,从中也可见对学生本身的研究相对欠缺,即众多研究成果在述及创新人才时都是简单地借用有关人的创造性思维品质特征,然后将其作为培养学生创新素质的理论依据,然后探讨学生外在的诸如环境、师资、模式和评价等主题。不过,在培养创新人才的过程中,到底哪些环节是关键、相应地该怎么办,已有研究基本上是面面俱到,而没有很好地突出关键环节。

第二,研究取得重要理论进展,但基础性理论研究不够。解读这些创新人才培养的研究成果还会发现,其中一些研究成果在理论上取得了重要进展,如以周鸿教授牵头研究撰写的《创新教育学》著作等研究成果,从多学科、多个角度、多个层次和综合性的方法探索了创新人才素质培养的基本理论,突破传统层面上对创新人才的理解,从多方面的、整体的视角建构了创新人才的创新能力、创新精神和创新人格的结构,阐释了创新人才素质的内涵。同时,还提炼和探明了创新教育的基本模式和模式的结构,探索出适应创新人才成长和培养的创新教育评价机制,揭示了创新教育的基本规律。但是,不但从教育学的角度揭示创新型学生的特质,并将其运用于指导创新教育活动,在当下还相对欠缺,而且创新人才培养的基础性理论还需要进一步探讨,如创新人才的人格特质及其要求,创新人才的生活、交往、工作风格及其要求,创造性活动的内在机理与规律有哪些,创造性的可教育性和不可教育性等都是需要揭示的深层次理论。

第三,总结了众多实践培养模式,但各种模式都是"自卖自夸"。在学者们有关创新人才教育培养目标、培养模式、培养途径和培养策略等理论认识的基础上,一些研究型大学还通过组建"×××实验班"等形式开展了培养创新人才的实践探索,涌现了诸如"元培学院班""钱学森力学班""华罗庚数学英才班""时珍国药班""袁隆平实验班""晏阳初实验班"等,共计100余种类型的实验班。实验中不但丰富了创新人才培养的理论认识,而且还总结出了众多的培养模式,如探究式教育模式、试错教育模式、问题教育模式、案例教育模式等,由此初步形成了具有中国特色的高校创新人才培养模式和创新教育体系。有意思的是,这些总结出来的众多创新人才培养模式各自都言说自己模式的有效性,其他学校也少见借鉴实施及效果报道;同时,创新人才培养活动结束了,但实验学生中并没有涌现出多少高创造性人才,由此使得人们不得不怀疑这些所谓模式的有效性。

### (二)未来展望

创新人才在关键事项上不可取代的独到作用,时代发展提出各种尖锐的挑战,创新人才培养的难度较大等因素,使得培养创新人才的研究将越来越成为研究中的热点,未来在此问题上的工作仍然艰巨。

第一,进一步加强基础理论的研究。在已有研究成果的基础上,未来需要关注两个重点的基本理论问题:一是创新型人才的特质揭示,如心理学家总结高创造性思维者的特质有性格内倾、精力集中,做事较为专注;兴趣广泛、好奇心强,生性喜欢探究;思维灵活、喜欢提问,容易发现问题;自信心强、独立判断,目标立场坚定;不受暗示、喜欢独干,做事特立独行;态度傲慢、不善交际,厌恶客套往来;不怕嘲讽,无视他人评价,等等。那么接下来就是要揭示创造性思维与创新人才之间的关系。二是创新人才培养的教学落实,特别是课堂教学的变革,是否需要转变到重设目标、培养创新型的学生,创造环境、鼓励师生民主协商,改善方法、培养学生个性爱好,改变过程、引导学生学会发现,改革评价、允许答案的多样性等,并且处理基本智能训练和创新智能培养的关系。

第二,完善创新人才培养顶层设计。一是国家层面的创新人才培养顶层设计问题,如《中国教育现代化2035》指出:发展中国特色世界先进水平的优质教育,创新人才培养方式,推行启发式、探究式、参与式、合作式等教学方式以及走班制、选课制等教学组织模式,培养学生创新精神与实践能力;提升一流人才培养与创新能力,加强创新人才特别是拔尖创新人才的培养,加大应用型、复合型、技术技能型人才培养比重。接下来的任务是:怎么具体地深化认识、怎么实践落实,还需要进一步明晰。二是学校厘清创新人才的类型层次,如创新人才涉及拔尖创新、科技创新、应用型创新、技术创新等不同类型,培养层次也涉及中学生、大学生和研究生等不同级别。不同类型、层次的创新人才培养规律和路径存在差异,有必要深入探索分类型、分层次创新人才教育的规律和路径。

第三,依托重点项目推进实践探索。首先是依托"双一流"建设探索拔尖创新人才教育模式。2015年《统筹推进世界一流大学和一流学科建设总体方案》指出,培养拔尖创新人才是"双一流"建设的五项核心任务之一。研究拔尖创新人才教育与"双一流"建设之间的关联性,探索如何构建一流学科建设与拔尖创新人才教育的协同机制,以及如何构建基于一流学科建设的拔尖创新人才教育模式,是当前拔尖创新人才培养亟待思考和解决的重点问题。其次是探索新工科背景下工程领域创新人才教育。为应对新一轮科技革命与产业变革,支撑服务创新驱动发展和"中国制造2025"等一系列国家战略,教育部从2017年开始积极推进新工科建设。因此,在新工科背景下有必要进一步探索各类工程领域创新人才培养模式问题,研究实践工程教育对创新人才培养的重要促进作用。

第四,夯实创新人才培养的条件。首先是打造一支具有较高创新素质的师资队伍。高创新性教师有哪些特征?日本学者思田彰认为,创新型教师一般具有热爱创新性学生,乐于与学生共同学习,教学言语自由开放,能够创设良好学习环境,努力形成高创造性集体,努力创设宽容氛围,注重对创造过程的评价等特征。由此观察当下各种实验班的任课教师,他们具备了吗?为什么、怎么办,都是需要探讨的。其次是改进创新人才培养的考核评价,以科学的创新人才特质理解去考察创新人才培养活动的结果,特别是抛弃传统的平庸质量观审视各种创新人才实验班的质效。最后是营造利于创新人才培养的环境,如基于契约的社会制度设计,提供民主、公平的制度保障;基于天赋的言论自由权利伸张,营造自由、开放的精神氛围;基于人道保证的物质供给,保障思想创新者的基本生存,等等。

总之,正如党的二十大报告指出的,"人才是第一资源","深入实施人才强国战略、创新驱动发展战略";"全面提高人才自主培养质量,着力造就拔尖创新人才",培养创新人才的创新教育必然是未来研究的重要课题。

## 研究导航

为了深化你对本专题的学习、推进有关本专题的研究工作,你可以在问题中选取题目开展研究。

1. 创新型人才的特质及教育要求研究。
2. 创新型人才的成长规律及启示研究。
3. 以某实验班为对象评价高校实验班的培养效能。
4. 论"全面提高人才自主培养质量"的落实路径。
5. 论落实"着力造就拔尖创新人才"要求的路径。

# 专题21  教育现代化研究的综述与展望[①]

📖 阅读导航 ○┈┈┈┈┈

本专题是关于教育现代化的研究。教育现代化是古代教育向现代教育转变过程中一个历史的必然样态。教育现代化到底是什么,东西各方、不同学者站在自己的立场"众说纷纭",故有必要予以澄清。因此,本研究使用CiteSpace文献分析技术和传统的文献解读技术对已有教育现代化的研究成果进行分析,以便为读者提供已有教育现代化研究成果的图景;同时在总结的基础上,提出若干面向未来的研究建议。

## 一、概念界定与分析技术

### (一)概念界定

任何时代的教育都是建立在相应的生产力水平、生产关系基础上的,呈现出与生产力及生产关系相对一致的特征。从古代社会到现代社会的发展,由于以生产力为主要因素的影响,教育也必然会出现从古代教育到现代教育的转型发展,以至于教育在现代发展中呈现出一种所谓"现代化"的趋势,教育现代化的概念由此而生。一般认为,教育现代化是以现代社会经济及文化、政治为基础,以先进教育观念为指导,运用现代生产力技术推进教育变革,实现传统教育向现代教育的转变,发展出与现代社会相一致的教育形态。教育现代化这个过程既是一种特殊的历史过程,又是一个特殊的历史阶段,因而既有过程性的特点,又有阶段性的特征。古代教育与现代教育的过程性与阶段性的性质、特点、规律、途径、结果等是内涵所在。对于古代教育而言,这些方面较为明显,因为古代教育的物质生产支撑、政治文化影响、精神道德取向已经留存在那里,相应的性质与特点、功能与价值、目标与内容、组织与实施、调控与结果、经验与教训等就能被总结出来。但就现代教育而言,则难以回答,因为

---

[①] 本专题作者:唐智松(西南大学,教授,博士生导师);王永杰(西南大学,硕士研究生)。

现代生产方式还在发展、政治经济制度还在调整、文化道德还在变化,相应的教育影响是什么的回答当然是困难的。中国教育的现代化问题意义重大而特殊,它是中华民族伟大复兴的重要组成部分,是一种具有中国特色的社会主义现代化的重要组成部分。同时,把教育现代化这一理念结合到中外及各国之间的教育公平领域,结合到中西部的区域教育均衡发展,结合到诸如学前教育、义务教育、职业教育、高等教育等不同领域,结合到教育过程中的制度、管理、课程、教学和评价等工作,则生发出一个庞大的研究体系,涌现了众多有关教育现代化的研究成果。

### (二)分析技术

在中国知网数据库(CNKI)中,以"教育现代化"为主题进行检索,可获得4528篇核心及以上期刊文献,为精确进行统计,选择1992—2022年间的文献,去除不相关文献之后,获得有效文件共3757篇。将上述文献导入软件,运用CiteSpace进行处理:一是通过对关键词图谱分析来捕捉教育现代化研究的热点;二是通过对关键词的聚类分析来梳理有关教育现代化研究的主要内容;三是通过对关键词的突现分析来预测教育现代化研究的未来发展趋势。通过上述三个方面的数据分析,呈现我国近年来教育现代化研究图景。

## 二、文献透视的结果解读

### (一)文献数量的统计与分析

为把握教育现代化研究的整体情况,对样本文献数量进行分析,具体发文量的变化趋势如图21-1所示。

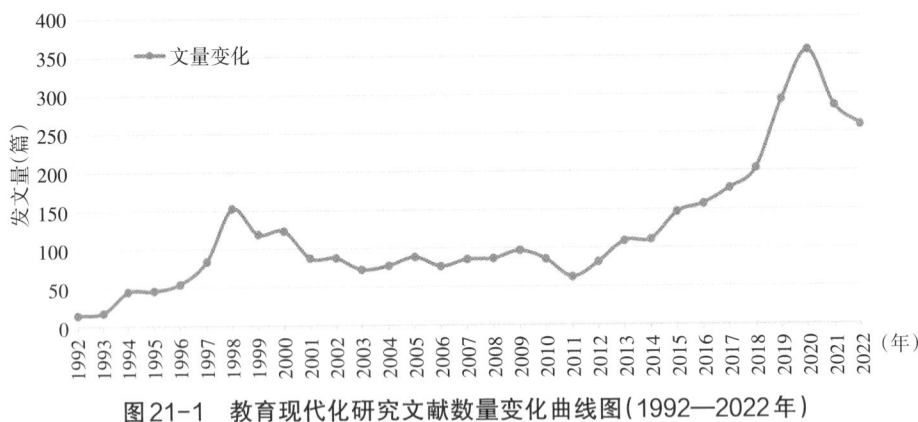

图21-1 教育现代化研究文献数量变化曲线图(1992—2022年)

总体来看,教育现代化研究发文量总体上呈现上升趋势,并在2020年达到峰值,虽然2020年以后,有关教育现代化的研究发文量有所下降,但是在2022年发文量已达到260篇,研究热度持续上升。2010年印发的《国家中长期教育改革和发展规划纲要》显示出,教育现代化作为核心理念受到重视,开始逐渐进入研究视野。2017年印发的《国家教育事业发展"十三五"规划》提出"为实现中国教育现代化2030远景目标奠定坚实基础"。2019年,《中国教育现代化2035》和《加快推进教育现代化实施方案(2018—2022年)》,确立了"教育现代化"成为未来十五年的发展目标。2020年颁布的《深化新时代教育评价改革总体方案》再次强调确立教育现代化的发展目标,这些政策文件都在一定程度上推动了教育现代化的研究深度和广度。

(二)关键词共现分析——主题与次序

对1992—2022年期间有关教育信息化研究的文献进行共现知识图谱的技术处理,获得了1992—2022年教育信息化研究文献的关键词共现知识图谱(见图21-2)。

从图21-2可以看出,教育现代化研究的领域主要聚焦于职业教育和高等教育,由于2012年我国立足于新的发展方位,党的十八大报告对我们的治理能力等相关问题作出了重大规划,由此,"新时代""现代化"成为了研究热点。在治理能力和治理体系的发展中,"教育治理"成为了革新教育管理的新方式,同时,随着科学技术的发展,"人工智能"的发展加深了教育与科学技术的融合,也在一定程度上加深了对"人工智能"的研究,此外,"教育强国"作为教育发展的目标和途径也受到了较多的关注,也在一定程度上拓宽了教育研究的视野。

**图 21-2　教育现代化研究关键词共现知识图谱(1992—2022 年)**

随后统计 1992—2022 年期间有关教育现代化研究文献中关键词的出现频次(见表 21-1)。

**表 21-1　教育现代化研究关键词频次统计表**

| 序号 | 首次出现年份 | 关键词 | 频次 | 序号 | 首次出现年份 | 关键词 | 频次 |
| --- | --- | --- | --- | --- | --- | --- | --- |
| 1 | 2012 | 现代化 | 200 | 11 | 2016 | 大数据 | 24 |
| 2 | 2012 | 职业教育 | 110 | 12 | 2012 | 农村教育 | 22 |
| 3 | 2012 | 高等教育 | 81 | 13 | 2018 | 人工智能 | 22 |
| 4 | 2015 | 教育治理 | 53 | 14 | 2014 | 乡村教育 | 21 |
| 5 | 2012 | 现代性 | 43 | 15 | 2013 | 教育 | 21 |
| 6 | 2018 | 新时代 | 39 | 16 | 2016 | 基础教育 | 21 |
| 7 | 2014 | 治理体系 | 37 | 17 | 2013 | 教育改革 | 17 |
| 8 | 2013 | 教育强国 | 30 | 18 | 2016 | 智慧教育 | 17 |
| 9 | 2012 | 教育公平 | 26 | 19 | 2014 | 中国特色 | 16 |
| 10 | 2014 | 治理能力 | 26 | 20 | 2019 | 立德树人 | 15 |

因本专题研究的主题是教育现代化,因此"现代化"关键词出现较高的频次是在研究预期之内的。其次,"职业教育"和"高等教育"首次出现在本研究的时间范围内说明了教育的现代化研究已经渗透到了不同的层次,研究的范围扩大。2018年,党的十九大的召开,"新时代"成为主题词,随着乡村振兴战略的出台,处于弱势地位的"乡村教育"得到重视,由此,"教育改革"和"教育公平"成为教育现代化的研究方向。"中国特色""智慧教育""教育治理"等关键词也随着建设中国特色社会主义教育强国任务的提出和信息技术的应用受到更多的关注和重视。"立德树人"作为教育的根本任务,在推动我国教育现代化的发展过程中也越来越受到重视。

### (三)关键词聚类分析——结构与内容

为把握1992—2022年教育现代化研究领域的发展与变化,运用CiteSpace技术进行关键词的聚类分析,以便发现该研究领域的热词,反映相关研究主题的演变。具体处理是在软件设置上,选择数据抽取对象TOP8共得到316个节点和371条连线,网络密度为0.0075,模块Q值为0.744,满足大于0.3的条件,说明划分出来的聚类结构是明显有效的。同时需要说明的是,图中的标签显示出聚类号及其标识词,聚类号以#0、#1、#2依次排列(见图21-3)。

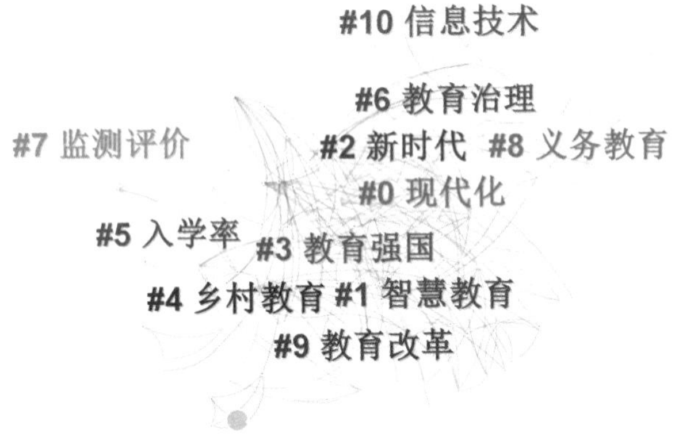

#10 信息技术

#6 教育治理

#7 监测评价　　#2 新时代　#8 义务教育

#0 现代化

#5 入学率　#3 教育强国

#4 乡村教育 #1 智慧教育

#9 教育改革

**图21-3　教育现代化研究关键词聚类知识图谱(1992—2022年)**

通过分析图21-3所呈现的关键词聚类知识图谱可知,现代化、智慧教育、新时代、教育强国、现代性、乡村教育、教育治理以及教育改革构成了教育现代化研究的主体框架。

### (四)关键词突现分析——阶段与趋势

为了从相关文献中揭示教育现代化研究的趋势,运用CiteSpace软件中的突现检测功能,进而获得教育现代化研究高频关键词突现情况(见图21-4)。图21-4中加粗部分表示在一定时间段的高频关键词,同时表明这些"突现"的关键词在一定时间段具有一定的发展潜力和研究价值。

| 关键词 | 首次出现年份 | 突现强度 | 突现起始年份 | 突现结束年份 | 2012—2022年 |
|---|---|---|---|---|---|
| 信息化 | 2012 | 2.24 | 2012 | 2015 | |
| 区域教育 | 2012 | 1.92 | 2012 | 2015 | |
| 教育 | 2012 | 4.64 | 2013 | 2015 | |
| 现代转型 | 2012 | 2.14 | 2013 | 2016 | |
| 指标体系 | 2012 | 4.35 | 2014 | 2016 | |
| 治理体系 | 2012 | 2.87 | 2014 | 2015 | |
| 教育局 | 2012 | 2.26 | 2014 | 2015 | |
| 监测评价 | 2012 | 2.13 | 2015 | 2016 | |
| 校企合作 | 2012 | 2.8 | 2016 | 2019 | |
| 智慧时代 | 2012 | 2.13 | 2016 | 2018 | |
| 教育督导 | 2012 | 2.46 | 2017 | 2019 | |
| 教育科研 | 2012 | 1.99 | 2017 | 2018 | |
| 大数据 | 2012 | 1.96 | 2017 | 2020 | |
| 教育强国 | 2012 | 4.75 | 2018 | 2019 | |
| 新时代 | 2012 | 3.57 | 2018 | 2022 | |
| 教育制度 | 2012 | 2.24 | 2018 | 2020 | |
| 中国经验 | 2012 | 2.24 | 2018 | 2020 | |
| 人才培养 | 2012 | 2.48 | 2019 | 2020 | |
| 高职教育 | 2012 | 2.32 | 2019 | 2020 | |
| 学前教育 | 2012 | 2.14 | 2019 | 2022 | |
| 治理 | 2012 | 2.01 | 2019 | 2020 | |
| 高职院校 | 2012 | 3.12 | 2020 | 2022 | |
| 治理能力 | 2012 | 2.29 | 2020 | 2022 | |
| 人工智能 | 2012 | 2.26 | 2020 | 2022 | |
| 社区教育 | 2012 | 2.13 | 2020 | 2022 | |

**图21-4 教育现代化研究高频关键词突现情况(2012—2022年)**

从图21-4可以看出,教育信息化的发展推动了教育现代化的发展。2012年颁布的《教育信息化十年发展规划(2011—2020年)》提出通过促进信息技术的变革来推动教育现代化的发展。随着信息化的深化发展,教育开始出现转型,教育治理能力和治理体系开始受到关注。2012年,教育强国战略受到更大程度的重视,为提升教育质量,展开教育督导和监测来促进教育的发展。2019年印发的《中国教育现代化2035》和《加快推进教育现代化实施方案(2018—2022年)》中提出以"教育现代化"作为中长期战略规划。2020年,颁布的《深化新时代教育评价改革总体方案》从不同的层面对教育进行深化改革,教育与人工智能的融合发展、社区教育作为新的教育主体都成为了教育现代化发展的新方向。

## 三、研究结论与未来展望

### (一)研究结论

通过以上相关文献的可视化分析,从关键词的共现分析、聚类分析、突现分析来捕捉、揭示近年来教育现代化研究热点及总体发展情况,总结如下:

第一,教育现代化的含义得到丰富,但国别特色还需要突出。外部世界是持续不断更新、动态发展变化的,概念本身也是基于不同的国家和不同的时代而表现出不同的理解。目前而言,现代化的内涵已经发生了演变,不再单纯地以经济发展的好坏快慢来指代现代化发展的优劣。教育的现代化同样也发生了改变,在教育领域,不再以教育发展的速度和规模来衡量教育的发展。在审视教育现代化的研究成果时,即可发现早期的教育现代化多是套用现代化衡量标准而给出,诸如指导思想现代化、制度法规现代化、师资队伍现代化、课程教学现代化、管理评价现代化等诸多带有"指标性"倾向的表述。随着中国特色社会主义现代化的巨大进步和重要经验的取得,在迈向教育现代化的进程中,更加强调中国人口规模庞大的特点、人民民主专政的制度特色、中华民族优秀传统文化下的中国教育现代化特质,由此巨大地丰富、发展了教育现代化的涵义。

第二,研究范围更为广泛和更有深度,但有效性还有待检验。教育现代化是一种传统教育向现代教育转化、过渡的历史进程,在不同时期有着不同的关注点。过去的现代化需要以工业现代化、农业现代化、科学技术现代化和国防现代化为基础,从而建设现代化的国家,对于教育现代化并未过多提及。但是,随着我国科学技术和综合国力的提升,我国认识到了教育对于促进社会主义现代化方面的重要价值。教育现代化的研究范围已经囊括了学前教育、基础教育、高等教育和职业教育等不同教育层次,学校教育、社会教育等不同教育类型,西部、中部和东部的区域教育现代化均衡等方面,即使对于历史底子薄弱、地理环境恶劣、经济社会发展水平偏低的西部教育,虽然难以言说其现代化,但也给出了办学条件标准化的路径。如此等等情况表明,教育现代化研究的横向广度和纵向深度得以拓展。不过,这类研究成果的实践针对性、有效性还有待检验。

第三,研究内容和视角更为全面,但个性化道路还有待探讨。如上所述,虽然我们对一般理论层面的教育现代化开展了较为丰富的探讨,但具体到中国当下来,中国式的教育现代化该如何作为?这类个性化的道路亟须探讨。为此,我们的思考是:首先是在指导思想上,坚定地确立了坚持党的领导和社会主义道路,在中华民族伟大复兴的框架下探讨教育现代化的理论范式与实践路径。其次是研究内容上,明确地厘定了坚持立德树人原则,为党育人、为国育才,实施全过程民主,追求质量更高、更加公平的教育,提高人民群众的教育获得感、幸福感。最后是坚决地确立了绿色健康的发展路径,亦即当前对教育现代化的研究已不再仅仅是追求现代化教育所表现出的外在表象,而是从我国传统的优秀文化中汲取人与自然和谐相处的理念,表现为可持续发展的形态。将其投射到教育中,从而教育的现代化也具备了可持续发展的特征,人与教学生态之间和谐共生,共同发展,而不是追求教学效率而忽视了教学主体的特殊性存在,从而教育的现代化也具备了可持续发展这一特征。

### (二)未来展望

教育现代化既是一个教育从不发达到比较发达的过程,也在每个阶段有其阶段性特征,而影响着过程和阶段的因素在不同国家地区既有时代变化因素、也有区域国情变化因素的复杂影响,教育现代化研究仍然充满挑战。

第一,拓宽研究主体,激发不同主体的动力源。当前,我国关于教育现代化的研究大多都是教育部、国家重点实验室等部门参与负责研究,单一的研究主体不具备多角度观察的能力,并不能从同一事物中看到不同的方面,学校作为教育改革的主体,其自身也具有自主探索的能力。将自上而下和自下而上的研究路径进行整合,拓宽教育现代化研究的主体,使其能够真正发挥出自身的作用,才能释放出不同主体的研究动力,最终才能促进教育现代化的向上发展。那么,接下来需要研究的问题就来了,如国家层面如何做好教育现代化的顶层设计,在顶层设计中既考虑整体的基础与目标,又考虑区域的差异与进度目标;既考虑各级各类教育的基本任务目标,又要考虑各级各类学校的具体任务要求,如此等等都需要决策咨询式的研究成果予以回答。

第二,调整研究方向,建设面向未来的现代化。教育现代化不是现阶段的现代化,而是面向未来的现代化。现代化不是静态停滞的,而是不断向前发展的。教育需要面向未来,培养未来世界的社会新人,适应未来社会的发展,而现代化就是培养社会新人的途径,通过对教育现代化研究方向的调整,实现教育面向未来的现代化建设,才能确保教育现代化的研究具有可预期性,才能保证教育发挥可持续发展的作用,从而优化教育现代化建设的路径和内容。在此明晰教育现代化的性质、特点认识后,那么具体地在各级各类教育、各级各类学校中的教育现代化指导性指标是什么、如何依据相应的标准进行测量验收、如何把外在的任务目标与内在的学生及学校可持续发展结合起来,等等,都是需要通过系列的测评工具的开发才能够予以解决的。

第三,聚焦特色发展,研究中国特色教育现代化。建设中国特色社会主义强国的宗旨,决定了我国教育现代化要致力于特色化发展。《中国教育现代化2035》也提出了发展"中国特色世界先进水平"的优质教育的战略任务。因而,"中国特色、世界水平"是我国教育现代化发展目标的两个基本方面。对于我国特色的挖掘,需要向下扎根,向上探索,通过对中国历史和文化的研究,对我国基本国情的掌握,立足于特色发展的出发点,以中国视角来解决中国问题,才能挖掘出中国特色,形成中国经验,为教育现代化发展提供方向。进一步,涉及的具体问题,就有诸如如何坚持和加强党的领导、提高行政效能、坚持以生为本、坚持全面发展教育、实施全面发展评价、提升教育过程公平、改善测量评价方法、建设高水平师资队伍、实现办学条件的标准化等,都亟待研究。

第四,开展比较研究,彰显教育现代化的中国智慧。教育现代化的背景是社会现代化,而社会现代化这个概念在东西方则因为不同制度环境、历史文化而存在不同的理解。在以前,由于西方现代化走在前,现代化就不言而喻地成了"西方化"的代名词,而且似乎成为唯一的现代化模式(即一种"机械现代化—国家现代化—人的现代化"道路的"早发内生型现代化"模式),并由此而引导或误导了许多后发国家。由于历史的不可逆转性、各国资源条件与历史文化传统不同、社会政治经济制度各异,各现代化后发国家的教育现代化自然不可能重复西方的早发内生型模式。对中国教育现代化而言,百年来的巨大进步、重要成绩表明中国特色社会主义道路是正确的,则相对应教育现代化也是具有中国特色社会主义的现代化。那么,这种教育现代化的特色、特点和优势是什么,为其他国家的教育现代化能够提供什么样的借鉴,当然值得通过比较研究给出答案。为此,就需要深入到中国优秀的历史文化传统、独特的"仁爱"文化心理、独具文化魅力的家国情怀、优越的社会制度设计、值得坚信的制度与道路自信等领域给予科学的答案。

## 研究导航

为了深化你对本专题的学习、推进有关本专题的研究工作,你可以在问题中选取题目开展研究。

1. 评价西方教育现代化的得失。
2. 中西方教育现代化的比较研究。
3. 教育现代化中传统与现代的关系研究。
4. 基础教育现代化的障碍与消除研究。
5. 中国式教育现代化的路径选择研究。

# 专题22　教育国际化研究的综述与展望[①]

📖 阅读导航 ⸺⸺

　　本专题是关于教育国际化问题的研究。众所周知,教育从部族认同到国家认同,再到全球公民素养,这是人类教育前进"路向",自然需要探讨。为了把握教育国际化研究的状态,本研究使用CiteSpace文献分析技术和传统文献解读技术对已有有关研究成果进行系统分析,以便为读者提供有关教育国际化研究在性质功能、对象范畴、国别比较,以及学科性质等方面的进展情况;同时,从构建人类命运共同体、以国际化与民族化融合共生为出发点探讨教育国际化的未来议题,以便为读者进一步研究提供参考建议。

## 一、概念界定与分析技术

### (一)概念界定

　　当一个教育群体或方国或国家感到需要向他者学习、交流时,教育交流就开始了。当然,这种教育交流需要诸如地理交通及文字语言支持,由于这些条件的差异形成了不同阶段的交流。在古代,由于地理交通及文字语言的影响,各自教育的视野局限于服务族群认同、维护政教合一,教育交流相对缺少,如中国孔子带着弟子的"周游列国"等,由此开启了教育国际化的先河。到了现代,交通条件的进步促进了教育交流,教育国际化由此进入活跃阶段。到了当代,发达的交通、畅通的信息、开放的心理使得教育全球化达到一个新的阶段。由于偏重于空间的全球化概念与侧重于文化心理的国际化概念之间虽有区别、但又存在实质相同的一面,且由于国际化更能揭示事情的实质,故本研究用国际化的概念。教育国际化作为国际之间的教育交流、研讨和合作,涉及的范畴主要有:一是建立国际性的教育组织,推动各国在教育、科学、文化方面的合作,如联合国教科文组织、国际教育局等,并派专家进行国际援助。二是加

---

[①] 本专题作者:唐智松(西南大学,教授,博士生导师);高六一(西南大学,硕士研究生)。

强国际教育合作,开展诸如教师交流、互派留学生、文化教材交流等。三是各国改革学制状态,以便与国际学制发展一致。①目前在全球化与逆全球化两种不同声音、民粹主义各地抬头、"××本国优先"等因素交织影响下,教育国际化到底何去何从,更是亟待回答。因此,总结已有教育国际化的研究成果,预测、探讨未来研究趋势非常必要。

### (二)分析技术

期刊论文是时效性较强的文献,能够比较准确地反映出研究主题的研究动态。为保证文献质量,真实反映研究状况,在中国知网数据库(CNKI)中,以"教育国际化"为主题进行检索,选择SCI来源刊、CSSCI和核心期刊三种文献来源,不限定年限进行检索。统计发现,样本文献的时间段为1992—2022年,检索得到文献记录2665条,在去除无效文献之后,获得有效文件共2656篇。将上述文献导入软件,运用CiteSpace进行处理:一是通过对关键词共现图谱分析来捕捉教育国际化研究的热点;二是通过对关键词的聚类分析来梳理有关教育国际化研究的主要内容;三是通过对关键词的突现分析来预测教育国际化研究的未来发展趋势。通过上述三个方面的数据分析,呈现我国近年来教育国际化研究图景。

## 二、文献透视的结果解读

### (一)文献数量的统计与分析

从整体上把握我国"教育国际化"的研究情况,需要对期刊文献发文数量及其变化趋势进行整理与分析。通过知网检索统计,1992—2022年我国"教育国际化"研究相关期刊文献数量分布如图22-1所示。

---

① 顾明远.教育大辞典(增订合编本)[M].上海:上海教育出版社,1998:751.

图22-1 教育国际化研究文献数量变化曲线图（1992—2022年）

其中，发文最多的是2017年，达191篇；发文最少的是1992年，仅1篇。我国教育国际化研究文献发文量在1992—2017年呈现波动上升的趋势，于2017年达到最高峰，这一年文章发表量达到最大值191篇。2017年至今呈现波动下降的趋势，2022年发文量达到104篇。总体来看，我国关于教育国际化的研究可分为以下三个阶段。

第一阶段（1992—2000年）：平稳发展期。此时期关于教育国际化研究的发文量虽有起伏，但整体呈上升趋势。据图所知，我国教育国际化研究工作是于1993年开始，是随着国家教委《关于境外机构和个人来华合作办学问题的通知》《中外合作办学暂行规定》等规章制度的出台而发展起来的。

第二阶段（2001—2011年）：快速发展期。此时期发文量增幅较大。究其原因，是因为进入21世纪以来，随着我国加入世界贸易组织，出国留学、招收留学生、开展中外合作办学等工作步入常规化的工作轨道，积极地引进国外优质教育资源、持续扩大双向留学规模、扩大教育合作交流，不断地提升教育的国际化水平。

第三阶段（2012年至今）：持续发展期。此阶段关于教育国际化研究的发文量整体呈下降态势，且开始稳定发展。这表明教育国际化的研究在已有研究领域已经逐渐饱和，主要集中在高等教育、高职教育等方面，如2016年教育部颁布《推进共建"一带一路"教育行动》将高等教育国际化上升为服务国家"一带一路"，助推了相关研究的开展。

### (二)关键词共现分析——主题与次序

对1992—2022年间有关教育国际化研究的文献进行共现知识图谱的技术处理,从统计文献中关键词出现的频率反映出研究内容的集中性,反映研究热点,得到共现知识图谱如图22-2所示。

**图22-2　教育国际化研究关键词共现知识图谱(1992—2022年)**

图22-2中网络节点的中心性——国际化是反映该节点核心程度的重要指标,衡量该节点与其他节点——高等教育、全球化等之间联系的密切程度。根据图22-2呈现的关键词共现知识图谱,可以发现,国际化、高等教育、全球化、职业教育等成为教育国际化研究者们关注的重要内容。

随后统计1992—2022年期间有关教育国际化等研究文献中关键词的出现频次(见表22-1)。

因本专题研究的主题是教育国际化,因此"国际化"关键词出现较高的频次是在研究预期之内的。将我国教育国际化研究的关键词进行降序排列可知,"国际化""高等教育""全球化"3个关键词的出现频次位居前三,明显高于其他关键词的出现频次,其后依次排序为"职业教育""高职教育""高职院校""人才培养""美国""一带一路""启示""对策""留学生""发展""日本""策略""本土化""中国""改革""教育"与"教学改革"。此外,从关键词首次出现的年份可以看出当时学者们对教育国际化研究的关注点和聚焦点,比如出现频率较高的关键词"全球化""国际化"和"留学生",出现的年份均为1997年左右,受到了研究者较多的关注与讨论。值得注意的是,表中最新的关键词是2016年的"一带一路"。这说明2016年教育部颁布的《推进共建"一带一路"教育行动》,是教育国际化研究的文献近年来集中研究的焦点。

表22-1 教育国际化研究关键词频次及其中介中心性统计表

| 序号 | 频次 | 中心性 | 关键词 | 出现年份 | 序号 | 频次 | 中心性 | 关键词 | 出现年份 |
| --- | --- | --- | --- | --- | --- | --- | --- | --- | --- |
| 1 | 599 | 0.38 | 国际化 | 1997 | 11 | 32 | 0.02 | 对策 | 2002 |
| 2 | 393 | 0.25 | 高等教育 | 1998 | 12 | 28 | 0.03 | 留学生 | 1997 |
| 3 | 97 | 0.12 | 全球化 | 1997 | 13 | 25 | 0.01 | 发展 | 1999 |
| 4 | 64 | 0.05 | 职业教育 | 2007 | 14 | 24 | 0.02 | 日本 | 1998 |
| 5 | 58 | 0.04 | 高职教育 | 2002 | 15 | 22 | 0.01 | 策略 | 2003 |
| 6 | 50 | 0.04 | 高职院校 | 2012 | 16 | 22 | 0.00 | 本土化 | 2000 |
| 7 | 43 | 0.04 | 人才培养 | 2002 | 17 | 20 | 0.01 | 中国 | 2000 |
| 8 | 40 | 0.02 | 美国 | 2009 | 18 | 19 | 0.01 | 改革 | 1999 |
| 9 | 39 | 0.01 | 一带一路 | 2016 | 19 | 18 | 0.00 | 教育 | 1999 |
| 10 | 33 | 0.02 | 启示 | 2004 | 20 | 17 | 0.01 | 教学改革 | 2003 |

(三)关键词聚类分析——结构与内容

为了把握1992—2022年教育国际化研究领域的发展与变化,运用CiteSpace技术进行关键词的聚类分析,具体处理是在软件设置上选择数据抽取对象Top10,共得到793个节点和1261条连线,网络密度为0.004,模块值(Q值)为0.6069,满足大于0.3的条件,说明划分出来的聚类结构是明显有效的。平均轮廓值(S)为0.8641>0.7,表明该聚类分析具有较高的信度。同时需要说明的是,图中的标签显示出聚类号及其标识词,聚类号以#0、#1、#2依次排列(见图22-3)。

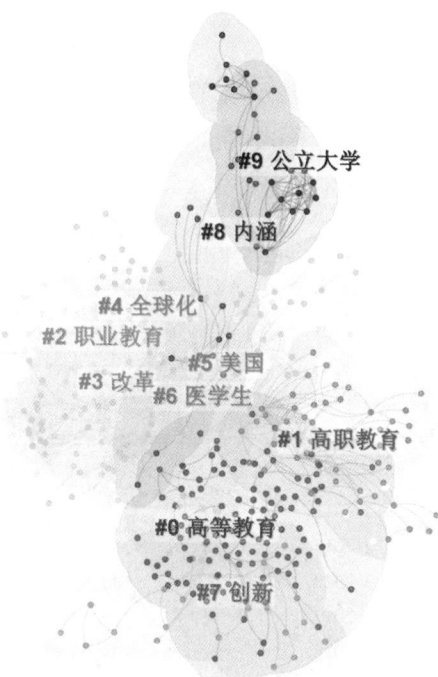

**图22-3　教育国际化研究关键词聚类知识图谱（1992—2022年）**

通过分析图22-3所呈现的关键词聚类知识图谱可知，教育国际化研究的主要内容包括高等教育、高职教育、职业教育、改革、全球化、美国、医学生、创新、内涵、公立大学。可以看出：其一，从研究对象层次上看，研究内容涉及高等教育和职业教育，对基础教育阶段的研究还不充分。其二，从研究方向上看，研究内容主要涉及教育的改革、创新、全球化，而涉及教育本土化的研究不多。其三，就教育国际化发生的场域而言，研究主要发生在公立大学中，在民办大学中开展的研究不多。

### （四）关键词突现分析——阶段与趋势

为了从相关文献中揭示教育现代化研究的趋势，运用CiteSpace软件中的突现检测功能，进而获得教育国际化研究高频关键词突现情况（见图22-4），亦即教育现代化的研究大致划分为三个阶段。其中，图22-4中加粗部分表示在一定时间段的高频关键词，同时表明这些"突现"的关键词在一定时间段具有一定的发展潜力和研究价值。

| 关键词 | 首次出现年份 | 突现强度 | 突现起始年份 | 突现结束年份 |
|---|---|---|---|---|
| 民族化 | 1996 | 4.57 | 1996 | 2009 |
| 发展 | 1999 | 5.9 | 1999 | 2010 |
| 教育 | 1999 | 3.92 | 1999 | 2005 |
| 医学教育 | 1993 | 4.24 | 2003 | 2004 |
| 创新 | 2003 | 2.99 | 2003 | 2007 |
| 改革 | 1999 | 3.54 | 2005 | 2011 |
| 双语教学 | 2002 | 3.23 | 2005 | 2013 |
| 内涵 | 2006 | 3.02 | 2006 | 2014 |
| 启示 | 2004 | 3.42 | 2008 | 2010 |
| 本土化 | 2000 | 4.78 | 2009 | 2015 |
| 会计教育 | 2003 | 2.89 | 2010 | 2012 |
| 大学英语 | 2012 | 4.6 | 2012 | 2016 |
| 教育改革 | 2003 | 3.94 | 2012 | 2013 |
| 学术英语 | 2012 | 3.28 | 2012 | 2015 |
| 高职院校 | 2012 | 10.27 | 2013 | 2022 |
| 路径 | 2010 | 3.94 | 2014 | 2017 |
| 高校 | 2007 | 3.23 | 2014 | 2018 |
| 日本 | 1998 | 3.47 | 2015 | 2022 |
| 职业教育 | 2007 | 20.6 | 2016 | 2022 |
| 一带一路 | 2016 | 14.94 | 2016 | 2022 |
| 鲁班工坊 | 2016 | 3.35 | 2016 | 2017 |
| 挑战 | 2005 | 3.09 | 2016 | 2017 |
| 美国 | 2009 | 2.94 | 2016 | 2020 |
| 新加坡 | 1996 | 4.36 | 2017 | 2018 |
| 德国 | 2013 | 3.67 | 2018 | 2022 |

图 22-4　教育国际化研究高频关键词突现情况（1992—2022 年）

第一阶段（1992—2007 年）：改革发展期。1993 年，国家教委出台了《关于境外机构和个人来华合作办学问题的通知》《中外合作办学暂行规定》《关于自费出国留学有关问题的通知》等规章制度，为引导并规范跨境办学活动提供了政策指导。1998 年颁布的《面向 21 世纪教育振兴行动计划》提出了"高层次创造性人才工程"。2001 年教育部《关于加强高等学校本科教学工作提高教学质量的若干意见》提出了本科教育教学国际化的相关内容。此时期我国教育对外开放的形势不断扩大，推动教育国际化的相关政策陆续出台，"创新""发展""改革""双语教学"等词语频繁出现。

第二阶段(2008—2015年):本土化探索期。2010年发布的《国家中长期教育改革和发展规划纲要(2010—2020年)》提出提高我国教育国际化水平,开始整合国外资源与本土高等教育体系,并引入国外一流大学在中国办学,教育国际化成为高等教育内涵建设的重要内容。因此,"本土化""大学英语""教育改革""内涵"成为这一阶段教育国际化的研究热点。

第三阶段(2016—2022年):深化提升期。2016年教育部颁布《推进共建"一带一路"教育行动》,提出"参与教育领域国际规则制定能力"。高等职业教育是高等教育体系的重要部分,《推动共建"一带一路"教育行动》专门对职业教育"走出去"提出了明确的要求,"一带一路""职业教育""鲁班工坊"等成为了近年的研究热点,热度延续至今。

## 三、研究结论与未来展望

### (一)研究结论

通过以上相关文献的可视化分析,从关键词的共现分析、聚类分析、突现分析来捕捉、揭示我国近年来教育国际化研究热点及总体发展情况,总结如下:

第一,研究成果数量趋于稳定,但对欠发达地区关注不够。从2011年的150篇到2022年的104篇,近年针对教育国际化的研究呈现出趋于平缓甚至是略微下降的趋势。同时在发文数量变化的背后,也透露出研究者对教育国际化研究的关注持续下降,只不过有时在政策引导下会呈现点状爆发趋势。这种现象也表明,关于教育国际化的理论与实践一直获得了学者们持续稳定的关注,有利于培养具有国际视野、国际意识和国际竞争力的人才。当然,也要看到这些教育国际化的研究对象主要是聚焦发达国家或地区所谓"先进""优秀"教育做法、经验的推介、总结,而对于欠发达地区或国家的教育动态关注极其不够。如果用所谓发达国家的"先进"作为标准去看,当然差距是巨大的,但其教育特色呢?自然在此过程中被"过滤"掉了,可见教育国际化研究中的"霸权"思维还是存在的。

第二,教育国际化的内涵得到丰富,但基本理论研究不够。"教育国际化"从过去仅仅关注留学生、双语教学的概念,扩展到国际形势、全球化、国际合作,其内涵不断丰富。当然,教育国际化研究成果的实践意义却一直在下降,究其原因可能是这些研究主要是关注了"形而下"层面的做法、经验,对"形而上"层面的思考不深,亦即教育国际化研究中对基本理论问题的研究还是显得不够,如教育国际化的研究目的到底是什么、教育国际化研究的对象到底有哪些、教育国际化研究的方法有哪些、国别介绍或比较研究的可比性到底是什么、仅型他国的条件背景是什么,等等,这些深层次的问题缺乏回答,那么教育国际化研究很可能还是停留在"形而下"的具体层面,但越具体越难以移植的情形反而又制约了教育国际化研究成果的运用。

第三,开始发出讲述中国的教育国际化声音,但力道还不够强大。当前,教育国际化的研究方向由过去的"引进来"为主,开始转向"走出去"与"引进来"并重。其中,在发出中国教育国际化的声音方面,在高等教育领域,如何在"双一流"建设指导下,高等教育国际化也走上了内涵式发展道路。又如在职业教育领域,在"一带一路"倡议下,职业教育也走出国门,走向世界,促进了职业教育国际化。教育国际化研究的热点从过去集中的高等教育领域,扩展到职业教育领域,这一方面反映出研究者们对如何通过政策改进来实现教育国际化的重视,另一方面反映出国家在制定促进教育国际化发展政策方面所作出的努力。当然,在这起步之初,这些研究在质量上要赢得国际教育界的认可,还需要持续努力。

### (二)未来展望

国际局势的风云变幻,使教育国际化活动及研究既有加强的必要,又有面临众多不确定性的影响,从促进构建人类命运共同体的角度出发,有许多有待未来研究的重要课题。

第一,深化教育国际化基本理论的研究。教育国际化的基本理论主要是回答为什么需要教育国际化、需要什么样的教育国际化等方向性的问题。就人类几千年区域、国家、民族之间的不断割裂、冲突、战争及其带来难以愈合的历史创伤,教育国际化研究首先需要全面、深刻地阐释教育在构建人类命运共同体中的意义、价值;立足于诸如中国"和平外交五项原则"基础阐释教育国际化的基本方向,为发展多态、水平多样、层次各异的全球教育文化达成共识奠定理性基础,拆除挡在观念中的藩篱。比如,对"全球化""国际化"是否存在的论证,就要首先回答。此外,还有教育国际化中的研究范式问题,目前主要是国别教育的推介,其次是国际比较的研究,前者虽有经验借鉴的意义,但经验的可移植性还值得探讨;后者如各教育要素的比较,其中的可比性何在等都是需要探讨的深层次问题。

第二,开展国际化与逆国际化现象讨论。由于世界各国教育是否国际化问题上心存疑问者众多,于是出现对于"全球化""国际化"到底是什么的疑问,存在全球化与西方化、现代化、新结构等概念的混淆,如"全球化即西化",具有新殖民主义、新扩张主义的色彩,因而对全球化持否定态度,如格鲁曼的"思维地域化,行动本地化,忘掉全球化"之主张;又如"全球化是现代化",是实现现代化的必经之路,尤其是不发达国家发展的必经之路;再如"全球化是新结构",这既非西化、也非现代化,而是人类社会进入信息社会后出现的新结构。未来研究需要对诸如此类代表国际化与逆国际化的不同观点展开讨论,在论争中澄清认识,达成共识。如"全球化"不是全球政治、经济、文化的"一体化",其实民族、国家仍然是存在的;"全球化"不是全球文化的趋同、"同质化",而应是多民族文化的多样并存;"全球化"不是"教育全球化",而是全球化下的民族教育,即民族教育依然存在。澄清了这些基本的问题,教育国际化中的阻力就可能减少。

第三,研究教育国际化中的新问题。面向未来的教育国际化面临更多不确定性下的教育挑战,如人们活动空间的全球化、信息沟通的网络化、经济合作的国际化、人员交往的国际化等。在此情况下,未来教育就面临众多新问题需要通过研究给予指导,如教育的国际交流日益频繁,要求把传统的本土教育需要扩大至国际教育;培养适应全球活动的人才,要求国家事务扩大至国际事务;克服狭隘民族主义思潮,要求培养从学会生存转向学会关心;教育研究活动的国际化,要求各国在人力、财力、信息上共享;教育资源(要素)的跨国流动,要求各国提供相应的法律支持;教育国际化对相关教育国际化人才的需求,提出了培养公民的供给素养等。其中,如培养公民的国际素养问题,相应的国际公民素养目标的内涵及范畴是什么、相应的教育内容及其组织方式为何、教育的过程及模式有哪些、师资队伍的建设及保障是什么、结果质量评价的标准及实施是什么等都需深入探讨。

第四,探讨国际化中的民族教育特色。借用著名社会学家费孝通先生"各美其美、美美与共"思想,本土教育、民族教育与国际教育都是教育国际化的内涵,是并行不悖的关系。当下,对民族文化或传统文化保持的疑惑、逆全球化势力等因素阻抑、困扰着教育国际化。为此,各国在秉持国际化不是同一化、一体化,而是多元化、生态化的原则下,需要具体探讨、开展具有本国特色的文化教育。其中,首先是厘定原则方向,如处理教育全球化与民族化,或教育本土化与国际化的关系,并积极参与国际教育标准的研制、指导本国教育与国际教育的接轨。其次是厘定价值取向,如建设教育民族价值与国际价值之间的兼容关系,以民族教育特色丰富国际教育色彩,以本土教育价值丰富国际教育价值。再次是具体工作事项,包括在教育内容层面,重新构建以民族教育内容为主、兼容多元文化的课程体系。再者,将具有本民族特色的教育通过交流和合作向外推介,促进民族特殊教育的分享,亦丰富国际世界教育的色彩。

## 研究导航

为了深化你对本专题的学习、推进有关本专题的研究工作,你可以在问题中选取题目开展研究。

1. 中国百年留学教育的反思与展望。
2. 剖析后殖民主义教育思潮。
3. 论教育国际化背景下国际化与本土化的关系。
4. 西方人才聚集高层次人才的做法与启示研究。
5. 国际化背景下中国打造人才聚集高地的策略。

# 专题23 教育信息化研究的综述与展望①

## 阅读导航

本专题是关于教育信息化的研究。网络在教育领域的迅猛而广泛的使用,引发了教育信息化的浪潮,关于教育信息化的研究成果相应地如"潮水"般涌来。为了掌握教育信息化研究的状态,本研究使用CiteSpace文献分析技术和传统的文献解读技术对近年来已有教育信息化研究成果进行系统分析,以便为读者提供教育信息化研究的图景,在评判教育信息化研究成果的基础上,对教育信息化的未来研究提出参考建议。

## 一、概念界定与分析技术

### (一)概念界定

任何教育信息都需要一定的载体,这个从中国古代的甲骨文、钟鼎文、木板竹板文字到纸张书籍,就是明证。自计算机网络发明并运用于教育之后,教育的信息载体从具有"重量"的原子存在发展到"比特化"的数码存在,教育信息的特质由此发生了革命性的变化,进而引发了教育的系统性变革——教育信息化。教育信息化被定位为教育的第四次革命,作为"革命",当然其所蕴涵的含义是极其深刻而全面的。简而言之,首先是教育信息的存在发生了革命,它以比特/数码化作为支撑而具有电子传播、传播迅速、态势开放、信息分享,以及复制、再加工、播放、自主生成等以前教育信息不具备的、无可比拟的特质。其次是基于教育信息特质的革命而触动了课程载体及形态的变革,在人工智能的"加持"下出现真正意义上的生成课程,同时因为课程的开放性和生成性又触发了教育者与学习者身份的"多向位移",由此改变了传统的教育者与学习者的身份、角色和任务、要求,这又触发了教学模式的革命,"翻转教学"成为现实,相应的教育教学的途径、方式也由此而产生革命性的变化。最后是在上述教育形态的系统性变革影响下,教育的功能、价值及获得途径也发生变化,

---

① 本专题作者:唐智松(西南大学,教授,博士生导师);王永杰(西南大学,硕士研究生)。

进而形成了教育与外部社会新型的关系。如果进一步把教育信息化的视角结合到基础教育、高等教育、职业教育及继续教育各层次领域,结合到课程教材建设、学生学习素养提升、师资队伍建设、学生教育管理工作、教育教学活动调控、教育考核评价等各工作领域,教育信息化的理论与实践则呈现出异彩纷呈的广阔天地,"五彩缤纷"的教育信息化世界可见一斑!教育信息化成为教育的第四次革命,教育信息化、研究教育信息化受到高度的关注,进而取得众多的教育现代化研究成果,为了更好地促进教育现代化,有必要对已有研究进行总结。

## (二)分析技术

在中国知网数据库(CNKI)中,以"教育信息化"为主题进行检索,对检索结果进行人工筛选与整理,剔除期刊会议征稿、报纸、笔谈、无作者信息及其他不相关条目等无效数据后,最终得到有效样本文献2872篇。将上述文献导入软件,运用CiteSpace进行技术处理:一是通过对关键词共现图谱分析来捕捉教育信息化研究的热点;二是通过对关键词的聚类分析来梳理有关教育信息化研究的主要内容;三是通过对关键词的突现分析来预测教育信息化研究的未来发展趋势。通过上述三个方面的数据分析,呈现我国近年来教育信息化研究图景。

# 二、文献透视的结果解读

## (一)文献数量的统计与分析

为把握教育信息化研究的整体情况,对样本文献数量进行分析,具体发文量的变化趋势如图23-1所示。

**图23-1 教育信息化研究文献数量变化曲线图(1998—2022年)**

总体来看,教育信息化研究从1998年到2020年总体上呈现上升趋势,但从2021开始,有关教育信息化的研究出现发文量逐渐减少的情况,2022年发文量为168篇。我国关于教育信息化的研究发展分为四个阶段。其一,自我国CERNET连通国际互联网开始,我国教育信息化的研究开始起步。其二,我国自2000年启动"校校通"工程和新世纪网络课程建设工程,我国教育信息化的研究进入到奠基阶段。其三,从2012年开始,我国将"应用驱动"确定为教育信息化的工作方针,全面启动"三通两平台"建设工程,进一步助推了教育信息化的研究。其四,我国颁布《教育信息化2.0行动计划》,政府层面推动了"互联网+教育"的发展,促进了信息技术与教育的深度融合。

## (二)关键词共现分析——主题与次序

对1998—2022年期间有关教育信息化研究的文献进行共现知识图谱的技术处理,获得了1998—2022年教育信息化研究文献的关键词共现知识图谱(见图23-2)。

从图23-2可以看出,教育信息化的研究领域主要在基础教育与教育公平,关于教育信息化的技术研究涉及人工智能、大数据等,教育模式向智慧教育延伸,学校也依托于教育技术成为智慧校园的载体,教育信息化促进个体信息技术和信息素养发展,拓宽了有关教育信息化的研究视野。

图23-2 教育信息化研究关键词共现知识图谱(1998—2022年)

统计1998—2022年期间教育信息化研究文献中关键词的出现频次(见表23-1)。

表23-1 教育信息化研究关键词频次统计表

| 序号 | 首次出现年份 | 关键词 | 频次 | 序号 | 首次出现年份 | 关键词 | 频次 |
| --- | --- | --- | --- | --- | --- | --- | --- |
| 1 | 2012 | 信息化 | 178 | 11 | 2012 | 智慧校园 | 60 |
| 2 | 2012 | 信息技术 | 125 | 12 | 2012 | 信息素养 | 51 |
| 3 | 2014 | 智慧教育 | 133 | 13 | 2012 | 云计算 | 44 |
| 4 | 2012 | 职业教育 | 95 | 14 | 2015 | 互联网+ | 34 |
| 5 | 2012 | 基础教育 | 72 | 15 | 2014 | 在线教育 | 32 |
| 6 | 2012 | 教育技术 | 71 | 16 | 2012 | 高校 | 32 |
| 7 | 2012 | 教育公平 | 70 | 17 | 2014 | 翻转课堂 | 31 |
| 8 | 2017 | 人工智能 | 68 | 18 | 2012 | 教育变革 | 30 |
| 9 | 2013 | 大数据 | 67 | 19 | 2014 | 高职院校 | 30 |
| 10 | 2012 | 高等教育 | 62 | 20 | 2012 | 数字校园 | 30 |

因本专题研究的主题是教育信息化,因此"信息化"关键词出现较高的频次是在研究预期之内的。"基础教育""职业教育"以及"高等教育"在本研究的时间范围内均在2012年首次出现,说明教育信息化的初始研究是基本覆盖了所有教育领域。同时,"信息技术""教育技术""大数据""云计算"等相关研究伴随着信息化的相关研究,表明它们也是影响教育发展的因素之一。此外,首次在2015年出现的"互联网+"是由于当时教育主管部门出台了相关的政策文件使得对于"互联网+教育"的融合研究得到更大程度的关注。2017年首次出现的"人工智能"也是由于当时政策文件的颁布,衍生出了教育的新发展模式和向度。

(三)关键词聚类分析——结构与内容

为把握1998—2022年教育信息化研究领域的发展与变化,运用CiteSpace技术进行关键词的聚类分析,发现该研究领域的热词,掌握相关研究主题的演变情况。具体处理是在软件设置上,选择数据抽取对象Top8共得到402个节点和641条连线,网络密度为0.008,模块Q值为0.5908满足大于0.3的条件,说明划分出来的聚类结构是明显有效的。同时需要说明的是,图中的标签显示出聚类号及其标识词,聚类号以#0、#1、#2依次排列(见图23-3)。

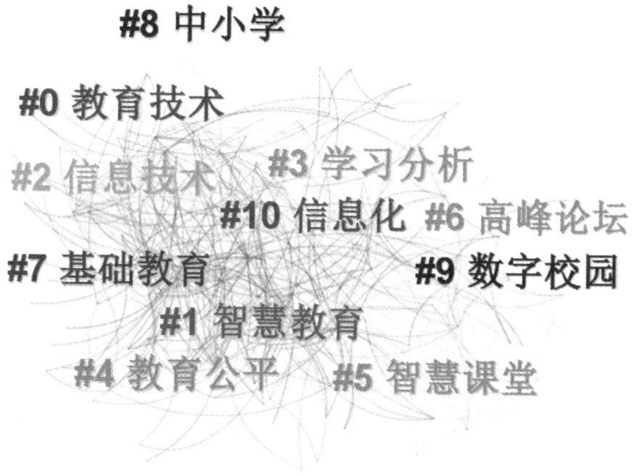

#8 中小学

#0 教育技术

#2 信息技术　　#3 学习分析

#10 信息化　#6 高峰论坛

#7 基础教育　　　　　#9 数字校园

#1 智慧教育

#4 教育公平　#5 智慧课堂

**图23-3　教育信息化研究关键词聚类知识图谱(1998—2022年)**

通过分析图23-3所呈现的关键词聚类知识图谱可知,智慧教育、教育公平、教育技术、基础教育、信息技术以及数字校园等为聚类关键词。

### (四)关键词突现分析——阶段与趋势

为从相关文献中揭示教育信息化研究的趋势,运用CiteSpace软件中的突现检测功能,进而获得教育信息化研究高频关键词突现情况(见图23-4)。图23-4中加粗部分表示在一定时间段的高频关键词,同时表明这些"突现"的关键词在一定时间段具有一定的发展潜力和研究价值。

从图23-4中可以看出,每个关键词出现的时间和研究持续关注的时间阶段都比较短,究其原因,主要是在2012年到2022年这十年期间,我国陆续颁布了一系列的政策推动了关于教育信息化的持续深化的发展。2012年颁布的《教育信息化十年发展规划2011—2020》,推动了信息技术与教育的融合发展,该时期"电子书包""云计算"以及"电子课本"等研究较多。2015年颁布的《国务院关于积极推进"互联网+"行动的指导意见》和《促进大数据发展行动纲要》,推动了大规模在线开放课程学习,该时期相应的"微课"和"互联网+"等研究成果迅速增加。2016年颁布的《教育信息化"'十三五'规划"》推动了教学信息化的发展。十九大对于精准扶贫和小康社会的要求,推动了利用教育信息化发挥扶贫功能的研究,"精准扶贫""人工智能""智能教育""教育公平"等研究增多。2019年颁布的《中国教育现代化2035》和《教育部等十一部门关于促进在线教育健康发展地指导意见》,促进了"在线教学""体育教学""在线教育"等研究的持续增多。

| 关键词 | 首次出现年份 | 突现强度 | 突现起始年份 | 突现结束年份 | 2012—2022年 |
|---|---|---|---|---|---|
| 电子书包 | 2012 | 8.19 | 2012 | 2014 | |
| 云计算 | 2012 | 8.15 | 2012 | 2013 | |
| 教育部 | 2012 | 4.62 | 2012 | 2013 | |
| 电子课本 | 2012 | 4.47 | 2012 | 2014 | |
| 高校 | 2012 | 4.17 | 2012 | 2016 | |
| 研讨会 | 2012 | 3.57 | 2012 | 2014 | |
| 学习分析 | 2012 | 4.1 | 2013 | 2016 | |
| 翻转课堂 | 2012 | 8.61 | 2014 | 2016 | |
| mooc | 2012 | 7.17 | 2014 | 2016 | |
| 微课 | 2012 | 3.49 | 2015 | 2017 | |
| 成人教育 | 2012 | 3.49 | 2015 | 2017 | |
| 互联网+ | 2012 | 5.29 | 2016 | 2018 | |
| 社区教育 | 2012 | 3.79 | 2016 | 2018 | |
| 核心素养 | 2012 | 4.02 | 2017 | 2018 | |
| 精准扶贫 | 2012 | 3.38 | 2017 | 2019 | |
| 人工智能 | 2012 | 15.21 | 2018 | 2022 | |
| 智能教育 | 2012 | 3.83 | 2018 | 2019 | |
| 新时代 | 2012 | 3.58 | 2018 | 2020 | |
| 挑战 | 2012 | 3.49 | 2018 | 2019 | |
| 教育公平 | 2012 | 5.42 | 2019 | 2022 | |
| 高职院校 | 2012 | 5.1 | 2019 | 2022 | |
| 体育教学 | 2012 | 3.19 | 2019 | 2022 | |
| 在线教学 | 2012 | 10.21 | 2020 | 2022 | |
| 在线教育 | 2012 | 5.71 | 2020 | 2022 | |
| 智能时代 | 2012 | 5.08 | 2020 | 2022 | |

图23-4 教育信息化研究高频关键词突现情况(2012—2022年)

## 三、研究结论与未来展望

### (一)研究结论

通过以上相关文献的可视化分析,从关键词的共现分析、聚类分析、突现分析来捕捉、揭示近年来教育信息化研究热点及总体发展情况,总结如下:

第一,研究辐射范围宽且覆盖面广,但基本问题研究不够。教育信息化是整个教育行业的信息化,其建设、资源开发及应用必然会涉及教育环境、教育内容、教育管理等教育领域的各个方面。教育信息化在当前的研究中,横跨了基础教育、职业教育和高等教育等领域,推动了不同教育层面的发展,如信息技术必修课已经成为全国中小学生信息素养提高的主要渠道。在看到近年来教育信息化研究主题涉及面广泛的同时,也要看到对基本问题研究的不够,诸如电化教育、计算机辅助教育、信息技术教育、远程教育、网络教育、在线教育、云教育、智慧教育、"人工智能+教育"等新概念的层出不穷、令人眼花缭乱,就其原因就是对这些概念所涉及的基本理论缺乏有深度的研究。

第二,研究内容呈现多元化倾向,但许多话题是风吹云散。教育信息化涉及教育系统的方方面面,最为明显的就是信息技术对于融入课堂的实践。信息技术作为辅助工具参与课堂教学,是教育活动的"边缘参与者",主要体现为计算机辅助教学这一发展形式,主要的体现形式有投影、电视、广播、计算机等。最后,教育的信息化研究还推动网络教育和线上学习的发展,另一方面也促进了家庭教育与信息化的融合。教育信息化的研究内容呈现多样态势,但也存在许多研究就是"一缕烟云"转眼即逝,甚至还来不及被人关注就已经过时了,这既有信息技术本身发展日新月异的因素影响,也和研究中自身从开始就规划不够长远有关系。

第三,研究视角领域不断扩大,但仍然存在被忽视的领域。教育信息化的研究视角不仅仅包括教育行业,如基础教育、职业教育以及高等教育层面,同时,还关系到民生和经济领域,其作为教育应对贫困问题的解决路径之一,对于精准扶贫战略的实施有着重要的促进作用。比如许多研究中,不但关注城市学校教育信息化在校舍、设备、课堂教学、教研和学校管理诸多方面问题,而且还关注乡村学校教育信息化下"跨越式"发展中的问题,即如何通过教育信息化,打破时空、地域和主体限制,有效扩大优质教育资源覆盖面,实现教师智力资源的优化均衡配置,阻抑了教育贫困的代际传递,从而实现教育扶贫的目标。如果从全局的角度看,教育信息化的研究主要是聚焦在普通教育方面,对诸如职业教育中的学生学习、课堂教学、学业评价、校园管理等领域,对特殊教育中儿童个性化跟踪与帮扶、指导和教育,对学前教育的精准服务等方面的教育信息化研究还是显得不够。

### (二)未来展望

教育信息化显然是一个"正在进行时"的教育热点问题,几乎已有的教育研究都可以运用"信息技术+×××教育研究"的范式,教育信息化这种"万金油"式的魅力奠定了它在未来研究中不可或缺的地位。

第一,多学科共同助力,推动教育信息化的转型升级。教育信息化是一门综合的学科,计算机科学、脑科学、教育科学等都属于其研究的领域,通过将学科进行交叉学习,在其他领域的突破和创新也会影响到相关学科的发展,实现人文社会科学与自然科学的和谐统一的发展。科学技术的发展会促使教学产生新的形态,也会催生新的教学范式。反之,教学的发展也会为科学技术的深度发展提供革新的方法和模式,二者的融合发展便会促进教育变革性发展。因此,面向未来的教育信息化研究,不但可以借助理工科技术,特别是脑科学、信息技术学等学科实现技术层面的重大突破,而且还可以利用人文社会学科,特别是伦理学、教育学等学科实现技术界面更加友好,从而全社会能够提供界面友好、质量较好、效率较高、规则安全的教育信息化条件,实现教育信息化发展的转型升级。

第二,立足中国特色,促进教育信息化的本土创新。教育信息化作为第四次教育革命,既有共性,也有个性。就个性而言,我国的教育信息化根植于中国大地,要在教育信息化建设的性质定位、目标任务、作用发挥、资源开发、资源共享、管理调控等方面坚守中国化、本土化的原则,从实际出发推进教育信息化的理论与实践创新。如人口方面,我国是一个人口大国,规模巨大的人口总量在一定程度上制约着教育的发展,但是人口数量大也会给教育信息化的发展带来一定的突破和优势。规模巨大的人口会倒逼促进教育信息化的发展，挖掘信息化发展的潜力价值。这种教育信息化与巨大的人口规模的叠加会促进教育信息化的本土创新发展，进而通过教育信息化的本土创新助推中国教育，特别是规模较大的乡镇教育，实现"弯道超车"的发展奇迹。

第三，应答时代挑战，探索重点难点问题的解决方案。教育信息化是整体性的系统工程，既需要全面完整地铺陈展开，又需要在面对特定时期的教育问题时针对重点难点问题制定解决方案。目前，首先是在短时间内较大规模的在线教学中出现的众多"翻车"现象，如教师网络直播教学技能、学生在线学习的技巧等问题，以及关涉的地方课程、校本课程建设问题，各种教学资料的管理问题，学生学习效果的反馈指导问题，学生的身心健康发展问题等，都是亟待进一步深化研究的重要课题。其次是长期以来没有很好解决的网络教学中的深度学习问题。网络技术越来越发达，出现了诸如大数据技术、云存储技术、学习分析技术、人工智能技术等新兴技术，不但具有物感化、移动化、数据化、智能化、精准化、区块链化等新优势，而且还可以发挥学习过程可记录、学习状态可分析、学习历史可追溯等新功能。接下来就是需要研究如何把这些优势转化为改善教学的工具，从而提升教学的效能。

第四，增强安全意识，研究教育信息化的风险防范。教育信息化作为教育现代化的重要方式，由于人性的复杂多变、知识产权罪犯的侥幸心理、黑客的存在等因素的影响，在发展、使用过程中，难免会出现技术伦理危机、数据危机以及信息虚假化等问题。在未来的教育信息化发展过程中，首先，应做好数据安全保护，防止因数据泄露而导致的隐私暴露，避免因此可能给当事人带来的种种危机。其次，应辩证看待信息技术的支持作用，防止因过度夸大信息技术赋能课堂发展的作用而导致师生关系的虚化，应当把传统面授教育在人际互动、情感熏陶、场域感染等优势与教育信息化的信息处理高效、信息共享方便、信息加工容易、利于组合创新等优势结合起来，重新建构由偏重于智能教学的网络教育与偏重于情感价值养成的面授教育相结合的新形态。最后，正视数据信息的真实性，合理使用共享数据平台，防止因数字资源的丰富导致自身对于信息的认知产生偏差，造成资源的浪费。

## 研究导航

为了深化你对本专题的学习、推进有关本专题的研究工作,你可以在问题中选取题目开展研究。

1. 信息化对教育资源态势发展的影响及指导研究。
2. 信息化对学生学习方式转变的影响及指导研究。
3. 教育信息化给教师工作带来的挑战与应对策略。
4. 中小学线下教学与在线教学的效能比较研究。
5. 信息化促进乡村学校教育跨越式发展的策略研究。

# 专题24 教育高质量发展研究的综述与展望[①]

📖 阅读导航 ○············

本专题是关于教育质量观的研究。众所周知,教育质量观是教育活动的指南针,没有正确质量观的教育活动,可能结果就是"害人害己",所以必须树立正确的教育质量观。因此,本研究使用 CiteSpace 文献分析技术和传统的文献解读技术对近年来已有教育高质量发展的研究成果进行系统分析,以便为读者提供已有关于教育高质量发展研究的进展,总结了已有教育高质量发展研究的成就;同时,从面向未来的视角,对教育高质量发展的理论探讨和实践探索,提出了有关需要进一步思考的议题,以便为读者研究提供参考意见。

## 一、概念界定与分析技术

### (一)概念界定

教育作为有目的的人类活动,其目的最终实现如何自然需要通过质量的测量来评价。顾名思义,教育质量是教育水平高低和效果优劣的程度,最终体现在培养对象的质量上,衡量的标准是教育目的和各级各类学校的培养目标[②],是教育过程与结果的特性满足教育涉及者需要的程度。随着国内主要矛盾转变到人们对美好生活的向往和发展不平衡、不充分层面的转移,高质量发展就成为新时代发展的基本理念。在此影响下,教育高质量发展也就成为我国教育发展的一个重要的指导性概念。对于教育高质量发展这个新概念如何理解,正处于探索之中。目前,一般认为所谓教育高质量发展就是面向全体,兼顾公平与质量原则,以立德树人为根本,以培养时代新人为目标,满足人民群众教育需要,整体指向优质且公平,坚持全面与创新,最终实现可持续的发展。在理解该概念时,需要抓住其重要特质,如:其一,它是"以人民为中心"的

---

[①] 本专题作者:唐智松(西南大学,教授,博士生导师);吴诗芸(西南大学,硕士研究生)。
[②] 顾明远.教育大辞典(增订合编本)[M].上海:上海教育出版社,1998:798.

教育,是满足人民对美好教育的向往,提升人民群众的教育获得感、成就感、幸福感的教育。其二,它是兼顾质量和公平的教育,在坚持公平优先下,实现教育质量和教育公平的互为建构。其三,它是以立德树人为根本,促进学生德智体美劳全面发展,培养"有理想、有本领、有担当"的时代新人。其四,它是全面可持续的教育,使每个人获得可持续发展所需的知识、技能、情感与价值观,以教育的可持续促进个人和社会的可持续发展。近年来,随着国家对教育治理的完善,对教育工作的关注从过去侧重于对投入、过程运行方面,逐步扩大到对结果的监测,即对教育质量的关注,众多的研究成果由此出现。总体上看,教育高质量发展的理论探讨与实践探索目前已经处于"进行时"状态,初步取得一些值得总结的认识。

### (二)分析技术

在中国知网数据库(CNKI)上选择"高级检索"选项,主题为"教育高质量发展",并选择同义词扩展,选择北大核心、CSSCI两种文献来源进行检索。为保证数据分析的可靠性和精确性,剔除相关性较低的文献,共得到有效文献755篇,将上述文献导入CiteSpace软件中进行处理:一是通过对关键词共现分析来梳理有关教育高质量发展研究的研究热点;二是通过关键词的聚类分析把握研究涉及的主要内容范畴;三是通过对关键词的突现分析来预测教育高质量发展研究的未来趋势。通过上述三个方面的数据分析,呈现我国近年来教育高质量发展研究总体情况。

## 二、文献透视的结果解读

### (一)文献数量的统计与分析

为了整体上把握"教育高质量发展"研究情况,首先对期刊文献发文数量及其变化趋势进行整理与分析,我国"教育高质量发展"研究相关期刊文献数量逐年变化趋势如图24-1所示。

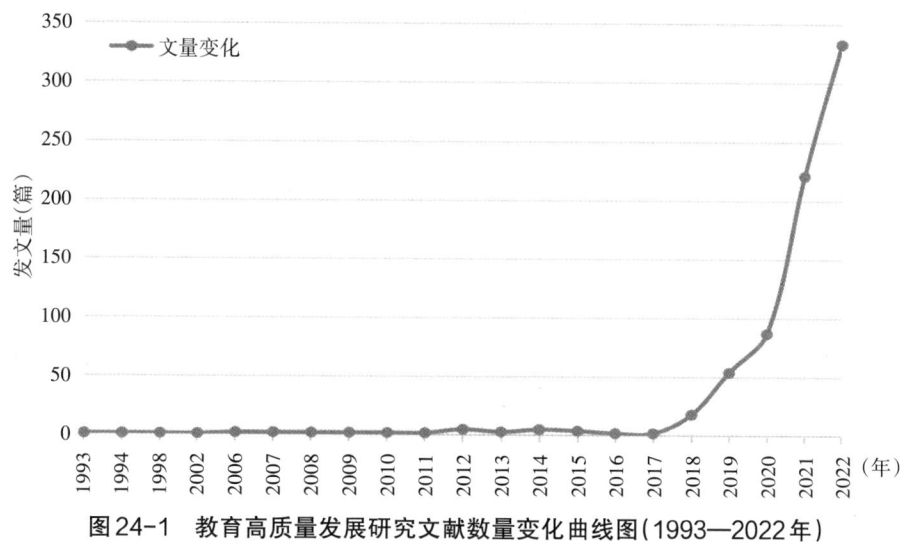

图 24-1　教育高质量发展研究文献数量变化曲线图（1993—2022 年）

从有关文献的发表情况看，我国教育高质量研究文献期刊发文量总体呈现不断上升的趋势，具体可分为三个阶段：

第一阶段（1993—2017 年）：缓慢发展期。此时期多年发文量为 1 篇，该时期教育发展还并未关注到如何推动教育质量，更多解决"上学难"的问题。

第二阶段（2018—2020 年）：快速发展期。党的十九大报告指出我国社会主要矛盾已经转化为人民日益增长的美好生活需要和不平衡不充分的发展之间的矛盾，在教育发展上从"有学上"到"上好学"，李克强在作政府工作报告时指出，要发展公平而有质量的教育，强调教育质量的重要性。

第三阶段（2021—2022 年）：高速发展期。2020 年，《中共中央国务院关于新时代推进西部大开发形成新格局的指导意见》第一次提出"教育高质量发展"概念。同时，党的十九届五中全会审议通过的《中共中央关于制定国民经济和社会发展第十四个五年规划和二〇三五年远景目标的建议》提出"建设高质量教育体系"的目标任务①。2022 年召开的党的二十大再次提出"办好人民满意的教育""建设高质量教育体系"，可见，教育高质量发展是当今教育领域的重要话题。

---

① 中共中央.《中共中央关于制定国民经济和社会发展第十四个五年规划和二〇三五年远景目标的建议》[EB/OL].(2020-11-03)[2022-11-14].http://www.gov.cn/zhengce/2020-11/03/content_5556991.htm.

## (二)关键词共现分析——主题与次序

将数据导入CiteSpace软件,在功能界面设定时区跨度为"1993—2022年",间隔为1,切片阈值Top为50,网络节点类型选择为"关键词",并调整相关参数,得到了教育高质量发展研究的关键词共现情况(见图24-2)。在图24-2中,节点代表着不同的关键词,节点大小代表着该关键词出现的频次,节点越大,表示该关键词出现的次数越多。

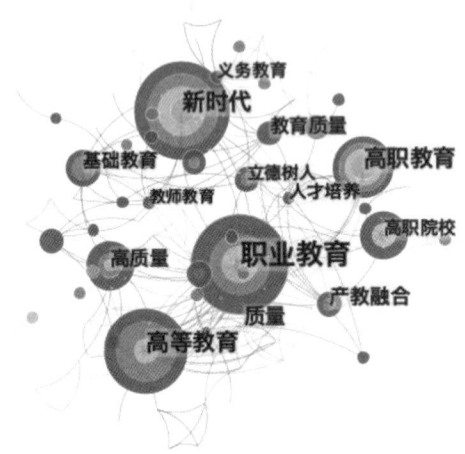

**图24-2 教育高质量发展研究关键词共现知识图谱(1993—2022年)**

据图24-2可知,"职业教育""高等教育""新时代""高职教育""基础教育"都是出现频次较多的关键词,也就是该领域的研究热点。通过分析图中关键词的共现情况,可以得到:其一,教育高质量发展研究跟时代背景及政策要求息息相关,习近平同志在党的十九大报告中指出"中国特色社会主义进入了新时代",在之后的政策中也明确提出"建设高质量教育体系"的目标任务,因此,"新时代"便成为研究教育高质量发展的前景提要和关键问题。其二,关于教育高质量发展的研究中,对职业教育和高等教育的研究构成了教育高质量发展研究的主要内容。其三,对教育高质量发展研究在各级各类教育中都有所涉及,例如:高职教育、基础教育、义务教育、教师教育等领域。虽然有些研究成果,但显然深度不够,有待进一步加强研究。

知识图谱呈现的关键词频次及中心性被认作是研究该领域热点的重要指标,将图谱中关键词所出现的频次由高到低降序排列,选取出频次排名前20的关键词进行频次及中心性统计,得出表24-1。

**表24-1 教育高质量发展研究关键词频次及其中介中心性统计表**

| 序号 | 首次出现年份 | 关键词 | 频次 | 中心性 | 序号 | 首次出现年份 | 关键词 | 频次 | 中心性 |
|---|---|---|---|---|---|---|---|---|---|
| 1 | 2015 | 职业教育 | 70 | 0.25 | 11 | 2009 | 质量 | 10 | 0.04 |
| 2 | 2009 | 高等教育 | 54 | 0.06 | 12 | 2018 | 教育部 | 8 | 0.03 |
| 3 | 2019 | 新时代 | 38 | 0.11 | 13 | 2014 | 内涵 | 8 | 0.01 |
| 4 | 2018 | 高职教育 | 29 | 0.12 | 14 | 2020 | 体育产业 | 8 | 0.00 |
| 5 | 2020 | 高质量 | 18 | 0.09 | 15 | 2021 | 教师教育 | 8 | 0.02 |
| 6 | 2019 | 高职院校 | 18 | 0.05 | 16 | 2021 | 立德树人 | 7 | 0.07 |
| 7 | 2021 | 基础教育 | 14 | 0.06 | 17 | 2014 | 人才培养 | 7 | 0.03 |
| 8 | 2019 | 产教融合 | 11 | 0.03 | 18 | 2015 | 民办高校 | 7 | 0.00 |
| 9 | 2006 | 教育质量 | 11 | 0.05 | 19 | 2014 | 义务教育 | 6 | 0.03 |
| 10 | 2019 | 乡村振兴 | 10 | 0.01 | 20 | 2021 | 实践路径 | 6 | 0.01 |

由表24-1可得,教育高质量发展研究成果中,"职业教育""高等教育""新时代""高职教育"的频次均大于27.68,为本研究的高频词。其中中心性大于0.1说明其对共现网络的影响较大,由表可得,"职业教育""新时代""高职教育"都是中心性较高的关键词。在这些关键词中,大部分关键词的频次较高且中心性也高,而有些关键词中心性高而出现频次却较低,说明它们虽起着中介节点的作用却还未完全引起研究者重视。

## (三)关键词聚类分析——结构与内容

对有关教育高质量发展研究成果文献的关键词进行聚类知识图谱处理,获得了图24-3。从图24-3可知,该图谱模块S值=0.9063>0.7,聚类结果令人信服;模块Q=0.7542>0.3,聚类结果显著,所以根据量化程度得出该图谱具有参考价值。根据图谱分析,教育高质量发展共导出7个聚类标签,分别是"职业教育""教育质量""高职教育""高等教育""高质量""新时代""中小学校",构成了教育高质量发展研究的主体框架。可以看出:研究者较为重视高等教育和职业教育的相关研究,对学前教育、继续教育等阶段关注较少,研究主体较为单一,研究范围还需拓展。

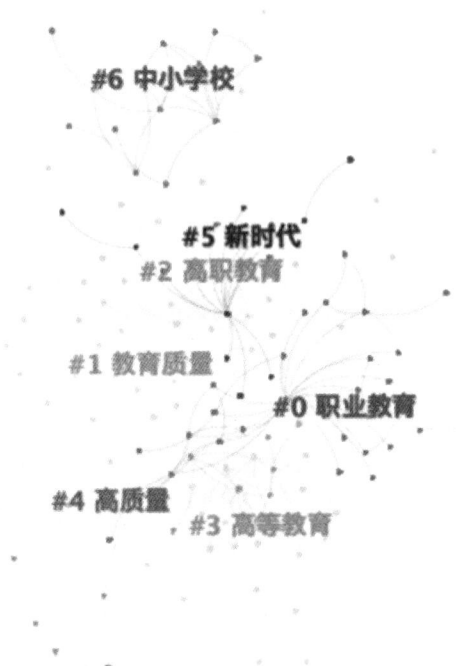

图24-3  教育高质量发展研究关键词聚类知识图谱(1993—2022年)

(四)关键词突现分析——阶段与趋势

为了从相关文献中揭示教育高质量发展研究的趋势,运用CiteSpace软件中的突现检测功能,将"突现词"检测出来,进而获得我国教育高质量发展研究高频关键词突现情况(见图24-4)。

| 关键词 | 首次出现年份 | 突现强度 | 突现起始年份 | 突现结束年份 | 1993—2022年 |
|---|---|---|---|---|---|
| 质量 | 1998 | 3.54 | 2009 | 2019 | |
| 公平 | 1998 | 1.34 | 2012 | 2013 | |
| 发展 | 1998 | 1.34 | 2012 | 2013 | |
| 高职教育 | 1998 | 4.1 | 2018 | 2020 | |
| 新时代 | 1998 | 4.05 | 2019 | 2020 | |
| 高职院校 | 1998 | 1.81 | 2019 | 2020 | |
| 会议综述 | 1998 | 1.73 | 2020 | 2020 | |
| 教育评价 | 1998 | 1.63 | 2020 | 2022 | |
| 基础教育 | 1998 | 2.82 | 2021 | 2022 | |
| 高等教育 | 1998 | 2.68 | 2021 | 2022 | |
| 民办高校 | 1998 | 2.44 | 2021 | 2022 | |
| 教育出版 | 1998 | 1.79 | 2021 | 2022 | |
| 党史学习 | 1998 | 1.79 | 2021 | 2022 | |
| 建党百年 | 1998 | 1.34 | 2021 | 2022 | |
| 中小学校 | 1998 | 1.34 | 2021 | 2022 | |
| 办学活力 | 1998 | 1.34 | 2021 | 2022 | |

**图 24-4　教育高质量发展研究高频关键词突现情况（1993—2022年）**

图 24-4 加粗部分表示在一定时间段的高频关键词，同时表明这些"突现"的关键词在该时间段内具有相当的发展潜力和研究价值。

第一阶段（1993—2017年）：理论初探期。教育高质量发展是以教育的"质量"和"公平"的研究为基底的。《国家中长期教育改革和发展规划纲要（2010—2020年）》明确提出要"更好满足人民群众接受高质量教育的需求"。学界在兼顾质量和公平原则的前提下，教育高质量发展研究在理论上进行了初步探索。

第二阶段（2018—2020年）：深入发展期。该阶段从职业教育方面进行探讨如何促进教育的高质量发展。2019年印发的《国家职业教育改革实施方案》提出职业教育要实现"由追求规模扩张向提高质量"的转变。2020年印发的《职业教育提质培优行动计划（2020—2023年）》中把职业教育高质量发展纳入教育发展战略。在国家政策影响下，研究者从职业教育高质量发展的基本逻辑、现实样态、实践路径等方面进行研究。

第三阶段（2021—2022年）：繁荣发展期。该阶段在"建设高质量教育体系"的战略指引下进行了各方面的改革创新，如2020年发布的《教育部等八部门关于进一步激发中小学办学活力的若干意见》中强调推动中小学校从育人方式、教学形式、课程建设等方面激发学校办学活力，促进教育高质量发展。

2021年印发的《关于进一步减轻义务教育阶段学生作业负担和校外培训负担的意见》提出中小学校要减负提质,探讨"后减负时代"如何更好地构建教育生态、促进教育公平、塑造教育高质量发展新格局。

## 三、研究结论与未来展望

### (一)研究结论

通过以上相关文献的可视化分析,从关键词的共现分析、聚类分析、突现分析来捕捉、揭示近年来教育高质量发展研究热点及总体发展情况,总结如下:

第一,研究主题凸显时代特征,但基本问题研究有待深化。高质量发展是教育系统在新的历史阶段的使命担当和必然趋势。一方面,在全面建设社会主义现代化国家的征程上,教育高质量发展与经济高质量发展之间需要共生、共长。另一方面,教育高质量发展是解决教育内卷,缓解教育焦虑,治理教育生态,即满足人民群众对美好教育需求的必然要求,体现了教育高质量发展在新时期新阶段的必要性和必然性。所以,对教育高质量发展涉及的发展逻辑、条件分析、政策议题等背景进行分析,对具体内涵、本质特征等进行探讨,体现了关注教育的时代发展的态度。当然,我们也要看到,教育的高质量发展是一个刚提出、实践不久的话题,对教育高质量发展宗旨的阐释、目标的表述、范畴的规划,对其"质量更高""更加公平"到底体现在哪些方面、评判的尺度或可观测点是什么等基本的理论问题,显然需要进一步深入研究。

第二,研究领域呈现相对集中,但一些研究对象或领域被忽视。教育高质量发展研究主要集中在职业教育和高等教育,主要原因可能以下两点:其一,职业教育和高等教育体现出"与经济体系联系紧密","与人才培养关系密切"的特征,在"新时代"的历史阶段,教育发展要适应经济发展方式和人才培养方式的转变,对劳动者提出更高的素质要求。职业教育和高等教育的发展能够更快速、更直接地凸显教育高质量发展的优势,适应时代发展要求;其二,我国职业教育本身发展较为薄弱,优质公平的高等教育资源仍非常有限,促进教育的高质量发展首先要补齐短板、提质增效,发挥职业教育和高等教育应有的作用,从"大有可为"到"大有作为",推动教育整体的高质量发展。比较而言,学前教育、特殊教育及基础教育的高质量发展问题的研究相对不足,但"质量更高",尤其是"更加公平"在基础教育、学前教育和特殊教育中仍然是群众反应激烈、影响因素复杂的难题,诸如此类问题也需要研究解决。

### (二)未来展望

教育质量的提高"永远在路上",高质量发展观为教育质量发展指出了方向性要求,作出了目标性指导,如何在此视角下推进教育的高质量发展是永远的教育研究主题。

第一,探讨各级各类教育共同的高质量发展问题。教育高质量发展研究应遵循发展规律,借鉴以往经验,结合实践探索,依据不同层次和类别教育的发展理论,解决各领域的现实问题,辐射更广的研究范围,推进各级各类教育的高质量发展。已有研究成果中,显然对于义务教育或基础教育阶段的高质量发展关注较多,而对学前教育的高质量发展和高等教育的高质量发展的原则、定位、目标、范畴、路径及技术、政策等研究不足;又如,关注城乡教育资源均衡,促进城乡教育共同高质量发展关注较多,但对城市教育内部、乡镇学校内部在更加公平、质量更高上关注不多,妨碍教育高质量发展的消极因素仍然存在。

第二,探讨各个教育系统要素的高质量发展问题。教育的高质量发展不仅需要各级各类教育的持续发展,也需要教育系统的各要素进行优化组合并协调发展,包括教育结构、教育管理、教育评价、师资建设等方面。就目前的研究成果而言,其中,关注教育发展定位、教育资源配置、师资队伍质量建设的研究比较多,而对学校及学生发展目标、校舍设备教育资源利用效率、教师个体在地化素质提升、校长岗位胜任力评价、学校评价观念变革措施、学生学业成绩评价方式完善等方面关注不够。当然,在这些要素的研究中,最为关键的莫过于教育评价的高质量发展。以高质量发展观为指导,通过制定评价标准,更新评价内容,改革评价方式,强化评价功能等措施推动教育评价走向高质量发展,以教育评价的高质量发展来保障教育整体的高质量发展。

第三,重点关注乡村教育的高质量发展问题。教育高质量发展是在新时代背景下产生的,要站在时代发展和国家发展的理论高度进行思考,符合乡村振兴发展战略的需要,提高区域教育服务的能力和水平。《乡村振兴战略规划(2018—2022年)》等政策文件,强调以教育振兴助推乡村振兴,突出乡村教育发展的重要性。但从目前的研究情况来看,教育高质量发展研究较少关注到乡村教育,在乡村教育发展前后阶段衔接,尤其是新发展阶段乡村教育应如何实现高质量发展以满足人民日益增长的美好教育需要的问题上探讨不足。面向未来,不但要从整体层面关注乡村学校教育问题,从观照发展差距和发展特色两个方面,从资源配置、管理制度、"在地化"教育等促进乡村学校教育的高质量发展。而且还要关注乡村社区教育的发展,从学习化社会建设、助力乡村振兴的高度探讨乡村社区教育的发展,站在综合统筹的视角解决当下乡村社区人口流失、生活凋敝、返贫危机、乡村学校空置、乡村社区学校无门等无序低效的问题。

第四,探讨推动教育高质量发展的实践落地问题。具有质量更高、更加公平,能够提高人们的教育获得感、幸福感的高质量发展教育,既是中国人民的教育向往,也是人类普遍性的教育追求。但是,如何将这一基本的理念贯彻于教育实践之中,使教育实践走向质量更高、更加公平,人民群众的教育获得感和幸福感有显著的提高?这些也是未来研究的重点。当然,我们也要看到这种实践的不易,因为一方面从外部角度看,中国还处于社会主义初级阶段,东部、中部和西部的区域发展极不均衡,还有一部分中西部地区刚刚处于脱贫、防止返贫的状态;另一方面从内部角度来看,教育活动本身就包含着质量与效率之间的平衡,顾此失彼的现象在众多国家和地区都出现过的,而且不同群体的教育成就动机不同、不同个体的教育成就目标不同,教育高质量发展中还面临面向实质的教育机会均等挑战,如此等等汇聚成了教育高质量发展落地的重大"障碍",未来研究需要在一地一政策、因地制宜、因材施教等原则下探讨落地的策略。

## 研究导航

为了深化你对本专题的学习、推进有关本专题的研究工作,你可以在问题中选取题目开展研究。

1. 当前我国学前教育高质量发展的短板研究。
2. 当前我国基础教育实现"更加公平"发展的短板研究。
3. 当前我国职业教育实现"质量更高"发展的短板研究。
4. 当前我国本科生教育高质量发展的短板研究。
5. 当前我国研究生教育高质量发展的短板研究。

# 专题25 教育质量评价研究的综述与展望[①]

📖 阅读导航 ○⋯⋯⋯⋯

本专题是关于教育质量评价的研究。无需置疑,教育活动最后的结果表征——教育质量,肯定是大家关注的,这样教育的参与者对教育的质效才会"心中有数",否则就是参与者心中一塌糊涂、彼此面面相觑的景象!因此,本研究使用CiteSpace文献分析技术和传统的文献解读技术对已有有关教育质量问题的研究成果进行系统分析,以便为读者提供已有关于教育质量评价的研究进展;同时,从进一步推动教育质量评价在理念转变、技术进步等方面,提出了未来研究还需要思考、回答的议题,以便为读者进一步研究提供参考意见。

## 一、概念界定与分析技术

### (一)概念界定

教育质量是对教育水平高低和效果优劣的评价,最终体现在培养对象的质量上。[②]评价标准是教育目的和各级各类学校的培养目标。所谓标准是指衡量事物的准则,是对事物进行评判的具体尺度,是指要求、优质或完成程度或水平。教育评价的标准是指对于相应的评价指标或项目,被评对象达到什么程度或水平才是合乎要求的,或是优秀的、良好的等。确定教育评价标准的依据主要有国家经济和社会发展对教育的需要,国家的教育方针、政策和法规,教育规律和人的心理发展规律,从被评对象实际出发、实事求是,评价主体的需要等方面。在基础教育领域,《义务教育质量评价指南》对县域义务教育的质量评价要求从价值导向、组织领导、教学条件、教师队伍、均衡发展五个方面进行;对学校的办学质量评价要求从办学方向、课程教学、教师发展、学校管理、学生发展等五个方面进行;对学生的发展质量评价要求从品德发展、学业发展、身心发展、审美素养、劳动与社会实践等五个方面进行。在评价方式上

---

[①] 本专题作者:张献伟(西南大学,博士研究生)。
[②] 顾明远.教育大辞典(增订合编本)[M].上海:上海教育出版社,1998:798.

要求注重结果评价与增值评价相结合,注重综合评价与特色评价相结合,注重自我评价与外部评价相结合,注重线上评价与线下评价相结合。在高等教育领域,教育质量的评价虽然最终指向人才培养的质量,但在操作中还是从教育活动的过程去进行,其中涉及高等教育活动的组织管理、师资队伍、教学活动、科学研究、社会服务、交流合作等方面;在高等教育的评价主体上,一般有官方评价、同行评价、社会评价与自我评价几种方式。毫无疑问,教育质量评价为掌握教育活动质效、反思教育问题、促进教育改善起到了不可或缺的作用,有必要对已有研究成果进行总结、评价。

### (二)分析技术

在中国知网数据库(CNKI)中,以"教育质量评价"为主题进行检索,对检索结果进行人工筛选与整理,剔除期刊会议征稿、报纸、笔谈、无作者信息及其他不相关条目等无效数据后,最终得到有效样本文献256篇。将上述文献导入软件进行分析,运用CiteSpace软件进行处理:一是通过对关键词共现图谱分析来捕捉教育质量评价等研究的热点;二是通过对关键词的聚类分析来梳理有关教育质量评价等研究的主要内容;三是通过对关键词的突现分析来预测教育质量评价等研究的未来发展趋势。通过上述三个方面的数据分析,呈现我国近年来教育质量评价研究图景。

## 二、文献透视的结果解读

### (一)文献数量的统计与分析

为把握教育质量评价研究的整体情况,对"教育质量评价"研究文献年度发文量变化进行分析,获得该主题的文献分布情况如图25-1所示。

**图 25-1　教育质量评价研究文献数量变化曲线图（1994—2022年）**

　　通过查阅教育部官方网站公开文件，2010年发布的《国家中长期教育改革和发展规划纲要（2010—2020年）》中提出改革教育质量评价和人才评价制度；建立科学的教育质量评价体系。2010年发布的《教育部关于贯彻落实科学发展观，进一步推进义务教育均衡发展的意见》提出要探索建立学校教育质量监测评价制度、教育质量目标管理制度和提高教育质量的保障机制。2011年印发的《教育部关于充分发挥行业指导作用，推进职业教育改革发展的意见》提出要建立社会、行业、企业、教育行政部门和学校等多方参与的质量评价体系。高等教育方面，2011年的《中共教育部党组关于教育战线学习贯彻胡锦涛总书记在庆祝清华大学建校100周年大会上重要讲话精神的通知》中提出"建立健全适合中国国情、具有国际视野的教育质量标准。"[1]2013年的《教育部关于推进中小学教育质量综合评价改革的意见》中提出要推进中小学教育质量综合评价改革，2014年的《教育部关于全面深化课程改革落实立德树人根本任务的意见》中提出各地要组织实施中小学教育质量综合评价改革。2020年，《深化新时代教育评价改革总体方案》对新时代教育质量评价提出了全方位的、更高水平的要求。总体上看，教育质量评价改革政策和研究一直是热点问题。

---

[1]　教育部.中共教育部党组关于教育战线学习贯彻胡锦涛总书记在庆祝清华大学建校100周年大会上重要讲话精神的通知.[EB/OL].(2011-04-25)[2022-11-21].http://www.moe.gov.cn/srcsite/A12/s7060/201104/t20110425_179008.html.

### (二)关键词共现分析——主题与次序

对1994—2022年期间教育质量评价文献进行共现知识图谱的技术处理，获得了1994—2022年教育质量评价研究文献的关键词共现知识图谱(见图25-2)。

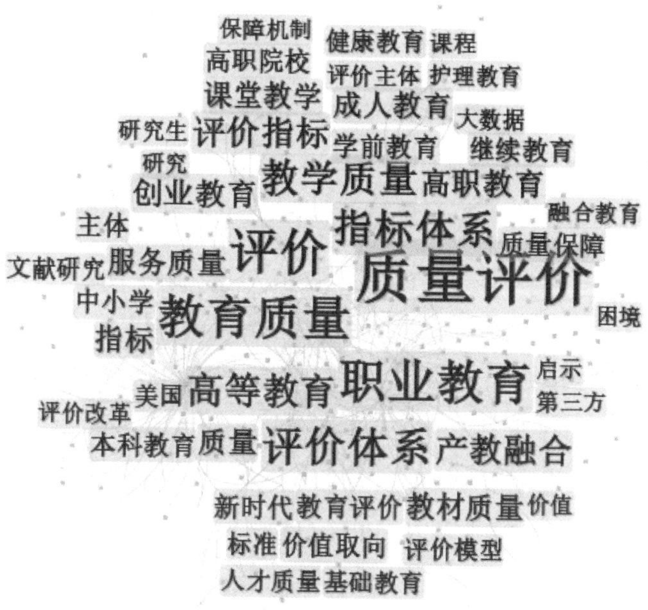

**图25-2 教育质量评价研究关键词共现知识图谱(1994—2022年)**

由图25-2可知，教育质量评价对象的研究，横跨学前教育、中小学、职业教育、高等教育、研究生教育、继续教育和成人教育等。评价内容包括课程、课堂教学、教材质量、人才质量和服务质量等。评价方法包括价值取向、指标体系、评价模型和大数据等。护理教育、健康教育、创业教育、融合教育等领域也得到了较明显关注。

随后统计1994—2022年期间有关教育质量评价研究文献中关键词的出现频次(见表25-1)。

因本次研究的主体是"教育质量评价"，故而"质量评价"和"教育质量"这一对关键词出现的频次较高并不意外。2002年，国务院发布《关于大力推进职业教育改革与发展的决定》，故而"职业教育"出现在2003年之后的热词中。作为重要的评价工具,指标体系和评价体系在本世纪之初也得到重视。2005年印发的《关于进一步加强高等学校本科教学工作的若干意见》后,高等教育在2006年开始成为教育质量评价中的热词。2017年"大数据"出现在教育质量评价改革研究中,2018年"新时代"给教育质量评价改革提出了新要求,因此都出现在热词中。评价内容从2000年的课堂教学、教学质量,2001年的教材质量到2006年的服务质量和2015年的质量保障,呈现出逐渐深化的特点。

表25-1 教育质量评价研究关键词频次统计表

| 序号 | 首次出现年份 | 关键词 | 频次 | 序号 | 首次出现年份 | 关键词 | 频次 |
| --- | --- | --- | --- | --- | --- | --- | --- |
| 1 | 1999 | 质量评价 | 105 | 17 | 2009 | 美国 | 5 |
| 2 | 2002 | 教育质量 | 39 | 18 | 2002 | 成人教育 | 5 |
| 3 | 2003 | 职业教育 | 34 | 19 | 2018 | 新时代 | 5 |
| 4 | 2001 | 评价 | 34 | 20 | 2018 | 高校 | 5 |
| 5 | 2004 | 指标体系 | 23 | 21 | 2000 | 课堂教学 | 4 |
| 6 | 2000 | 评价体系 | 19 | 22 | 2016 | 启示 | 4 |
| 7 | 2000 | 教学质量 | 14 | 23 | 2008 | 评价模型 | 4 |
| 8 | 2006 | 高等教育 | 11 | 24 | 2001 | 教材质量 | 4 |
| 9 | 2000 | 质量 | 9 | 25 | 2015 | 价值取向 | 4 |
| 10 | 1996 | 评价指标 | 8 | 26 | 2015 | 质量保障 | 4 |
| 11 | 2005 | 高职教育 | 8 | 27 | 2010 | 中小学 | 4 |
| 12 | 2013 | 学前教育 | 8 | 28 | 1998 | 托幼机构 | 4 |
| 13 | 2018 | 产教融合 | 6 | 29 | 2017 | 大数据 | 3 |
| 14 | 2006 | 服务质量 | 6 | 30 | 1999 | 健康教育 | 3 |
| 15 | 2012 | 教育评价 | 6 | 31 | 2009 | 研究生 | 3 |
| 16 | 2010 | 创业教育 | 6 | 32 | 2011 | 继续教育 | 3 |

### (三)关键词聚类分析——结构与内容

为把握1994—2022年教育质量评价研究领域的变化,运用CiteSpace技术进行关键词的聚类分析。具体处理是在软件设置上,选择数据抽取对象

Top12,共得到805个节点和1242条连线,网络密度为0.0038,模块值(Q值)为0.6226,满足大于0.3的条件,说明划分出来的聚类结构是明显有效的(见图25-3)。

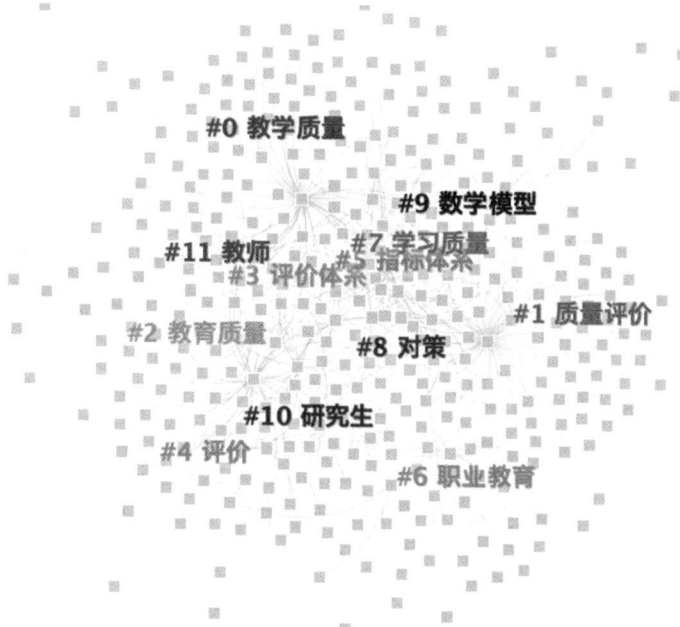

**图25-3 教育质量评价研究关键词聚类知识图谱(1994—2022年)**

通过分析图25-3所呈现的关键词聚类知识图谱可知,教学质量、质量评价、教育质量、评价体系、评价、指标体系、职业教育、学习质量、对策、数字模型、研究生、教师构成了教育质量评价研究的主体框架。

(四)关键词突现分析——阶段与趋势

为了从相关文献中揭示教育质量评价研究的趋势,运用CiteSpace软件中的突现检测功能,进而获得教育质量评价研究高频关键词突现情况(见图25-4)。图25-4中加粗部分表示在一定时间段的高频关键词,同时表明这些"突现"的关键词在一定时间段具有一定的发展潜力和研究价值。

| 关键词 | 首次出现年份 | 突现强度 | 突现起始年份 | 突现结束年份 |
|---|---|---|---|---|
| 托幼机构 | 1994 | 1.82 | 1998 | 2003 |
| 课堂教学 | 1994 | 1.59 | 2000 | 2011 |
| 教材质量 | 1994 | 2.5 | 2001 | 2005 |
| 成人教育 | 1994 | 1.39 | 2002 | 2011 |
| 学科 | 1994 | 1.33 | 2003 | 2004 |
| 高职教育 | 1994 | 2.85 | 2005 | 2013 |
| 远程教育 | 1994 | 1.4 | 2005 | 2011 |
| 评价 | 1994 | 4.92 | 2009 | 2011 |
| 研究生 | 1994 | 1.48 | 2009 | 2012 |
| 教育质量 | 1994 | 1.4 | 2009 | 2010 |
| 评价体系 | 1994 | 2.36 | 2010 | 2011 |
| 创业教育 | 1994 | 1.52 | 2010 | 2013 |
| 英国 | 1994 | 1.75 | 2012 | 2013 |
| 美国 | 1994 | 1.54 | 2013 | 2014 |
| 指标体系 | 1994 | 3.4 | 2014 | 2015 |
| 高等教育 | 1994 | 2.26 | 2014 | 2016 |
| 评价模型 | 1994 | 1.7 | 2014 | 2015 |
| 价值取向 | 1994 | 2.28 | 2015 | 2016 |
| 第三方 | 1994 | 1.52 | 2015 | 2017 |
| 启示 | 1994 | 191 | 2016 | 2018 |
| 大数据 | 1994 | 1.26 | 2017 | 2020 |
| 产教融合 | 1994 | 2.21 | 2018 | 2022 |
| 高校 | 1994 | 1.84 | 2018 | 2022 |
| 新时代 | 1994 | 1.84 | 2018 | 2022 |
| 教育评价 | 1994 | 1.96 | 2020 | 2022 |

图25-4 教育质量评价研究关键词突现情况（1994—2022年）

从图25-4可以看出，课堂教学评价从2000年到2011年一直是研究的热点，或许与第八次课程改革有关。包括此政策下的"一纲多本"也使得2001年到2005的教材质量（评价）成为研究热点。随着2002年《教育部关于进一步加强农村成人教育的若干意见》的发布，成人教育成为持续到2011年的研究热点。随着2004年教育部关于学习贯彻全国职业教育工作会议精神和《教育部等七部门关于进一步加强职业教育工作的若干意见》的通知发布，以及2005年《教育部关于进一步推进高职高专院校人才培养工作水平评估的若干意见》（已废止）的发布，高职教育、远程教育成为2005—2013年，2005—2011年的研究热词。随着2009年《教育部关于做好全日制硕士专业学位研究生培养工作的若干意见》的印发，研究生教育质量成为一直持续到2012年的热词。创业教育在2010—2013年的热度，应该是受《教育部关于大力推进高等学校创新创业教育和大学生自主创业工作的意见》(2010年)印发的影响。2015年《教育部关于深入推进教育管办评分离，促进政府职能转变的若干意见》的发布，使得"第三方"教育质量评价成为其后三年的研究热词。2018年，《教育部、农业农村部、国家林业和草原局关于加强农科教结合实施卓越农林人才教育培养计划2.0的意见》和《教育部、工业和信息化部、中国工程院关于加快建设发展新工科实施卓越工程师教育培养计划2.0的意见》的先后发布，使得产教融合成为研究的热点。在此背景下，产教融合成为教育质量评价研究的热点。2020年中共中央、国务院印发《深化新时代教育评价改革总体方案》这一重要的纲领性文件，故而在其后，"教育评价"一词成为研究热点。

## 三、研究结论与未来展望

### (一)研究结论

通过以上相关文献的可视化分析，从关键词的共现分析、聚类分析、突现分析来捕捉、揭示近年来教育质量评价研究热点及总体发展情况，总结如下：

第一，研究领域涉及众多，但存在形式化之嫌。从关键词共现知识图谱可以看出，教育质量评价研究的领域，纵跨托幼机构、学前教育、中小学教育、职业教育、高等教育、研究生教育、继续教育和成人教育等阶段。教材质量、产教融合、创业教育、远程教育、护理教育、健康教育、融合教育等新的领域也得到关注。课堂教学是教育评价关注的永恒话题之一，这反映在关键词突现图中，就是最长的黑色线段。同时，随着技术的发展，评价指标、价值取向、敏感指标、评价模型、大数据等方案和技术都得到了关注。通过纵向与横向分析可见，教育质量评价研究涉及众多领域。当然，这些众多教育的质量评价到底在多大层面开展、评价结果是否发挥了评判与改进作用、各领域评价的要素是否全面、评价的质量指标体系是否科学等，研究中少有人问津，由此暴露了评价的形式化现象。

第二,参与评价主体扩大,但第三方评价落实难。当下教育评价由过去的主要是教师对学生的评价已经转变为第三方评价。随着我国推进"管评办"分离,比如2011年《教育部关于普通高等学校本科教学评估工作的意见》,2014年《国务院教育督导委员会办公室关于印发深化教育督导改革转变教育管理方式意见的通知》等文件的出台,"第三方"成为教育质量评价的重要主体之一。伴随社会民主的发展,丰富了评价主体的多元性。当然,虽然各方能够认识到第三方评价的客观性及专业性等优点,但运用第三方评价并不多见,较多地还是自我评价和上级指导评价,至于其原因可能有节省费用、担心偏妥、害怕揭丑,以及担心影响公平、权威性不够等因素。长期以来,忽视第三方评价,"运动员兼裁判"式的自我评价,其结果如同"谁不说自家娃娃乖"一样令人啼笑皆非。

第三,关注评价的国际参与,但对作用发挥的关注不够。由于价值取向和社会体制的不同,教育质量国际对比研究起步较晚,但通过关键词突现可以发现,2012、2013、2014年英国、美国等迅速进入了研究者的视野。经济合作与发展组织(OECD)开展的国际学生评估项目(PISA)2006年10月由教育部考试中心引进,在天津、北京、潍坊三市进行了试点性测试,获得了关于中国15岁青少年的表现及教育存在问题的一些有价值结论。2009年4月17日,上海市成为中国大陆第一次参加PISA正式测评的地区。2018年公布的PISA测试共有来自79个国家和地区约60万名学生参与,中国内地参与地区为北京、上海、江苏和浙江(B-S-J-Z,China),这四个省市362所学校的12058名学生完成了这项测试。显然,通过参与国际教育质量评价,不但有利于提升国际教育事务的影响力,而且也有利于指导教育实践的改进。但在如何利用PISA之类的教育国际评价具体改进我国教育评价和教育活动上,如何落实到义务教育、高中各个学段,如何落实到语文、数学等各门学科,如何落实课内、课外,如何落实到学校、家庭及社区,如何落实到城市、乡村不同教育时空等,已有研究对这些还没有来得及关注。

### (二)未来展望

教育质量评价作为教育环节最后的"收官"之工,这对于掌握教育活动的质效、提供教育反思的信息、启示改进的支持等,都是重要的,所以,教育质量评价显然是一个"永恒话题"。

第一,充分认识教育质量评价的复杂性。教育质量认知具有多样性,不同国家、不同学者、不同时期,以及不同主体有不同的认知。这些多元性与多维性的教育质量认知,构成了绚丽多彩的教育质量观察视角。1996年,欧洲大学校长会议公布的《制度评估:质量战略》报告指出,什么是质量,言人人殊。美国州立学院和大学学会在《大学本科教育质量和效果》报告中指出,对教育质量的重新定义是一项艰巨的任务。就是说,关于教育质量是什么的问题,始终是存有争议的一道教育难题。但是,教育质量的评价又是一项绝对绕不开的工作,所以在未来的教育质量评价工作中首先就是要认识该项工作的复杂性,并在此基础上进行更加科学的谋划,推动政策的创新、评价标准的改善、评价工作的创新,从而发挥教育质量评价对教育实践的积极引领作用。

第二,积极发挥学校评价的导向作用。学校对学生的学习所产生的影响,是学校办学效能最基本的反映,它是以学生的进步程度,譬如增加值、提高程度等,而不单是以学生毕业时的学科成绩、学生升学率等作为比较和评价的指标。然而在当今教育管理的现实中,学校要面对来自政府管理部门的各种评价、评估、评比、检查、验收等活动,虽然也可以给学校带来一些荣誉或称号,但是由于学校评价指标体系设计不够科学,缺少评价研判中的科学论证,评价导向过于功利,不仅给学校校长、中层管理者、教师甚至学生增加了不该有的负担,还干扰了学校自主办学的方向。因此,如何改革我国学校评价制度,设计出基于研究、符合学校教育教学规律的学校评价指标体系,切实引导学校提升办学效能,真正起到以评促建、以评促管的作用,这是我们教育管理部门应该认真研究的首要问题。在这方面,美国的西部院校协会学校认证委员会设计出的一系列适用于不同性质和层次的学校认证指标体系可以作为我们的借鉴。

第三,探索科学的办学质量评价制度。教育事业的根本使命就是培养人、教育人、教化人,这是最能体现以人为本的事业。但是在教育高度普及的当下,那些以学生考试成绩、升学率、排行榜以及所谓的中考、高考"状元"等传统因素作为评价中小学校办学质量、教师奖惩晋级的主要依据的片面做法仍然盛行。尽管我国各级教育部门都实施了诸如学校发展性评价等工作,但是能够促进学生德智体美劳全面发展的教育质量标准和监测体系尚待建立。我们应该借鉴美国中小学认证制度的优点,破除我们传统的思维模式,改革当前的学校教育质量评价制度,全面实施素质教育。唯有如此,才能实现学生健康、自信、幸福地成长。为此,国家应尽快建立中小学教育质量评价制度,科学把握和界定教育质量的内涵,制定科学的符合中国国情的国家教育质量标准,开发监测评价工具和监测评价体系,完善教育督导机构的监测评价职能,科学分析和运用教育质量评价结果,引导学校更加关注学生的身心健康、生活幸福和成长质量。

第四,探索完善的学校督导评价制度。人类社会从偏重于继承的农业时代,经过了偏重于训练的工业时代,现在已经进入偏重于创新的信息时代,为了适应创新型社会对人才的基本需求,就必须更好地全面贯彻党和国家的教育方针,全面提高民族素质和综合国力。要实现并完成上述任务和目标,迫切需要建立一个专业化的学校教育教学监督体系和科学的评价体系,从而更好地引导学校全面实施素质教育,纠正全社会片面地以学生考试成绩和升学率来评价学校办学水平的倾向。对素质教育而言,如何评价是一个关键性的环节,亦即实施素质教育要把考试评价制度、社会用人制度作为改革的一个方面,但是要认真解决应试教育问题,很重要的一条就是要加强督导。对学校评价的标准不是看升学率的高低,而要看是不是全面实施了素质教育的基本要求和基本标准。

## 研究导航

为了深化你对本专题的学习、推进有关本专题的研究工作,你可以在问题中选取题目开展研究。

1. 当下基础教育学生发展评价偏妥现象的考察。
2. "指向素养"精神下中国高考模式创新研究。
3. 当代大学生评优评奖指标体系的科学性研究。
4. 研究生学业质量评价的误区与克服对策研究。
5. ×××区/县教育督导的效能研究。

# 结语:我所理解的教育学[①]

从事教育学的学习、教学与研究工作 30 多年了,自己作为学生、作为导师、作为教师、作为研究者,从不同身份角度在接触、体会、思考、研究教育学的理论与实践现象,也在观察国内外同行们的所言所行,觉得有些个人的感悟需要表达出来,故在此作此结语,以表达个人对教育学的理解。

## 一、关于教育学学科的理解

在重研究轻教学,特别是追热点的情况下,关心教育学学科基本问题的真不多。其实,由于对教育学本身基本问题研究得不透彻,教育学学科也因此而"掉价"不少——貌似强大、实则被许多其他学科"看不起"。故有必要耐心探讨、厘定清楚。这其中涉及如下几个问题:

其一,关于教育学的学科性质问题。已有对教育学学科性质的认识是"模棱两可",有教育学是科学、教育学是艺术,教育学是科学与艺术的综合等主张。这些主张丰富了教育学学科性质的认识,值得肯定。但为学科走向成熟,还得给出一个定准来为宜。对此,我们必须认识到,教育学的灵魂是关注人的教育问题,而要教育好人则首先需要全面地认识人,所以关于人的一切学科都是教育学的学科基础,教育学在此基础上才根据人而进行相应的教育。所以说,"因材施教"是教育学的精髓,其中首先是认识人,然后才是教育人。因此,对教育学学科性质的认识,既要认识到它必须以诸如人体解剖学、生理化学、运动力学、人类心理学、文化学、社会学等为基础,同时还需要提升到哲学、思维科学等学科高度进行抽象,由此可见教育学是处于具体学科与抽象学科之间的"横断"地段。那么,教育学的学科性质就是诸如横断/交叉/综合/系统学科了,至于用其中或另外的名称,尚可继续讨论。

其二,关于教育学的学科逻辑问题。已有对教育学的认识中对学科本身

---

[①] 本专题作者:唐智松(西南大学,教授,博士生导师)。

的逻辑问题是"视而不见",这表现在诸多的教育学教材中都是缺乏从逻辑起点开始说起的做法(要么从教育学概论说起,要么从教育概念说起)。由于缺乏从逻辑起点开始的思维,那么接下来就是教育学教材中在先后顺序上该怎么安排、各个篇章目次上该怎么安排等就自然是"各自表达"。因此,以学科严谨思维来看,以教育学教材所反映的教育学学科缺乏逻辑,如此缺乏基本逻辑的学科自然是难以服众,直至被人"瞧不起"。对此,我们认为教育学应该从逻辑起点开始说起,那么教育学的逻辑起点是什么呢？我国学者在20世纪80年代后期做过探讨,其中以瞿葆奎为代表的前辈是"学习"。即使在今天,以历史与现实的统一、理论与实践的统一、是否具有学科逻辑生长点功能等条件规定来看,这个结论仍然是服众的。那么,我们认为,教育学的言说就可以从认定的学习者的"学习"这个逻辑起点开始,然后围绕"学习"这个逻辑起点继续追问:学习是什么、学习为什么、谁的学习……依次追问,即可展现出教育学的学理逻辑。

其三,关于教育学的学科范畴问题。已有对教育学学科范畴问题——教育学到底包括哪些学科构成要素——的认识基本上就是"五花八门"的状态,由此形成了教育学教材所代表的在篇章数量上的"参差不齐",让外行都觉得"瞠目结舌"！其实,这个问题很简单:依据上述关于学习作为教育学的逻辑起点的认识,我们可以从学习这个逻辑起点出发,连续性地推敲、安排即可。从逻辑起点"学习"的含义出发,学习的目的、学习的主体、对学习的指导(教育者)、学习的对象(亦即家庭教育、社会教育、学校教育和自我教育的内容)、教与学的途径方式、教与学的组织管理这六个要素形成了教育活动的内部系统,加上教育系统的外部系统(社会)以及作为学科的教育学自身,如此八个要素就构成了相对完整的、具有内在逻辑的教育学学科范畴。如果要撰写一本教育学教材的话,就安排这八章内容。上述逻辑起点加八大范畴,教育学的学理由此显现。如此的严谨性、合理性、条理性,才会让教育学"有脸面"地立于学科之林！

其四,关于教育学的基本概念问题。已有对教育学中基本概念的表述实在是"鸡鸭各讲"！如对教育、教育本质、教育目的、教学、学生、教师、德育等基本概念的界定上,不少学生反映:教育学中许多概念在不同书中说法不同,书看多了反而觉得混乱。究其原因,可能是在界定概念存在经验总结、现象描述、操作规定等不同的技术,对此,我们觉得有必要采取"约定俗成"的界定技术以求得同一。根据胡金木等学者的统计,目前以"教育或教育学"为核心,前缀加现代、当代,后缀加概论、原理、基本理论、教程的教材400多本,在逻辑起点、学科范畴、概念界定统统都缺乏共识的情况下,其混乱可想而知!所以,我们认为有必要共同努力来解决这个问题。比如在界定概念时,我们都遵循共同的准则:在范式上都是既要把概念所指涉的本质规定下来,同时还需要把概念所涉的维度或范畴厘定下来;在技术要求和阐释背景或前提下,把所涉的主体及关系、目标及内容、途径及方式、过程及结果尽可能列于其中;在语义上强调不能自我重复(比如×××育就是××××的教育)。

上述教育学学科性质的问题是教育学的基本问题,长期以来由于对这些基本问题缺乏理性认知和共同认识,教育学教材反映的学科性质问题才如此混乱不堪,也才有编写教育学著作的人"无所顾忌"而任性编写出版,结果教育学类著作虽然显得"百花齐放""繁荣似锦",但可圈可点者寥寥无几!

## 二、关于教育学研究的理解

当下,我们高度重视教育学的研究,这个自然是好事。在处理好教育研究与教育实践关系基础上,对教育研究问题上诸如以下基本问题给予科学的认识是有必要的。

其一,关于教育学的研究对象。已有对教育学学科研究对象的认识是"众说纷纭",有诸如教育规律、教育现象、教育问题、教育活动、人的培养等主张。从理论研究角度看,这些都是值得肯定的、值得继续的。但问题的严重性也是不可忽视的:一个学科连自己的研究对象都不清晰、或混沌不清,这怎么让他人信服!因此,教育学人必须给出一个答案。对此,我们认为取"教育现象"为宜。因为它在所有概念中的包容度最高,亦即教育现象中包含教育规律、人的培养,教育现象可以是一个教育活动、也可以是一个教育问题。同时,从教育现象入手去开展研究,其结果是揭示现象之下的相互关系及提出相应的建议是符合学术的朴实理性的,显然比目前学界倾向于"教育问题"的主张要合适

(有的教育现象中还不一定是问题,因为评判价值标准不同)。至于教育现象具体化下去则可以分别落在诸如教育的功能与价值、学生的学习与发展、教师的教学与素质、教学的目的与目标、教育的途径与方式、教育的组织与管理,教育内部要素之间的关系、教育与外部环境的关系,以及教育学学科自身等方面,如此可见,教育现象下的研究领域还是蛮丰富的。

其二,关于教育学的研究方法。已有对各种教育研究方法的态度倾向是"自由自在"的,由此带来教育研究成果是"鲜花"与"杂草"共同"争奇斗艳"。其中"鲜花"者如运用严格的科学研究方法(特别是实证研究)的"学术性"成果,科学地揭示教育现象的关系或问题及提出可行的解决方案;"杂草"者多如把个人经验当可靠依据的"感想式"成果,以及把个人主观取向与他人证据材料结合起来的"集成性"成果。其中,"感想式"成果危害最甚,特别是在一些所谓名师大伽们的加持下而几乎成为教育学研究的风向标,由此堵塞教育学研究的科学化之路,妨碍教育学的理论发展,更是阻抑对教育实践的指导作用!由此可见,教育学学科研究的方法意识与技能还存在较大的问题。究其原因,可能是许多教育研究者本身没有接受严格的教育研究方法或人文社会科学研究方法训练。不管过去情况如何,当下需要解决的首先是确保教育学研究的方法意识与技能,亦即教育学研究者应当具备诸如数学统计(尤其是高级统计技术)、准实验的科学方法技术、教育测量与评价技术等修养,把教育研究成果看作是运用严格研究方法进行研究的结果,而不是"随心所欲"地发表见解。其次是在以定量研究为骨架、以定性研究为血肉的思维下处理好定量研究与定性研究之间的关系。此外,教育学不用去纠结是否有自己的研究方法问题,因为教育学作为横断/综合/交叉的学科,它上、下运用其他学科的方法也是自然的,只要这个方法是研究人的,那么都适合在教育学研究中使用,所以不必在意这个研究方法是否是教育学"自己"的。

其三,关于教育研究成果的运用。已有认识中关于教育学的作用问题,在不同主体那里是"泾渭分明"的。其中,教育学者当然本能地捍卫自己的地盘——教育学、教育研究成果是有用的,即使面对他人的"无用"攻击也会自圆其说:无用才是有大用;教育学专业学生则对此困惑迷茫,这个可以从教育学大类专业学生入学后的表现中可见。至于其他"局外人"对此可能是"好像就是那么回事"而不知所以。其实,这个问题是一个老问题,即教育理论与实践的问题。这个问题对我们而言,究其缘由可能是:首先是所谓的研究成果本身有问题,如有的研究成果可能就是"迎合推导"的表达而已,分析这类成果发现,它们其实就是那些直观感悟力强、文字表达功夫好、善于揣摩他意、长于遣词造句者的"逻辑推导"而已;又如研究成果不是科学研究的需要,而是诸如晋升职称或争取荣誉的需要,然后是"东拉西扯"地凑篇幅字数,获得了没有"研究"过程的成果(打开有关刊物,此类成果比比皆是!)总之,这些所谓的教育研究成果,都并非是所言教育现象的本质反映、规律性认识,自然难以指导实践。其次这个问题是实践因素的影响,理论本身就来自实践,理论的既成性、有限性肯定无法比拟实践的生动性、丰富性,希望理论都能指导实践是不完全正确的;同时,实践者也不一定具有相应的理论素养,实践者在如此"不知"下自然难以用理论去指导,因此也可以解释为什么那么多的实践探索会存在重复现象、短命现象,那么多的"成功经验"很快就成为"过去式"! 对此,我们呼吁:教育理论工作者要"接地气"——走进教育实践,教育实践工作者要"接天线"——掌握教育理论。当然,此外还需要教育行政管理成为教育理论与实践之间的"导体"、而非"绝缘体"。

其四,关于教育研究的科学精神。已有众多的所谓教育研究成果在繁荣教育科学的背后,其实反映了教育科学研究精神的薄弱。首先,科学研究的本质在目的上是求真、过程上是研究、结果上是创新,任何一项欲称为教育研究成果的成果首先应该符合这种基本的精神。依此观之,目前一些期刊杂志或图书上所刊载的思维教育研究成果都不太符合这种精神。这种情况下,即使论文发表数量占据世界第一,但仍然不能够推动教育学的发展,反而成为世界同行的"笑料"! 其次,教育研究成果必须有"研究"的过程,欲发表所谓教育研究成果者需问问自己的成果是否是经过"研究"所得? 由此观之,许多所谓重要讲话、大师发言、大伽吸粉、素民跟帖等大多要么是工作之要、经验之谈、主观之想、个人之谈,材料上要么空无一物,要么东拼西凑,要么个人经验而已,基本上属于"先假定'天下乌鸦一般黑'正确,然后只抓黑乌鸦、无视白乌鸦存在地证明'天下乌鸦一般黑'立场非常正确",此中根本谈不上"研究"。最后,必须认识到,正是言及教育学领域问题时缺乏严谨的科学精神,才有那么多的

"人才"敢于言说教育学问题,敢于发表教育学研究成果。这种现象在急功近利下的心态驱使下又进一步降低了教育学中的科学精神。可见,教育学研究中缺乏科学精神犹如"害群之马"!我这样说,不是我自己在这方面很完美,曾经也为了职称晋升、课题结题需要而"硬着头皮"地写过,到后来我才反思自己,调整到有了一个"真知灼见"才动笔的状态。我的这种情况可能是个案,也可能是普遍现象,即可能许多教育学人同行们都是这样走过来的。

如果在教育研究工作上,我们达成了上述共识,那么教育学的研究成果会在数量上降下来,许多所谓的研究成果在"挤水分"中被去掉,那些对象指向精准,具有科学依据,研究结论精当,结果运用可靠,能够解释和指导实践的教育学研究成果才会有露头之地。

### 三、关于教育学教育的理解

教育学的研究与教学是教育学人的工作范畴,教育学人这个群体主要就职于有师范教育类专业的高等院校。这个群体中深藏着教育学界的博士、教授、博导、名师、资深教授等人物,属于教育学界的"顶级群落"。这个群体对教育学教育的工作怎么看?这个问题很有意思,但似乎又显得混沌不清,所以还是有必要在此交流一下。

其一,何人适合教育学专业学习?首先,无论是大学,还是中小学,从来都不是有大师、老师之谓,而是先有学生之谓也。缘由在于:没有学生的学习指导的需要,就不可能有教师的存在需要,即使没有老师,学生也可以存在的,这如同"第一个大学教授没有上过大学"一样。所以,教育学的教育首先是要有学生,而不是先有教师。那么,什么样的学生适合于教育学专业学习?这个问题足以作为一个课题研究,但简而言之,具有教育学人特质的人才是合适的学生。何许特质呢?在明白教育学不是经济学、不是政治学,那些想"升官发财"的人不用来的情况下,那些懂得人性善恶但还愿意相信他人属善、知道学生是别人家孩子但还愿意视若己出,懂得主体性差异很大但还愿意坚持因材施教、知道有人间烟火但还愿意忘我奉献付出,懂得教师职业要求很高但还愿意选择走向优秀、知道教师岗位存在"共同分饼"尴尬下还选择淡泊名利地工作,以及语言表达清晰、文字表述准确、动作技能娴熟、仪表仪态得体者,方可视为教育学专业的学生人选。当然,这些素质中一部分是天赋的、一部分是后天影响形成的,但不管你怎么来的,最后考核的标准及合格要求是一样的。基于此,那些高中毕业准备报考诸如小学教育专业、学前教育专业、特殊教育专业,以及各种学科教育方向的毕业生在填报专业时既需要家长、老师指点迷津,也需要全面的自我认识,方不可荒芜自己和浪费国家教育资源;那些意欲报考教育学类下各专业方向硕士研究生、博士研究生者,同样既需要认知教育学专业学生的资质要求,又需要全面评估自己之后才决定是否选择报考教育学专业,否则可能是"在一个专业里失去了一个天才、而在教育学专业里却添了一个饭桶"!

  其二,如何甄别选拔教育学专业学生?在学生愿意报考教育学专业的前提下,如何进行考试甄别选拔则是一个招生考试的问题了。这个问题现在的解决方法很简单,但不怎么科学。对此,我们有如下的认识:首先是教育学专业的考官们要了解教育学专业的特质及其对教育学专业学生的要求,清晰知道上述有关教育学专业学生在情意态度价值层面的要求,这个是基础。其次是教育学专业的考试需要改革,其中就本科阶段教育而言,需要在现在的全国统考基础上增加一个面试,专门考查考生对教育工作的情感态度、价值倾向及水平,全国考试中的考分只作合格性使用,最终录取则以面试成绩为主要依据。就研究生阶段教育而言,需要改革目前全国统考科目及其分数计算方式,即外语、政治分数两科只作合格性使用、不计入总分;面试中增加一个教育学术论文写作,并将其与专业课考试成绩各作50%处理。此外,还要考虑教育学专业学生是否需要其他学科基础,是否需要实践或工作经历的问题。对此,我们认为:首先,由于人的教育涉及有关人的所有学科、科学知识,那么对人的科学中一个也不懂是不行的(现实中的教育学人中有一部分似乎就没有这种其他学科背景的情况,但观察这些热点文章、讲话可见他们还是具有诸如哲学、社会学、文化学专业的智能的)。其次,由于教育学处于具体学科之上而具有一定的理论抽象难度,那么那些缺乏实践或工作经历者的专业学习自然会存在空洞、抽象,乃至无用的感觉。教育学专业在本科教育阶段是不怎么适合于招生的,即使是研究生招生也要加上工作或实践经历,具有其他学科背景等条件。

其三,教育学专业该如何培养人才？如何培养教育学专业人才,这里在明晰培养目标的前提下,首先需要考虑三个因素:一是学生的身心特征,尤其是个性特征;这个问题在招收考试时已经奠定了基础。二是知识的获取方式,尤其是信息时代的知识生产方式的新机遇。三是反思当下培养模式存在的问题,尤其是为什么师范生学习动力不足、专业学习效能感低下等问题。当然,还要清楚教育学专业人才包括的对象背景广泛,其中既包括狭义的各高校教育学院(或师范学院、或教师教育学院、或教育科学学院、或教育学部)的小学教育、学前教育、特殊教育、普通教育学等教育学专业,也包括广义以学科教育为主要任务的各学科教育方向的教育学大类人才(师范类高校中的文学院、外语学院、生物学院等),这两个类型既存在专业工作对象侧重点的个性差异,也存在属于教育学大类的共性要求。至于在具体的培养工作中,我根据自己多年的观察,认为需要把握如下的几个环节:一是重新设计培养模式,特别是科学地设计课程结构,这个是培养专业性的"根本"。二是注重教育学专业的情怀培育,特别是在师生密切交往中进行熏陶,这个是培养长效性的"基础"。三是注重多样化的知识获取,特别是指导通过网络开展自主学习,这个是培养高效能的"关键"。四是教师以身示范地教学,尤其是把自己放到真正的教育学人化身之位,这个是培养可信性的"灵魂"。五是把研究与教学结合起来,尤其是引导学生把专业知识与专业问题研究结合起来。如此下来,培养的教育学专业人才才可能是"能教""会研""善管"的专业人才。

其四,教学与研究之间是何关系？这个问题似乎不是问题了,但就教育学而言,这个问题有其特殊性,值得继续探讨。首先,研究也是一种学习。因为研究中选择选题时首先需要了解、掌握该选题研究领域的前沿研究状况,在此"了解""掌握"过程中,我们自然地开展学习了,学习结果是站在时代的前沿了,把握到最新的进展。这个是"为有源头活水来"的基础性工作。其次,教学需要研究支撑。因为有研究支撑的教学才可能深入到学科与时代的前沿,教学才可能有研究的深度,否则教学就是"念"教材。另外,如果对所讲授课程涉及的各个领域都至少有一个文献综述层面的研究,那我们的教学才可能有"一览众山小"的感觉。再次,教学中需要把知识传授与知识研究结合起来,亦即既告诉学生有关专业知识是什么,还要指引学生该知识的研究问题,特别是避免单纯地传授定论性知识,适度把有关知识的不同认识、争论告知学生,并引导学生继续思考。最后,教育学人的研究就是研究教学中的问题,教学也传授研究中的认识,博耶所说的那种学术类型划分在教育学人身上是难以区分的。当然,教学与研究之间的矛盾或冲突在于时间上的"顾此失彼"。不过,真正的优秀教育学人是会兼顾二者的,否则偏重于任何一方,其实最后都是走不远的。

之所以写出上述个人感受、体悟、认识、主张,这个与我的教育学人学习与工作有关系。我于1985年考入西南师范学院的生物教育专业学习,在1987秋季开始学习教育学公共课、接触教育学理论,那时我就被教育学理论所吸引。1988年春季学期结束时,学校试验从教育系专业以外招收高年级学生到教育系专业学习,以培养文理交叉、学科交叉的公共课教师,我因此而考入教育系的学校教育专业再学习了两年(1989年算是毕业了,但仍然带薪学习一年)。1990春季毕业后,按照学校要求年轻教师下基层,我到四川省渠县中学去锻炼,给初中生教授生理卫生、给高中生讲授生物两门课程,并且一同参加该校的各种政治学习、工会活动、教师培训等活动。1991年秋季返回西南师范大学后就开始教育学专业教学工作,其中为学科教育方向本科生讲授公共课教育学(现在修订为教育学原理)、为教育学专业本科生讲授教育原理、教育社会学课程,为研究生讲授过教育基本理论研究、教育前沿问题研究、教育社会学专题研究等课程,在教学的同时开展教育学研究工作,主持国家级、省市级和学校级别的课题10余项,发表学术论文100余篇,编写著作和教材10余部,指导毕业硕士、博士研究生共计100余人。在这些工作中,积累了有关教育学专业问题的经历、感受、体会,所以才提笔表达出来。可以说,上述认识、主张就是我个人对教育学专业的理解。当下,正值大家热烈探讨具有中国特色的教育学科体系、学理体系和话语体系"三大体系"的建设之际,这个是推动教育学理从以赫尔巴特的教师中心论、杜威的学生中心论,以凯洛夫的行政中心论和后现代的无中心论的教育学的"1.0版"转型升级"2.0版"的重要举措。我给这个探讨助威,所以才写出上述感悟。至于上述说法是否存在偏妥,这个是可以交流、探讨的,但目的初衷就是一个:为了中国的教育学更好!